本书为国家社科基金"十三五"规划 2018 年度教育学青年课题"组织生命周期理论视阈下大学校长角色发展研究"（CIA180270)的结题成果

张玥 著

何以言治

HOW TO MANAGE AND LEAD
THE ROLE OF UNIVERSITY PRESIDENTS

大学校长
的
角色发展

社会科学文献出版社
SOCIAL SCIENCES ACADEMIC PRESS (CHINA)

序 一

《何以言治——大学校长的角色发展》一书是张玥博士主持的国家社会科学基金"十三五"规划2018年度教育学青年课题"组织生命周期理论视阈下大学校长角色发展研究"的结题成果，主要在组织生命周期理论视角下，以大学校长为中心，探讨校长角色之于大学发展的历史与现实；采用文献分析、理论研究、调查访谈等定量与定性相结合的方法，得出了一些有参考性的数据和观点。

该书调查了当前大学校长角色发展的自评状态及相关利益者的他评情况，对一些著名校长的开学训词、毕业生训词进行了文本分析，并尝试构建了大学校长角色发展评价的指标体系，指出大学校长的任职期及相应的角色认知不够明确、大学校长角色发展的逻辑和轨迹不够清晰、大学校长的角色自评和相关利益者的他评存在一定差异，继而尝试从"个体—环境"因素和"政策—社会"因素分析原因，提出因校长之责制宜、因大学之问制宜、因国家之需制宜等富有一定新意的见解。

该书也是张玥博士学位论文选题的延续，从抗战时期大学校长治校的研究到当代大学校长角色发展的研究，显示出较好的学术继承和创新。张玥是我在华南师范大学指导的硕士，硕士在读期间，她就表现出对学术的热情和对感兴趣的研究问题锲而不舍的劲头。经过博士阶段的学习及高校教学研究工作的历练，她在有关领域已有相当的学术积累。从这本书里，也可以看出她的学术成长。作为导师，见此成长，可谓欣喜。我也希望并相信张玥博士在今后的学术道路上持之以恒，久久为功，取得更加丰硕的成果。

  是为序。

卢晓中　于华南师范大学广州石牌校园
2023 年 4 月

序 二

张玥博士2013年于我处博士毕业，之后就职于南京医科大学，其研究逐渐贴近医学院校实际。然此过程中，她依然在博士学位论文《抗战时期国立大学校长治校方略研究》的基础上，努力延伸该主题的创新研究，可谓之学术初心。2018年，她成功申报国家社会科学基金"十三五"规划2018年度教育学青年课题"组织生命周期理论视阈下大学校长角色发展研究"。几年间，她围绕该课题开展了诸多的文献研究、政策研究、调查研究等，也产出了一些高质量的学术论文。

从2018年在南京大学教育研究院履行课题开题，后因疫情采用线上方式完成课题的中期考核，直至2022年底《何以言治——大学校长的角色发展》专著初稿出炉，该课题研究算是圆满收工。值此专著即将出版之际，对此书予以推荐的原因有三。

一是该书对大学校长角色发展进行了较为系统扎实的研究，既有历史的梳理、国别的比较，也有实证的数据、理论的阐释。比如对中外著名大学校长训词进行了文本分析，分析了重要关键词；对大学校长角色开展自评调查和相关利益者调查，并通过自评与他评的比较，得出了一些具有新意的观点；等等。

二是该研究具有较长的时间和成果积淀。张玥博士在读期间，就曾以《大学校长的任职期与领导力实现》《大学校长任职内的角色发展》等为题在CSSCI期刊发表了相关论文。2022年，她还同我及团队一同完成题为《战时高校内迁与教育改革》的专著。她围绕

何以言治

"大学校长""大学校长角色"进行了十数年的不间断研究,具有较好的研究持续性。

三是该书尝试进行了一些探索性的研究。例如,探讨了大学校长角色发展的关键因子探索与验证、大学校长角色发展的评价体系、组织生命周期理论视阈下大学校长角色发展的主要问题等,不乏一些具有争议或者说暂无法定论的研究问题。站在学术研究和问题意识的立场,上述内容或有瑕疵,但不可不谓是一种"努力"。

希张玥以此书为新的开端,产出新的研究命题。

王运来　于南京大学仙林校区教育

研究院·陶行知教师教育学院

2023 年 4 月

目　录

绪　论 …………………………………………………………… 1

第一章　大学校长角色发展的相关理论 ………………… 23
　一　角色发展与角色认同理论 ………………………… 23
　二　组织生命周期理论与大学校长任职期理论 ……… 28
　三　大学校长领导力理论 ……………………………… 34
　小　结 …………………………………………………… 39

第二章　组织生命周期理论视阈下大学校长角色发展的状态调查 …………………………………………………… 41
　一　大学校长角色发展调查的设计 …………………… 41
　二　大学校长角色发展调查的自评情况 ……………… 43
　三　大学校长角色发展调查的他评情况 ……………… 65
　四　大学校长与相关利益者调查的结果比较 ………… 81
　小　结 …………………………………………………… 91

第三章　组织生命周期理论视阈下大学校长角色的认知比较
　　　——基于校长训词和访谈的文本分析 …………… 93
　一　民国时期著名大学校长训词的案例分析 ………… 93
　二　中华人民共和国成立以来著名大学校长训词及访谈的案例分析 ……………………………………… 113

三　新时代以来著名大学校长训词的案例分析 ………… 125
　四　国外著名大学校长训词及访谈的案例分析 ………… 130
　小　结 ……………………………………………………… 138

第四章　组织生命周期理论视阈下大学校长角色发展的问题、评价与改进 …………………………………… 141

　一　组织生命周期理论视阈下大学校长角色发展的
　　　主要问题 ………………………………………………… 141
　二　组织生命周期理论视阈下大学校长角色发展的
　　　影响因素 ………………………………………………… 153
　三　组织生命周期理论视阈下大学校长角色发展的
　　　评价体系 ………………………………………………… 162
　四　组织生命周期理论视阈下大学校长角色发展的
　　　思路分析 ………………………………………………… 168
　五　研究局限与后续研究 ……………………………… 177
　小　结 ……………………………………………………… 180

参考文献 ……………………………………………………… 181

附　录 ……………………………………………………… 200
　基于多重角色概念的大学校长"知情意"
　　治校逻辑 ……………………… 张　玥　于智恒　卢晓中 200
　我国大学校长角色发展的影响因子及评价研究
　　………………………………………… 张　玥　卢晓中 216
　主体间性视角下我国大学校长角色的自我认同
　　与他者认同 …………………………… 张　玥　卢晓中 226

后　记 ……………………………………………………… 239

绪　论

一　研究缘起、背景及意义

（一）研究缘起与背景

对"组织生命周期理论视阈下大学校长角色发展研究"这一选题的确定始于自己对当代大学校长、大学管理人员及相关利益者，在高等教育发展和大学治理中的认知与评价的探究。最初的思考如下：有人说民国时期是中国大学发展最好的阶段，那么民国的大学校长与当代的大学校长在角色论上是否存在可比性？民国时期大学发展中的诸多积极因素，放在当下的时代如何实现有效借鉴？从潘懋元先生提出的高等教育内外部关系理论出发，大学如何在内循环和外循环中协同治理？等等。如果仅仅从历史的视角出发，我们可能需要看到民国大学校长治校中的若干元素，以及这些元素存在的时空环境，从而点面结合地构成历史研究对于当代高等教育发展的价值证明。但如果从当下着眼，我们势必要找寻符合现代大学治理的理论，从而在当代语境下，更好地观照大学校长角色在历史与现实之间的流动。

所以，更愿意说，自己研究的初心是感性的，在不断地有感而发中，找到了愿意实现且能够实现的学术命题。

课题申报之时，适逢《国家教育事业发展"十三五"规划》出台。该规划提出要从以新理念引领教育现代化、全面落实立德树人根本任务、改革创新驱动教育发展、协调推进教育结构调整、协同

何以言治

营造良好育人生态、统筹推动教育开放、全面提升教育发展共享水平、着力加强教师队伍建设、加快推进教育治理现代化、加强和改进教育系统党的建设、组织实施十一个方面统筹各级各类教育发展及改革。其中第八个要点"着力加强教师队伍建设"包括了加强师德师风建设、提升教师能力素质、吸引一流人才从教、优化教师资源配置、完善教师管理制度的具体目标和要求。"吸引一流人才从教"这一目标要求的具体内容包括："培养造就一支高素质学校领导人员队伍。坚持党管干部原则，坚持德才兼备、以德为先的用人标准，充分结合学校特点，遵循领导人员成长规律，选拔任用讲政治、懂教育、善管理、敢担当、作风正的优秀人才担任学校领导班子成员。出台高等学校领导人员管理暂行办法，严格任职资格条件，健全选拔任用制度，拓展选人用人视野；加强领导人员培养教育和后备人才队伍建设，统筹推进交流，完善激励保障机制，加强人文关怀，造就一批国内外知名的大学校长和教育家。"梳理其中的关键词，不难发现，以高等教育发展规律为前提培养高校领导干部尤其是大学校长，推进大学校长教育家角色的发展，已经成为国家政策层面的导向。具体的含义是：大学发展的好坏，大学校长起到关键性作用。大学校长阶层的"角色定位"和"高层管理风格"体现出建设新时代高等教育强国的价值共鸣。

如何以科学理论框架分析归纳大学校长的治校实践，提升当代大学校长治校方略？本研究旨在厘清国内外研究动态的基础上，围绕"大学校长的任职期、角色发展、管理风格三者之间的逻辑关系是什么？""大学校长在上述变量的考证中呈现怎样的治校状态？"将当代大学校长与民国时期大学校长建立同质因子考量，通过比较研究能否对当代大学校长角色和领导力发展提供质的参照？"这三个主要问题，以组织生命周期理论为基本视角，通过任职期与角色理论、领导力理论等构建研究指标体系的公共因子，以对中美大学校长角色的历史研究、对当代大学校长及相关团体的现状调查形成公共因子的二次检验，从而构建组织生命周期理论视阈下大学校长角色发展的完整指标体系，为当代大学校长角色发展和定位提供参照。

（二）研究意义

从学术价值来看，当前对"当代大学校长角色发展"的研究较为缺乏，对于大学校长角色更多采用定性和描述的方式来总结。近年来，大学校长任职期与角色理论研究进展较为缓慢，从组织生命周期理论出发，将大学发展阶段、大学校长任职期、大学校长角色发展层次及高层管理风格等变量组合构建大学校长角色研究的公共因子，通过公共因子的二次检验建立大学校长角色发展的完整指标体系，具有一定的开拓性意义。这既是当前关于大学校长研究的一个薄弱点，又是追求理想角色的切入点，具有较高的学术价值。

从应用价值来看，构建完整指标体系，对民国时期大学校长角色与当代大学校长角色进行同质因子比较，有助于更好地认清当代大学校长的角色发展目标和治校使命，为大学校长治校和大学治理提供有益参考；同时，针对当代大学校长的数据样本分析，能够将大学校长的角色认知状态形成文本材料，为教育管理部门了解大学办学实际提供一定的依据。

二 国内外相关研究的综述

大学校长角色研究起步于 20 世纪 20 年代的美国，相关研究呈现持久的热度和系统的深度，至今仍然是炙手可热的学术话题。中国大学校长研究发端于 20 世纪 90 年代，伴随高等教育大众化和高等教育发展的强国使命，学术界对大学校长的相关研究不断升温。国内外学者对大学校长角色的持续性研究表明，大学校长角色定位对大学发展、国家发展意义重大。

(一) 国外大学校长角色的相关研究

1. 关于大学校长角色演变的历史研究

主流观点为美国大学校长经历了从牧师到管理者、改革者、协调者、游说员、学生招募者、经理等角色[①],有研究重点分析了校长筹资者角色[②]。Harold T. Shapiro 的报告分析和比较了 19 世纪、20 世纪早期和当代的美国大学校长的工作生活和职务特点,认为"过去"和"现在"的大学校长存在一定的差异,大学校长的职位是一个多棱镜,某个角度或位置的改变会使它呈现不同的颜色。[③] 有学者提出"舵手"的概念,认为当代美国大学校长这一社会精英群体,在职业生涯中面临各种压力和风险,大学校长不仅需要具有领导智慧,还需要富有人格魅力,才能在 21 世纪信息化和全球化背景下引领美国大学变革走向成功。[④]

2. 关于大学校长的角色冲突与融合研究

认为大学校长在多元期待中存在角色冲突[⑤],但归根结底应该是一个"对他的学校负责的人"[⑥],国家应为校长多重身份提升而提供

---

① C. F. Thwing, *The College President.* New York: Macmillian, 1926; W. S. Harold, *The American College President*, N. Y. : Harper and Brothers, 1959.

② D. G. Terry, "Videoconference Examines Changing Role of Today's College President, " *Black Issues in Higher Education* 19(1996): 14.

③ H. T. Shapiro, "The Functions and Resources of the American University of the Twenty-first Century, " *Minerva* 2(1992).

④ 〔美〕詹姆斯·J. 杜德施塔特:《舵手的视界:在变革时代领导美国大学》,郑旭东译,教育科学出版社,2010,第1页。

⑤ University of South Florida St. Petersburg. Office of the Campus Dean, K. Spear "Revisions in St. Petersburg Campus Governance, " *University of South Florida St. Petersburg. Office of the Campus Dean*, 1990.

⑥ W. H. Cowley, D. T. Williams, *Presidents, Professors, and Trustees: the Evolution of American Academic Government*, Jossey-Bass, 1980; M. D. Cohen, J. G. March, *Leadership and Ambiguity: the American College President*, Harvard Business School Press, 1986.

切实有效的制度保障①。L. F. James 和 V. K. James 在《企业家型大学校长》②中对 713 名样本大学校长的数据进行分析统计，并选取了 17 名成功的企业家型大学校长作为个案进行研究，最后总结了企业家型大学校长与众不同的特质。

3. 关于大学校长角色的认知研究

有研究通过对若干大学校长及其配偶的 800 次访谈揭示校长们在变化的环境中决策时所扮演的不同角色及其经验与期望③，美国教育理事会（American Council on Education，ACE）先后对美国大学校长进行了八次大规模的调查④，2017 年发布了《美国大学校长研究（2017）》⑤，调查不仅包括当前美国大学校长的年龄、学历、性别、任期、学科背景和职业背景等基本信息，还比较不同类型大学校长在以上各方面的差异，以及大学校长在任职期间的主要工作及成就等。

4. 关于大学校长角色与任职的关系研究

E. R. Lilly 考察美国大学发展的四个时期，分别为学院时代（1819～1862 年）、大学萌芽时代（1862～1915 年）、黄金时代（1915～1975 年）和不确定时代（1975 年至今），以及不同时期大学校长角色的变化，认为大学校长角色应根据大学发展的不同时期和使命而定⑥；进而有学者对大学校长领导风格进行了实证研究：Kezar 与 Adrianna 合著的《20 世纪末的研究型大学校长：一种生活

---

① S. K. Williams, et al., "One President's Take on Partnerships: An Interview with James M. Rosser," *Educational Record*, 1997.
② L. F. James, V. K. James, *The Entrepreneurial College President*, Westport: America Council on Education and Praeger Publishers, 2004.
③ C. Kerr, M. Gade, *The Many Lives of Academic Presidents: Time, Place and Character*, Washington D. C: Association of Governing Board of Universities and Colleges, 1986.
④ 毛建青、侯春笑、张凤娟、宣勇：《中美大学校长职业特征的比较研究》，《江苏高教》2020 年第 7 期，第 16～23 页。
⑤ S. Jonathan, etc. American College President Study 2017, ACE, 2017.
⑥ E. R. Lilly, "The American College President: The Changing Roles," *Planning & Changing* 18(1987): 3-16.

周期/案例历史研究法》主要以曾任斯坦福大学校长的 Donald Kennedy、曾任密歇根大学和普林斯顿大学校长的 Harold T. Shapiro 以及曾任哥伦比亚大学校长的 Michael Sovern 为案例，将校长职位分为前奏期（prelude）、蜜月期（honeymoon）、稳定期（plateau）、离职期（exit），并结合四个时期叙述了这三位校长的办学实践，对他们在四个时期面临的问题和发挥的作用进行了分析与总结。[1] 许美德所著《思想肖像：中国知名教育家的故事》[2] 考察了作者长期接触的 11 位中国教育家的职业生涯，是一部以"教育叙事"的方式实现"知人论世"的代表著作，其中也涉及了像朱九思这样的我国知名大学校长。

总体来看，国外大学校长角色研究早于国内，且成果丰富，从研究内容的细化、研究方法的多元等方面为国内大学校长角色研究提供了较好的视野和基础。

（二）国内大学校长角色的相关研究

1. 大学校长角色研究专著的成果梳理

国内最早研究大学校长角色的专著是《大学校长应当努力成为社会主义教育家》（李钟善主编，陕西师范大学出版社，1989），后续相关的系统研究成果有《大学校长的教育理念与治校》（眭依凡，人民教育出版社，2001）、《大学校长：使命·角色·选拔》（王洪才，上海交通大学出版社，2009），译著《舵手的视界：在变革时代领导美国大学》（杜德施塔特，郑旭东译，教育科学出版社，2010）等。近代大学校长研究专著颇多，如张开沅、余子侠主编的"中国著名大学校长书系"、《中国近代大学校长研究》（程斯辉，人民

---

[1] Kezar, Adrianna, "The Research University Presidency in the Late 20th Century: A Life Cycle/Case History Approach," *The Journal of Higher Education* 78(2007): 119-121.

[2] 〔加〕许美德：《思想肖像：中国知名教育家的故事》，周勇等译，教育科学出版社，2008。

教育出版社，2010)、《近代中国大学校长的文化选择》(王昊，天津教育出版社，2010)、《道与术——中国著名大学校长的办学理念与治校方略》(全国高校校史研究会组编，南京大学出版社，2014) 等。

中国共产党第十三次全国代表大会上的报告指出，政治体制改革的关键首先是党政分开，高等学校要逐步实行校长负责制。李钟善教授根据这一精神，提出如下学术观点：校长作为一校之长，要率领一班人，团结全校教职员工，全面贯彻党和国家的教育方针，培养适应社会主义建设需要的各种高级专门人才，就要努力把自己锻炼成为社会主义的教育家。眭依凡教授与王洪才教授均将研究对象拓展为世界背景下、全球背景下的大学校长。眭依凡教授将大学校长角色定位于大学最高行政长官，认为校长对治校具有决定性的作用，并就校长的教育理念及其实际影响开展了历史和现实、理论与实践相结合的研究探索。王洪才教授将研究落点置于制度研究，将全球化背景与中国大学校长的使命进行联系，具体论述了大学校长的角色扮演与角色错位、大学校长的基本素质与职责要求。

章开沅、余子侠主编的"中国著名大学校长书系"以校长案例的系列编著方式，对我国民国时期的多位著名大学校长进行了传记式的回溯，包括南开大学校长张伯苓、北京大学校长蔡元培、清华大学校长梅贻琦、东南大学校长郭秉文、辅仁大学校长陈垣、金陵大学校长陈裕光、南洋大学校长唐文治、浙江大学校长竺可桢、复旦公学校长马相伯、金陵女子大学校长吴贻芳、中央大学校长罗家伦、山东大学校长华岗、北京大学校长胡适、厦门大学校长林文庆、武汉大学校长王星拱、四川大学校长任鸿隽、暨南大学校长何炳松等。程斯辉教授的《中国近代大学校长研究》是第一部将中国近代大学校长群体作为研究对象的学术著作，相较于上述书系，此书虽在完整性上略逊一筹，但特色在于其将上述的若干位近代杰出校长的治校与角色分析置于相对统一的研究框架下，从能力、知识、性格、品德四个方面对这些大学校长的素质进行了剖析，融个案考察和群体分析为一体，全面论述了著名大学校长的成功之路、成才之道及治校办学的经验，不仅关注到这些校长治校的个人风格，更聚焦研究了他们的群体特征。王昊的《近代中国大学校长的文化选择》选取15位大学校长，探讨这些校长在功业与思想、修养与人格方面的文化选择，其所选取的个案包括了前书未涉及的燕京大学校长司徒雷登、南开大学校长何廉、岭南大学校长陈序经、台湾大学校长傅斯年、复旦大学校长李登辉。全国高校校史研究会组编的《道与术——中国著名大学校长的办学理念与治校方略》一书另辟蹊径，整个研究横跨百年，涉及的著名大学校长达30余位，涵盖了我国高等教育发轫的洋务运动时期、艰难起步的清末新政时期、初步建立起现代大学制度的民国时期、积极探索发展道路的社会主义建设时期，以40余篇文章比较全面地反映了中国近现代高等教育的发展历程，该书从"育人之道、管理之道、服务之道、开放之道、和谐之道"五大方面，对这些大学校长的办学理念与治校方略进行了深入的解读和分析。

同时，随着"大学校长热"的升温，近年来国内关于大学校长的研究成果明显增加，其中不乏来自国外经典著作的译作问世。例如，黄俊杰主编的《大学校长遴选：理念与实务》（北京大学出版社，2006），迈克尔·D. 科恩、詹姆斯·G. 马奇著的《大学校长及其领导艺术：美国大学校长的研究》（郝瑜主译，中国海洋大学出版社，2006），查尔斯·维斯特著的《一流大学 卓越校长：麻省理工学院与研究型大学的作用》（蓝劲松主译，北京大学出版社，2008），科尔、盖德著的《大学校长的多重生活：时间、地点与性格》（赵炬明译，广西师范大学出版社，2008）等。

《大学校长遴选：理念与实务》一书提出如何选择大学校长对塑造大学风格、实现大学教育的宗旨非常重要。因此对美国大学管理方面的经验,特别是对深刻影响大学风格的大学校长的遴选方式、遴选制度和遴选经验等方面进行了深入探讨,并旁涉了德国与其他欧洲国家以及中国台湾、中国香港等地区的大学校长遴选的得失经验,对我国高等教育改革和发展有重大的启迪意义。《大学校长及其领导艺术:美国大学校长的研究》以美国大学校长为研究对象,探讨了一些人们对大学校长的普遍认识,阐述了校长职位的特征以及校长对大学的影响,并介绍了大学校长如何进行更加有效的领导。该书主要涉及三个方面的问题:一是对组织发展理论的关切,二是对高等教育机构的喜爱,三是对现代组织领导所承担义务的认识。《一流大学　卓越校长:麻省理工学院与研究型大学的作用》一书收集了查尔斯·维斯特在其担任麻省理工学院校长期间撰写的一系列文章,这些文章涉及研究型大学的转型、更加广阔的国际化视野、学术界的多元价值、课堂外教师扮演更为重要的领导角色,以及财政吃紧时期新兴科技发展带来的无穷机会等。在担任麻省理工学院校长的14年间,维斯特不断致力于实现其重建美国科技信心的梦想。他要求大学迎接由创新驱动、与企业相连的全球学术挑战,同时重申基本的学术价值及持续进行长远研究的必要性。《大学校长的多重生活:时间、地点与性格》是《校长创造不同:强化学院与大学的领导》一书的续篇,是从800多个访谈材料及其他相关研究中抽取材料写成的。重在分析校长岗位以及这个岗位如何被不同时间,不同校园环境,不同校长风格、战略、策略所影响。核心观点是,要理解大学校长职务就必须充分认识到每个校长的独特境遇——时间、地点的巨大限制以及决策时人类行为的反复无常,校长职位从来不是单一的,而是多样的,因而不存在所谓的"理想校长"。这些译著使大学校长的研究跨越了国界,有利于我们吸收国外研究的先进成果。

上述著作或是从宏观角度出发,或是从微观角度出发,从案例研究、比较研究、计量史学等维度,对国内外大学校长角色进行了历史与现实的剖析论述，为本课题的设计与开展、本书的思考与撰写奠定了厚实的基础和宽阔的视野。

2. 大学校长角色研究的学术论文分析

在此基础上，研究继而搜索"大学校长角色"相关主题的学术论文，精确查找2000年以来的论文，以期为本研究提供更为细致、先进的理论和方法。

在中国知网以"大学校长角色"为"篇名"进行搜索，成果状态如图0-1所示。

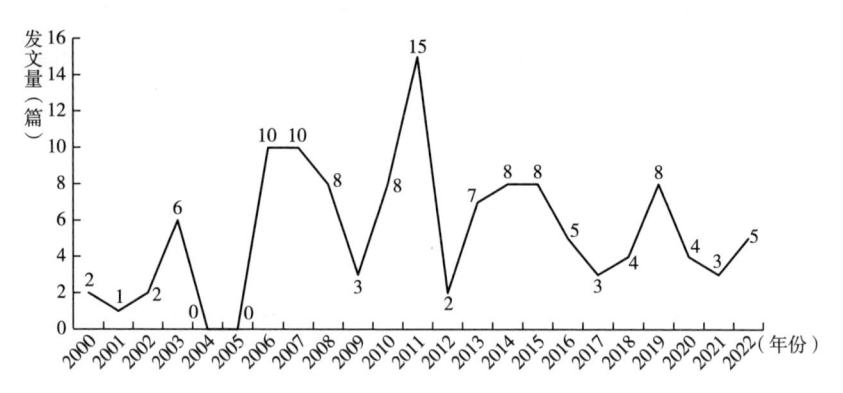

图0-1 2000~2022年中国知网数据库关于"大学校长角色"研究的论文发表年度趋势

由图0-1可知，国内对"大学校长角色"的研究呈现逐步上升并渐趋平稳的趋势，先后出现过四次热点研究时期，分别为2006年和2007年（各10篇）、2011年（15篇）、2014年和2015年（各8篇）、2019年（8篇），其中2011年为最热年度。2019年以来，相关研究趋于平稳，年论文发表量在4篇左右。

关于"大学校长角色"研究论文的机构来源和作用来源如图0-2、图0-3所示。研究论文主要产生于国内综合性大学和师范类院校，作者来源与机构来源基本吻合，如发文数排名前二的作者李欣然的工作单位为济南大学高等教育研究院、毛建青的工作单位为浙江工业大学现代大学制度研究中心。

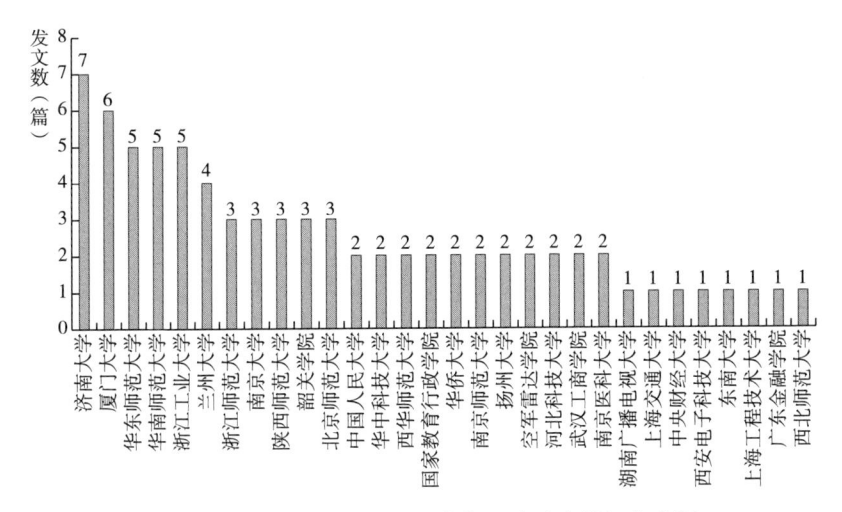

图 0-2 关于"大学校长角色"研究论文的机构来源

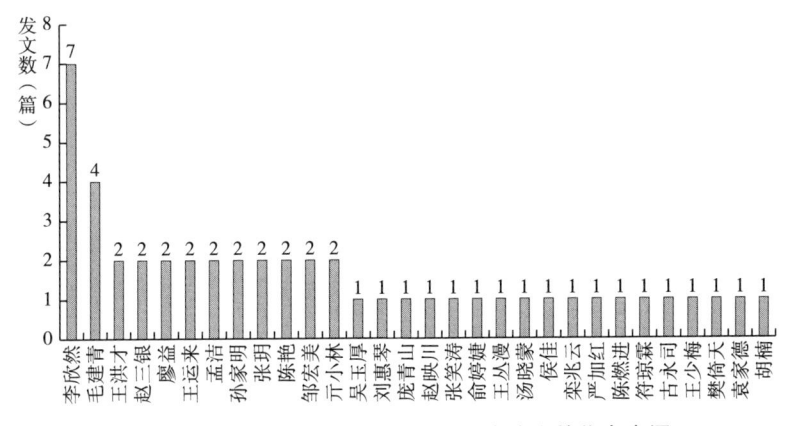

图 0-3 关于"大学校长角色"研究论文的作者来源

如图 0-4 所示，关于"大学校长角色"研究论文的发表主要来自全国教育科学规划课题和国家社会科学基金支持，教育部基金和江苏省、广东省等省部级、市厅级基金也有资助，但总体来看，资助力度明显不足。

从研究论文的主题分布来看（见图 0-5），"大学校长""校长角色""角色定位""校长角色定位"为一级主题，显示出大学校长角色研究的核心范畴；"角色冲突""多重角色""社会角色"等主

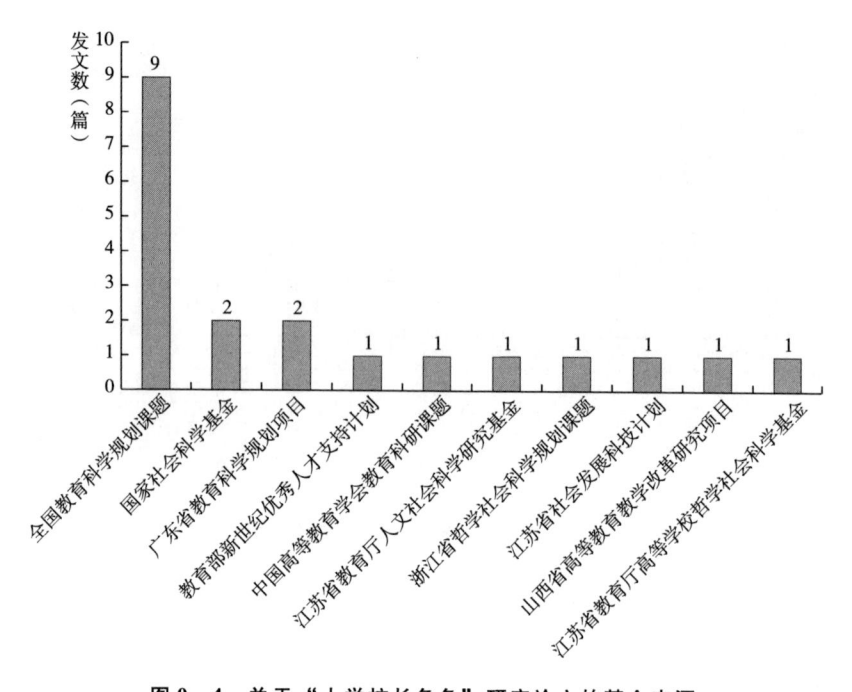

图 0-4 关于"大学校长角色"研究论文的基金来源

题显示出大学校长在治校过程中面对的现实困境及角色变化;"领导者""领导力""政治家""教育家"等角色定位反映出大学校长角色探索的具体内涵;"民国时期""私立大学""党委领导下的校长负责制"显示出中国大学校长角色研究的特色;"现代大学制度""大学校长职业化"是现代大学治理研究的理论反映;"学术权力""校长遴选""办学理念"则显示出大学校长角色与校长培养选拔、素质要求等的直接联系。目前来看,综述性的研究仅有3篇,《改革开放30年来我国大学校长角色与制度的变迁与反思》一文回顾了改革开放30年里影响大学校长治校的历史实践,提出中国近30年大学校长角色具有定位行政化、运行组织化和期待多元化的特点,并就大学校长治校制度展开了讨论。① 另外两篇论文从大学校长角色的

---

① 陈运超:《改革开放30年来我国大学校长角色与制度的变迁与反思》,《复旦教育论坛》2009年第1期,第48~52页。

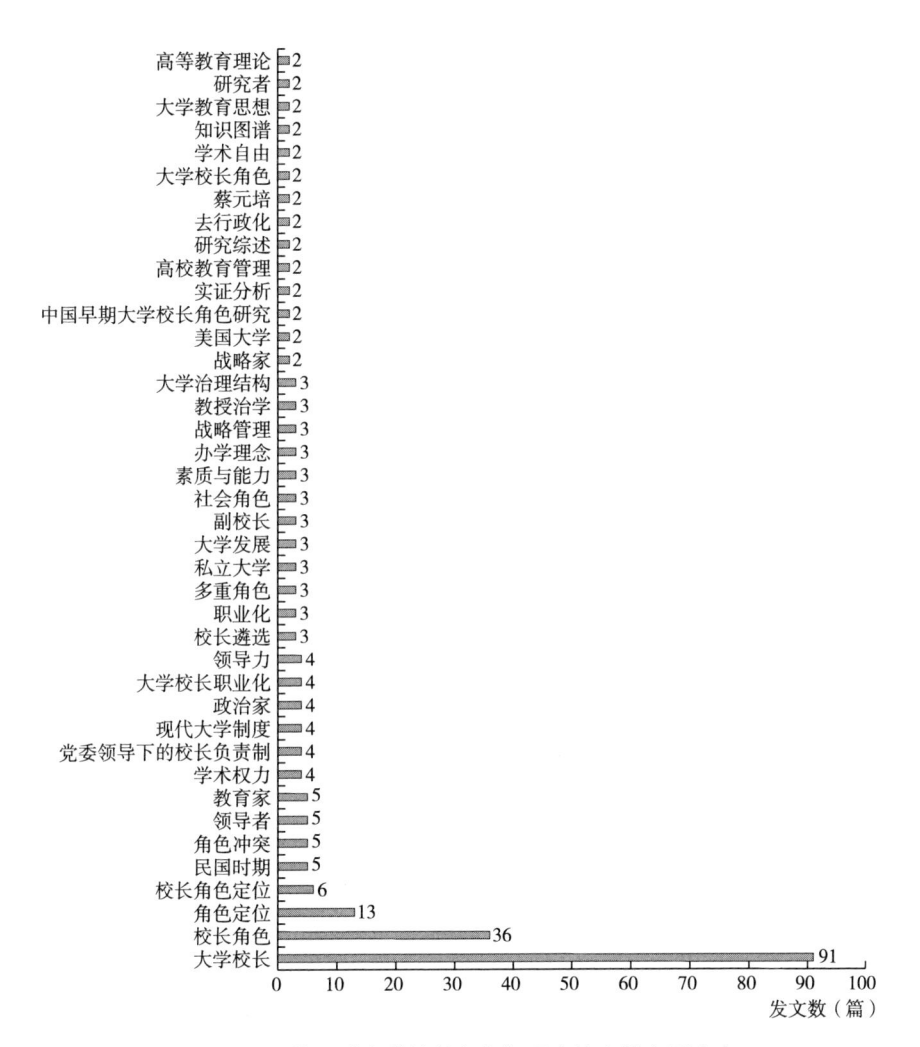

主题	发文数（篇）
高等教育理论	2
研究者	2
大学教育思想	2
知识图谱	2
学术自由	2
大学校长角色	2
蔡元培	2
去行政化	2
研究综述	2
高校教育管理	2
实证分析	2
中国早期大学校长角色研究	2
美国大学	2
战略家	2
大学治理结构	3
教授治学	3
战略管理	3
办学理念	3
素质与能力	3
社会角色	3
副校长	3
大学发展	3
私立大学	3
多重角色	3
职业化	3
校长遴选	3
领导力	4
大学校长职业化	4
政治家	4
现代大学制度	4
党委领导下的校长负责制	4
学术权力	4
教育家	5
领导者	5
角色冲突	5
民国时期	5
校长角色定位	6
角色定位	13
校长角色	36
大学校长	91

图 0-5 关于"大学校长角色"研究论文的主题分布

定位、错位、建构与反思等对大学校长角色进行了综述。[①]

笔者在文献计量分析基础上，对相关论文进行了细致综述，主要集中于以下六个方面。

（1）大学校长角色的梳理分析。可分为学者型校长、行政领导

[①] 高燕：《关于大学校长角色的研究综述》，《高等教育研究学报》2011年第1期，第27~29页；高瑞：《国内关于大学校长角色的研究综述》，《民办教育研究》2010年第1期，第27~31页。

型校长和校务经营型校长①，学者、智者、战略家与CEO②，职业管理者③；我国大学校长自清末以来经历了职官、教育家、政治家、经营者的角色变化④；也是从教师的一员转变为行政首领，再到多种角色⑤。

（2）大学校长理想角色的研究。期待成为教育学家与管理学家的复合体⑥；在学术利益的代言人、国家政策的执行者、学术组织的领导人、社会利益的主动反映者四种角色冲突中调整⑦；需要在构建者、规划者、分析者、引导者、跟进者、学习者和旁观者这七种角色间转换⑧等。

（3）中国大学校长角色冲突研究。毛建青通过调查提出我国大学校长角色扮演和角色期待之间存在较大差距⑨；吴康宁从教育家的使命与政治家的要求、代表者的身份与服从者的选择、领导人的职责与学术人的念想三个维度解释当代大学校长的角色问题⑩。

（4）基于中国特色的大学校长与大学书记定位的关系研究。林挺进和毛建青均使用实证调查分析方法，前者认为大学校长与大学

---

① 周川：《大学校长角色初探》，《上海高教研究》1996年第6期。
② 段宝岩：《学者、智者与战略家、CEO——中国现代大学校长的双重角色与多种能力》，《国家教育行政学院学报》2006年第1期。
③ 冯倬琳：《大学校长角色应是职业管理者》，《教育与职业》2015年第4期。
④ 陈志伟：《中国大学校长角色演变研究》，硕士学位论文，中南大学，2008。
⑤ 陈巴特尔：《影响大学校长角色行为的因素分析》，《煤炭高等教育》2002年第3期。
⑥ 李福杰：《大学校长的角色定位及其体制保障》，《大学教育科学》2005年第2期。
⑦ 王洪才：《论现代大学校长的社会角色》，《大学教育科学》2006年第1期。
⑧ 杨延东：《大学校长在高校战略管理中的角色定位和角色转换》，《高等教育研究》2007年第6期。
⑨ 毛建青：《当前我国大学校长多元角色及其冲突的实证分析——基于"211工程"大学的调查》，《学术论坛》2014年第9期。
⑩ 吴康宁：《角色困扰：影响大学校长领导力的重要原因》，《探索与争鸣》2015年第7期。

书记角色存在差异，大学校长需要具备更高的教育要求[1]，后者提出公立大学校长和党委书记的角色存在同化现象，需要进一步明确党委与行政的关系[2]。

（5）2010年以来近代中国大学校长角色研究呈现热潮，高伟强、程斯辉、王昊、肖卫兵、王运来等从校长案例研究、校长文化选择、国立大学校长与卓越大学校长群体等维度研究了近代大学校长的角色和治校。[3]

（6）他国大学校长角色研究。对英国、澳大利亚、日本大学校长角色的研究较少[4]，主流研究为美国大学校长角色问题。李延成认为美国大学校长普遍存在角色分离、角色多元、角色冲突、角色整合的过程[5]；相比欧洲大学校长的"学者"身份，美国大学校长更多地扮演行政者、企业家和政治家三种角色[6]；美国大学校长角色存在短期评价、流动单一、权少责多、加强干预四个方面的问题[7]；美国大学校长在分身乏术的情况下，学术副校长的权重逐渐加大，保

---

[1] 林挺进、储妍：《我国大学校长与书记角色差异的实证分析》，《复旦教育论坛》2011年第3期。

[2] 毛建青：《我国公立大学校长和党委书记的角色同化研究》，《现代教育管理》2017年第9期。

[3] 高伟强：《民国著名大学校长》，湖北人民出版社，2007；程斯辉：《中国近代大学校长研究》，人民教育出版社，2010；王昊：《近代中国大学校长的文化选择》，天津教育出版社，2010；肖卫兵、顾海良、周川：《中国近代国立大学校长结构及其角色研究》，《高等教育研究》2014年第3期；张玥、王运来：《抗战时期国立大学校长的治校方略研究》，《高等教育研究》2014年第8期。

[4] 吴志功、徐蕾：《英国大学校长角色和职能考察及启示》，《比较教育研究》2005年第10期；朱镜人：《英国大学校长的角色演变、特点及职业阶梯》，《外国教育研究》2006年第2期；郭丽：《日本国立大学校长角色的历史演变述论》，《比较教育研究》2007年第7期；李国良：《英国大学校长角色演进的研究》，《黑龙江高教研究》2014年第6期；俞婷婕：《澳大利亚大学校长的角色定位与个人特征——基于"八校联盟"的分析》，《复旦教育论坛》2014年第3期。

[5] 李延成：《美国大学校长的角色变迁》，《中国高等教育》2001年第Z1期。

[6] 欧阳光华：《美国大学治理结构中的校长角色分析》，《教育研究与实验》2011年第3期。

[7] 全守杰、王运来：《美国大学校长角色的嬗变及其动力——兼论中国大学校长领导制度建设》，《现代教育管理》2011年第8期。

障学术质量的同时调整了大学内部治理结构[①]。

诸多文献通过文献综述、比较研究、个案研究、调查分析等方式对大学校长角色进行了不同层面的研究,尤其是对近代中国大学校长角色和美国大学校长角色的细致分析为本研究提供了积极的参考。当代大学校长的角色定位和治校研究已然是一个趋势,但不难发现,现有研究在"当代大学校长角色"的问题上仍然存在一些缺陷:系统性研究较少,大学校长角色更多呈现描述性研究,定量研究的成果仍然不够。

三 研究内容

(一) 研究内容概述

研究首先回溯大学校长角色发展的有关理论,包括组织生命周期理论、任职期理论、角色理论、领导力理论等,并通过大量相关文献的阅读分析,建立组织生命周期理论视阈下大学校长角色发展调查评价的公共因子。继而通过专家咨询法、历史比较法,进行公共因子的二次检验和修正,形成组织生命周期理论视阈下大学校长角色发展的自评(大学校长)问卷和他评(相关利益者)问卷,并进一步构建大学校长角色发展的评价体系。同时,结合国内和国外大学校长角色发展的案例分析和文本分析,形成更具有质性意义的大学校长角色认知描述和观点,将之作为先前调查访谈的补充性材料,并用于大学校长角色发展思路分析的佐证和参考。最后在上述理论、调查、访谈、文本分析的基础上,指出当前中国大学校长角色发展的主要问题和影响因素,从"个体—环境"和"政策—社会"两个层面,构建了大学校长角色发展的内外循环图及中国大学校长与大学内外部关系互动模型,就组织生命周期理论视阈下大学

[①] 黄海啸:《美国大学校长的分身术——从 Provost 的角色与职责看美国大学治理的新特点》,《高等教育研究》2013 年第 12 期。

校长角色发展思路提出针对性建议。

（二）研究的重点和难点

1. 建立组织生命周期理论视阈下大学校长角色发展的理论基础和公共因子

建立组织生命周期理论视阈下大学校长角色发展的理论基础和公共因子是研究的第一步，也是研究的重点。在组织生命周期理论视阈下，选择什么样的理论进行大学校长角色发展的分析是研究的起点。在充分选择的前提下，研究选择了任职期与角色理论、领导力理论等作为讨论这一问题的主要理论支撑。

笔者在前期关于大学校长任职与角色的研究基础上，进一步阅读并分析了关于大学校长研究的大量文献，通过文献分析、历史比较，构建大学校长角色发展的公共因子，是需要在寻找理论基础后进一步完成的前提性工作，因而也是研究的重点之一。

2. 构建组织生命周期理论视阈下大学校长调查和评价的指标体系

构建组织生命周期理论视阈下大学校长调查和评价的指标体系，既是研究的重点，也是研究的难点。首先，需要形成大学校长角色发展的调查问卷。研究希望对大学校长群体自身和社会人群也就是大学校长角色发展的相关利益者，包括大学内成员、学生家长、用人单位、政府管理部门、媒体等，进行自评维度（校长行为事件访谈）和他评维度（相关团体焦点访谈）的调查，那么，如何通过科学的方法设计问卷并完成问卷的发放及回收，必然是研究的重点和难点。尤其是研究计划调查访谈十余位"双一流"大学或设有研究生院的综合性大学的校长，这本身就极具难度，而调查又适逢抗击新冠疫情的特殊时期，调查访谈是难上加难。

其次，在获得调查数据之后，研究还需要结合专家咨询，进一步完善数据分析和指标分层，总结大学校长角色的本质内涵与基本特征，从而形成大学校长角色发展的主要影响因素，并用验证性因素构建组织生命周期理论视阈下大学校长角色发展的指标体系。鉴于对这一体系的科学性、实用性、可参考性的考量，因此在研究上也具有极大的难度。

3. 提出定量研究与定性研究相结合的大学校长角色发展适切性建议

提出定量研究与定性研究相结合的大学校长角色发展适切性建议也是研究的难点之一。定量研究主要指的是前期通过问卷和访谈形成的数据和文本支持，定性研究主要指的是对中外著名大学校长训词、案例等文本性材料的分析总结。在定量的数据与定性的观点相结合的前提下，考虑如何在组织生命周期理论视阈下提出我国大学校长角色发展的适切性建议，是整体研究的精华所在。因此，研究计划将大学校长作为若干因素的中心点，在个体—环境、政策—社会的双重视角下，分析大学校长在现代大学治理中应然发挥的作用和必然扮演的角色。在这样的设计中，研究最终的观点和建议必然是重中之重，也是难中之难。

（三）研究的创新之处

1. 寻找公共因子

组织生命周期理论作为大学校长研究中的新视角，可实现大学校长角色研究的细化和系统化。大学组织发展阶段与大学校长任职期的交叠关系不仅能够对大学校长的高层管理风格予以分析，还能结合社会学的角色理论，将"任职期"与"角色发展"建成纵横指标，通过文献分析对大学校长不同任职时期和角色发展的关键特征进行汇总分类，明确大学校长角色发展的基本内涵，从而形成研究中的公共因子。

2. 构建指标体系

文献分析基础上形成研究中的公共因子，还需要通过对中美大学校长角色的历史研究和案例研究完成公共因子的一次检验，并对因子进行适度调整和补充;对当代大学校长及相关团体的关键事件访谈、焦点访谈和问卷调查,通过这些数据样本完成公共因子的二次检验,将验证性因素二次调整;结合所有分析结果,总结大学校长角色的本质内涵与基本特征;构建大学校长角色发展的指标体系,可用于大学校长角色、治校、领导力等方面的能力评估。

3. 剖析典型案例

案例分析贯穿研究全过程。民国时期被学术界公认为中国高等教育发展的重要时期,这与当时大学校长所发挥的作用和扮演的角色密不可分,选取这一时期的典型人物进行案例分析具有极大的现实意义。研究的现状调查部分对民国时期大学校长与当代大学校长建立同质因子比较,结合调查实际选取的5个以上校长个案进行对照性分析,通过共性与个性的存在来剖析相关因素,这是研究的支撑和依据。

四 研究目的、思路与方法

(一) 研究目的

首先,通过组织生命周期理论、任职期与角色理论等明确大学校长角色发展的基本内涵,构建指标体系的公共因子;其次,以中美大学校长角色的历史研究和对当代大学校长及相关团体的现状调查,形成公共因子的二次检验,总结大学校长角色的本质内涵与基本特征,并分析大学校长角色发展的合法性基础与影响其角色演变的主要原因;最后,构建大学校长角色发展的完整指标体系,通过民国时期与当代大学校长角色发展比较,为当代大学校长角色发展提供参照。

(二) 研究思路

首先,收集、归纳和整理组织生命周期理论、大学校长任职期、角色发展和治校等相关内容的文献资料，构思研究主题、视角和内容；其次，根据文献资料进行关键词分类，形成大学校长角色发展的公共因子；再次，通过对中美大学校长角色的历史研究、对大学校长及相关团体的现状调查，形成公共因子的二次检验；复次，通过上述数据，构建大学校长角色发展的完整指标体系；最后，得出当代大学校长角色发展的定位和目标，提出对策性建议、总结研究的不足，并做出研究展望。

组织生命周期理论视阈下大学校长角色发展研究思路如图 0-6 所示。

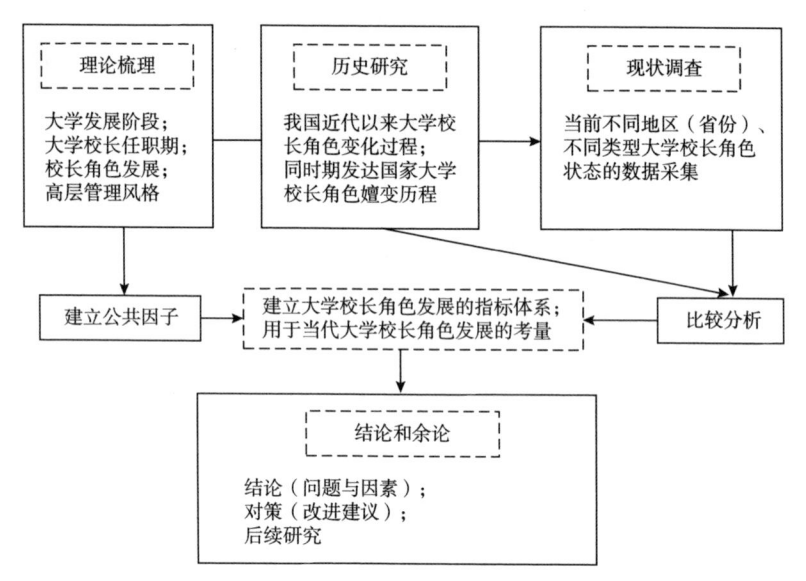

图 0-6 组织生命周期理论视阈下大学校长角色发展研究思路

（三）研究方法

1. 文献分析法

文献分析法是指通过对收集到的某个方面的文献资料进行研究，以探明研究对象的性质和状况，并从中引出自己观点的分析方法。它能帮助调查研究者形成关于研究对象的一般印象，有利于对研究对象做历史的动态把握，还可研究已不可能接近的研究对象。文献分析法的主要内容有：（1）对查到的有关档案资料进行分析研究；（2）对收集到的有关个人的日记、笔记、传记进行分析研究；（3）对收集到的公开出版的著作、刊物等资料进行分析研究。本研究中，该方法主要用于大学校长角色发展相关的理论梳理、历史研究和现状调查。

2. 因子分析法

因子分析是指研究从变量群中提取共性因子的统计技术。最早由英国心理学家 C. E. 斯皮尔曼提出。因子分析可在许多变量中找出隐藏的具有代表性的因子，将相同本质的变量归入一个因子，可减少变量的数目，还可检验变量间关系的假设。因子分析的方法有两类：一类是探索性因子分析法，另一类是验证性因子分析法。探索性因子分析法不事先假定因子与测度项之间的关系，而让数据"自己说话"，主成分分析和共因子分析是其中的典型方法。验证性因子分析法假定因子与测度项的关系是部分知道的，即哪个测度项对应于哪个因子，虽然我们尚且不知道具体的系数。因子分析法是社会研究的一种有力工具，但不能肯定地说一项研究中含有几个因子，当研究中选择的变量变化时，因子的数量也要变化。此外，对每个因子实际含义的解释也不是绝对的。研究中通过文献梳理形成大学校长角色发展的公共因子，通过历史研究和现状调查形成公共因子的二次检验，为研究结论提供实际支撑。

3. 案例研究法

案例研究法是实地研究的一种。研究者选择一个或几个场景为研究对象，系统地收集数据和资料，进行深入研究，用以探讨某一现象在实际生活环境下的状况。适合当现象与实际环境边界不清而且不容易区分，或者研究者无法设计准确、直接又具系统性控制的变量的时候，回答"如何改变"、"为什么变成这样"及"结果如何"等研究问题，同时包含了特有的设计逻辑、特定的资料收集和独特的资料分析方法。可采用实地观察行为，也可通过研究文件来获取资料。研究更多偏向定性，在资料收集和资料分析上具有特色，包括依赖多重证据来源，不同资料证据必须能在三角检验的方式下收敛，并得到相同结论；通常有事先发展的理论命题或问题界定，以指引资料收集的方向与资料分析的焦点，着重对当时事件的检视，不介入事件的操控，可以保留生活事件的整体性，发现有意义的特征。相对于其他研究方法，能够对案例进行详细的描述和系统的理解，对动态的相互作用过程与所处的情境脉络加以掌握，可以获得一个较为全面与整体的观点。研究主要集中于我国民国时期大学校长角色的案例分析、当代校长自我体察和角色认知的案例分析。

4. 实证研究法

实证研究法可以概括为通过对研究对象大量的观察、实验和调查，获取客观材料，从个别到一般，归纳出事物的本质属性和发展规律的一种研究方法。实证研究法有狭义和广义之分。狭义的实证研究法是指利用数量分析技术，分析和确定有关因素间相互作用方式和数量关系的研究方法。狭义的实证研究法研究的是复杂环境下事物间的相互联系方式，要求研究结论具有一定的广泛性。广义的实证研究法以实践为研究起点，认为经验是科学的基础。广义的实证研究法泛指所有经验型研究方法，如调查研究法、实地研究法、统计分析法等。广义的实证研究法重视研究中的第一手资料，但并不刻意去研究普遍意义上的结论，在研究方法上，是具体问题具体分析，在研究结论上，只作为经验的积累。鉴于这种划分，我们将实证研究区分为数理实证研究和案例实证研究。本研究中主要使用德尔菲法、关键事件访谈法、相关团体焦点访谈法和问卷法等。

第一章　大学校长角色发展的相关理论

在讨论组织生命周期理论视阈下的大学校长角色发展过程、因素、改进等一系列问题之前，有必要对研究涉及的相关理论进行简要回顾。本章选择以角色理论为切入点，将角色发展、角色认同理论作为研究支撑理论的起点。之后将大学校长角色的研究置于组织生命周期理论、任职期理论之中，进行交叉分析。最后对大学校长领导力理论展开阐述。毕竟，我们在谈论大学校长角色时，无法对其治校能力或领导力避而不谈。

一　角色发展与角色认同理论

角色（role）也称社会角色（social role），原是戏剧、电影中的名词，指演员所扮演的剧中人物，后被引入社会学，用以表示"对群体或社会中具有某一特定身份的人的行为期待"[1]。"个体在社会中占有与他人地位相联系的一定地位，当个体根据他在社会中所处的地位而实现自己的权利和义务时，他就扮演着相应的角色。"[2] 角色理论（Role Theory）也称社会角色理论（Social Role Theory），是指通过角色这一核心概念，将影响人的行为的文化背景、社会隶属

---

[1] 〔美〕戴维·波普诺：《社会学》（第10版），李强等译，中国人民大学出版社，1999，第97页。

[2] 〔苏〕安德列耶娃：《西方现代社会心理学》，李翼鹏译，人民教育出版社，1987，第170页。

关系与个人、自我等各个环节的因素联系成一个有机的系统。"角色理论所要解释的是处于一定社会地位的人们的各种社会关系和复杂的社会行为。"①

大学校长是一种职务，也是一种特定的社会位置，需要通过大学校长的角色扮演来表现。同时，"大学校长是角色特征很复杂的一种领导职位"②。一般来说，我们可以按照纵向的时间进程，将大学校长的角色发展划分为角色期待、角色领悟和角色实践三个阶段。

（一）大学校长的角色发展

1. 大学校长的角色期待

大学校长的角色期待，是指社会（包括大学校长自身）对大学校长职务的权利、义务和行为规范等各方面的期待。一般通过成文或不成文的角色规定体现出来，集中表现为一些政策性文件或约定俗成的行为规范、舆论导向等。如《中华人民共和国高等教育法》（以下简称《高等教育法》）中规定，"高等学校的校长全面负责本学校的教学、科学研究和其他行政管理工作"。社会对大学校长的角色期待具有导向作用，它能在一定程度上决定大学校长的角色扮演行为，并引导他人以相应的行为与之互动，促使大学校长能顺利履行其权利与义务。大学校长自身的角色期待则是其基于已有的学历知识背景、社会工作经验和道德规范要求而产生的自我理想。这种内在的期望往往更能够促使大学校长的角色完美实现。随着高等学校与社会距离的逐渐拉近、高等教育普及化时代的到来、功利主义与利益至上之风的盛行，大学校长角色的外在期望和要求不断提高，甚至与大学校长的自我期望产生一定的矛盾。

2. 大学校长的角色领悟

"社会或他人对角色的期望是一种外在的力量，它还不是角色承

---

① 周晓虹：《现代西方社会心理学流派》，南京大学出版社，1990，第233页。
② 周川：《大学校长角色初探》，《上海高教研究》1996年第6期，第1～4页。

担者自己的想法。人们对角色的扮演虽然受到社会期望的影响，但是在更大的程度上是他们自己对角色认识、理解——即角色领悟的结果。"[1] 大学校长的角色领悟即是大学校长对自身角色权利和角色义务的认识，常见于他们的著作或他们在特定场合发表的言论与演讲中，如剑桥大学校长艾莉森·F. 理查德（Alison F. Richard）认为，作为世界一流的大学校长，她的角色首先就是做一个优秀的教育家和大学文化的创造者，她的远大志向就是要为社会培养杰出的人才，培养未来世界的改造者和领导者、未来科学技术的创造者和领头人。[2] 由于个人的角色领悟有所不同，因此大学校长也会对相同的角色期待做出不同的理解，理解得恰当与否决定了其角色扮演的成败。

3. 大学校长的角色实践

大学校长的角色实践是对角色领悟的进一步发展，是在个人实际行动中表现出来的角色。"在大多数情况下，角色领悟与角色实践是一致的，但也会出现两者并不完全一致的少数情况。这是因为，角色实践除了受角色领悟的指导外，还受到当时主观、客观多方面条件的限制，使他不能完全按照自己领悟的去做。"[3] 但客观上，大学校长的角色实践是其角色领悟的直接外显行为，一般表现为大学校长对时间的分配、日常参与的社会活动和在校园内外发起的某一活动，以及为了达到某种目的而制定相应政策的行为，等等。

总体而言，大学校长的角色期待、角色领悟和角色实践构成了其角色发展的三个层次。需要说明的是，大学校长的角色发展并不只是角色期待、角色领悟和角色实践三要素简单的单向循环，而是

---

[1] 郑杭生主编《社会学概论新修》，中国人民大学出版社，1994，第142~143页。
[2] 吴志功、徐蕾：《英国大学校长角色和职能考察及启示》，《比较教育研究》2005年第10期，第44~46页。
[3] 郑杭生主编《社会学概论新修》，中国人民大学出版社，1994，第142~143页。

三要素的相互交叉和重叠，从而形成大学校长角色发展不断反复并提升的螺旋上升过程。

（二）大学校长的角色认同

雅斯贝尔斯认为，人类交往关系从低到高有四种具体形态，分别为"共体主体性"（communal subjectivity）、"交互客体性"（inter-objectivity）、"外在的主体间性"（external inter-subjectivity）和"内在的主体间性"（internal inter-subjectivity）。① 第一种交往关系将个人作为共同体的工具，服务于共同体需要，因此是一种原始的共体主体性；第二种交往关系中个人是主体，他人是交往、利用的手段存在，因此发展的是个人主体性；第三种交往关系是主体与客体之间的平等关系，主体在发展自我主体性的同时也发展了他人的主体性，但这种交往关系需要一定的外在规范予以制约，以防止个人对他人利益的占用；第四种交往关系中每个人都是共同体的一分子，成员之间是基于内在个人尊重、公共利益和爱的交往，即存在性交往关系。因此，其中第三种和第四种交往关系才是基于主体间的平等交往，存在性交往可以实现个人与他人、与社会的利益统一，是交往的理想状态。"外在的主体间性"和"内在的主体间性"都强调交往中主体间性的要求，即在不消灭个体主体性的前提下，强调从个体主体性走向主体间性和他者性，直至理想状态的公共性。在不同环节中，教育中主体间的关系也呈现不同的形式，但从主体性到主体间性的交往及评价已经成为我国学者的基本共识。②

大学校长作为现代大学治理进程中的关键角色，必然与大学内

---

① 冯建军：《从主体间性、他者性到公共性——兼论教育中的主体间关系》，《南京社会科学》2016 年第 9 期，第 123~130 页。
② 孙二军：《自我认同视域下的教师专业发展》，社会科学文献出版社，2016，第 60 页。

外部成员发生密切而复杂的交往关系，但目前我国大学校长评价仍然以"不完全的外部评价"为主，主要体现在以下五个方面：（1）我国大学校长评价依据党政干部的考核标准进行，一般涉及德、能、勤、绩、廉五个方面，体现出较强的行政性评价特色，并未考虑到大学的具体需要及校长职务的特殊性；（2）将大学评价与大学校长评价混为一谈，过多强调大学校长的业绩表现，校长品德、能力等方面的社会期待和评价难以体现；（3）大学校长评价基本局限于外部评价，且这种外部评价缺乏来自大学内外部相关利益者尤其是教师、学生及家长、校友、用人单位等方面的评价，并未包括所有相关利益者；（4）仅有的内部评价以校长年度末的总结性评价为主，评价标准过于简单笼统，难以达到反思性的角色评价效果；（5）我国大学党委领导下的校长负责制具有中国特色，无法完全照搬国外董事会制度下的校长评价模式。这些现实问题的应对，需要我们参考西方大学校长评价中的积极因素，在先进理论与中国实际中寻找大学校长角色评价新的契合点。

西方学术界不同学科对"认同"的认识存在一定差异。北美学术界关注角色认同（role identity），即个体对自己在社会结构（social position）中所处的一定位置的意识；欧洲学术界关注个人认同（personal identity）和社会认同（social identity），个人认同强调个体在时空上确定自己是同一个人而不是其他人，社会认同倾向于个体对自己处于一定社会群体、社会范畴（social category）的意识。[1] 可以理解为，自我认同首先是对"我是谁"的叩问，是个人依据个人经历形成的、作为反思性理解的自我[2]，其次是对自我道德根源的思索，是在内在化过程中形成的内在深度感，直至自我认同的社会范

---

[1] 孙二军：《自我认同视域下的教师专业发展》，社会科学文献出版社，2016，第60页。
[2] 〔英〕吉登斯：《现代性与自我认同：现代晚期的自我与社会》，赵旭东、方文译，生活·读书·新知三联书店，1998，第58页。

畴提升，形成社会性的"我"；社会认同的对象是人的行为的普遍的、客观的社会意义，直接指向社会价值观、社会身份与角色规约及其功能发挥。以"我"为边界，可将大学校长角色分为"自我"和"他我"，"自我"是大学校长对"我是谁"的追问、确认及反思，是大学校长意义感、身份感、归属感的自我获得；"他我"是他者即上文提到的相关利益者眼中的"我"，是大学校长处于群体及其成员资格与角色连接的社会反映。正是因为主体评价与他者评价、自我认同与他我认同之间存在同一性与差异性，因此，内外部相关利益者能够对大学校长角色形成一定的接受、认可和欣赏，又因为"界限"与差异的存在而保持一定的独立性与个体性，从而形成对大学校长角色发展的建设性评价意见。主体间性交往与角色认同理论的逻辑关系如图1-1所示。

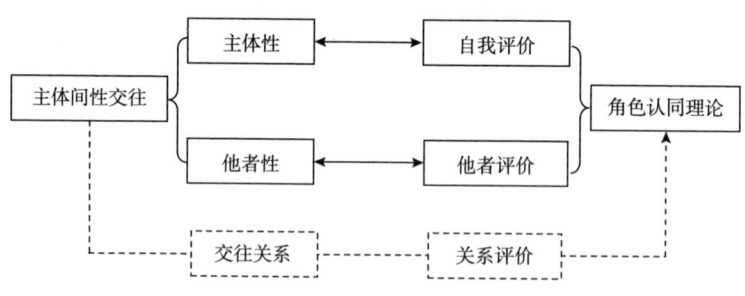

图1-1 主体间性交往与角色认同理论的逻辑关系

二 组织生命周期理论与大学校长任职期理论

（一）组织生命周期理论

管理界普遍认为，组织像生物有机体一样，存在生命周期。组织生命周期（Oranization Life Cycles）理论最初就源于管理学中的企业生命周期理论。这一理论最早由葛瑞纳（Larry E. Greiner）提出，他认为企业的成长要经过创业、聚合、规范化、协作、再发展/再衰退五个阶段。之后，奎因（Robart E. Quinn）和卡梅隆

(Kim Gameron)把组织的生命周期细化为四个阶段,分别为创业阶段、集合阶段、规范化阶段和精细阶段。与组织生命周期相关的理论模型众多,如阿尔弗雷德·D.钱德勒(Alfred D. Chandler)的"钱氏模型"、加州大学洛杉矶分校管理学教授埃里克·G.弗拉姆豪茨(Eric G. Flamholtz)和伊冯·兰德尔(Yvonne Randle)的"企业成长七阶段模型"、伊查克·爱迪思(Ichak Adizes)的企业生命周期理论、中国人民大学杨杜教授的企业成长"三性模型"等。

较为一致的观点是,组织生命周期是一个由非正式到正式、由低级到高级、由简单到复杂、由幼稚到成熟的阶段性发展过程。随着组织从一个阶段向下一个阶段迈进,其组织结构、领导行为、管理制度、成员心态都会发生相应的变化,并形成一定的特点;同时组织在每一个阶段的末期都会面临某种危机或问题,需要采取一定的变革和策略以应对危机,组织就是通过循环反复的应对与变革迎来成长的。

起初的组织是小规模、非官僚化和非规范化的;组织经过一定的发展成长后,就会面临集权和放权之间的矛盾及各部门规范化工作的调控问题;经过前期发展,组织即将进入成熟发展阶段,同时官僚化特征也会出现,组织可能会因增加大量员工而必须构建清晰的层级制和分工制;组织逐渐出现规模的巨大化和行政的官僚化,衰退期也可能出现,这时管理者也许会采取跨越部门界限组建团队的方式来提高组织效率[1],组织进一步官僚化,化解危机后组织就会进入生长的循环周期之中。

本研究仅选取葛瑞纳的成长阶段模型(见表1-1)作为示例。

---

[1] 〔美〕潘德(Pande, P. S.)、纽曼(Neuman, R. P.)、卡瓦纳(Cavanagh, R. R.):《6Q管理法:追求卓越的阶梯》,刘合光等译,机械工业出版社,2001。

表 1-1 葛瑞纳的成长阶段模型

	创业阶段	引导阶段	授权阶段	协调阶段	合作阶段
管理重点	生产和销售	生产效率	扩大市场	加强组织	管理革新
组织结构	非正式组织	职能制	地区性事业部制	直线管理及生产集团超事业部制	矩阵式结构任务小组
高层管理风格	个人业主式	指导式	授权式	监察者	参与者
控制系统	市场结果	标准规格与成本中心	汇报制度及利润中心	计划及投资中心	相互间的目标管理
阶段特点	组织诞生初期；企业家精神培育、信息收集、艰苦创业、低回报	持续生长期；组织结构功能化、会计制度建立、资本管理、激励机制、预算制度、标准化管理出现、组织多样化和复杂化	分散的组织结构、运营及市场层面的本位责任、各自的利益中心、盛行的财务激励机制、基于阶段性回顾的决策机制	建立起各种正式的管理系统，如正式的规划评估、中心化的支持系统、企业资本支出、产品组层面上的投资回报责任、组织底层的利益均享促进等	跨功能区的任务团队、去中心化的支持团队、矩阵式组织结构、简化的控制机制、团队行为教育计划、高级信息系统、团队激励等

资料来源：施炜、苗兆光《企业成长导航》，机械工业出版社，2019。

将组织生命周期理论及对应的各阶段中的管理重点、组织结构、高层管理风格及阶段特点运用到现代大学治理之中，尤其是将之与校长治校相关联，可以为大学校长角色发展研究提供积极的理论视角。

（二）校长任职期与角色发展

在高等教育治理体系和治理能力现代化建设进程中，大学内外

部治理关系日益复杂,大学校长作为连接内外部治理主体的关键人物①,需要在科学家、教育家、政治家等角色定位中不断调适自身的角色发展,但若要更为深入具体地探讨新时代大学校长角色发展的问题,必须建立新的研究维度。根据组织生命周期理论,伴随大学组织经历的不同发展阶段,大学校长在其任职期内的角色也会呈现相应的特征,将任职期作为讨论大学校长角色发展的划分维度,可以探求不同任职时期大学校长的角色要求。② 由于自治传统的差异、校长产生方式不同以及内部领导体制的区别③,相较于"《泰晤士报》世界大学排名"前200名高校中美国43所研究型大学校长的平均任期为22.4年④,我国大学校长的任期总体来说都不长,但这并不妨碍我们通过时间维度变量来反思任职期对中国大学校长角色特点的影响。

将大学发展阶段置于组织生命周期理论之下,大学校长作为大学的负责人,体现出从个人主义至超凡魅力展现,从开始授权到抨击行政化,再至妥协的风格改变和循环。同时大学校长任职期也可与大学发展阶段建立联系,Kezar 和 Adrianna 将大学校长任职期分为前奏期、蜜月期、稳定期、离职期⑤,反映了大学校长从初任职至退休或离开大学整个过程的风格变化,大学校长对自身角色的认知和实践也会发生嬗变。以大学校长任职的四个阶段和角色发展的三个层次分别作为纵横维度,以组织生命周期理论的高层管理风格作为

---

① 毛建青:《高等教育治理体系中大学校长的角色定位研究》,《高校教育管理》2016年第6期,第17~20页。
② 张玥:《大学校长的任职期与领导力实现》,《国家教育行政学院学报》2011年第4期,第16、36~39页。
③ 刘畅、陈守明:《校长任期对一流大学绩效的影响——基于1999~2018年面板数据的实证研究》,《科研管理》2019年第5期,第275~281页。
④ 张欣、张萌:《美国研究型大学校长任期分析》,《黑龙江教育》(高教研究与评估)2017年第6期,第80~83页。
⑤ Kezar, Adrianna, "The Research University Presidency in the Late 20th Century: A Life Cycle/Case History Approach," *The Journal of Higher Education*, 78(2007): 119–121.

参照，形成了大学校长任职期与角色嬗变的过程。

1. 大学校长角色发展的层次维度

处于适应期的大学校长首先具有理想化的角色期待，并在已有知识和学历、学科专业等客观基础上进行相对主观的领悟，其角色实践还处于摸索阶段。在蜜月期，经历了一定的角色适应后，大学校长的角色期待从因主客观矛盾而产生的疑惑到基于实践的反思直至适应，在其角色领悟和角色实践方面体现出趋于客观和务实的倾向。经过了前期的积累，稳定期的大学校长在角色期待上提出明确与体现个性的要求，并能够比较客观、成熟地体现在其角色的领悟和实践中。离职期的大学校长角色期待呈现较强的理性，对角色的领悟达到顶峰，但因处于任职阶段的末期而在角色实践方面相对保守。

2. 大学校长任职的阶段维度

大学校长的角色期待分别经历了任职前奏期的理想化，蜜月期的疑惑、反思到适应，稳定期的明确与个性，以及离职期的理性的变化，是一个从理想到现实的过渡。其角色领悟从基于客观的主观到蜜月期和稳定期的客观直至离职期的领悟顶峰，是一个从主观到客观的过渡；而角色实践则从摸索到务实，再从成熟到保守，从不断走向实际到以保守实践画上任职阶段的句号。虽然处于离职期的大学校长在角色实践方面体现出保守的特征，但经历任职阶段和角色发展后，其办学理念和实践已经达到顶峰状态。

在前期研究中，已经形成中国大学校长任职内角色发展的不同特征。[①] 伴随大学组织的不同发展阶段，任职内校长的管理风格和角色发展呈现一定的差异，以此为基本依据，建立中国大学校长任职内角色发展的公共因子。大学发展阶段与大学校长任职期关系见表1-2。

---

① 张玥、王运来：《大学校长任职内的角色发展》，《现代教育管理》2011年第3期，第36~38页。

表1-2 大学发展阶段与大学校长任职期关系

大学发展阶段	创业（创建）	聚合（发展）	规范化（发展）	协作（成熟）	再发展/再衰退
大学校长任职期	前奏期（prelude period）	蜜月期（honeymoon period）	稳定期（plateau period）	离职期（exit period）	重复任职期四个阶段
高层管理风格	个人主义、自主创业	超凡魅力、方向指引	控制下的授权	团队式、抨击行政机构	回归、创新、突破、妥协
自我角色期待	理想化	疑惑、反思、适应	明确与个性	理性	
自我角色领悟	基于客观的主观	趋于客观	客观	顶峰	
自我角色实践	持续摸索	务实	成熟	保守	

在大学校长职业生涯的前奏期，基于初始进入一个组织的孤立感和陌生感，高层管理风格偏向个人主义和自主创业，即这个时期的领导力主要是大学校长个体的领导。在经历了一定的发展后，大学组织逐步走向聚合，大学校长因超凡魅力的逐渐体现而沉浸在职业生涯的蜜月期中，并在组织中逐渐树立威信，从而起到组织发展的方向指引作用。这一时期仍然以大学校长个体的领导力为主，但管理团队已经悄然成型。随着组织的继续发展，大学的管理步入规范化阶段，大学校长也进入了职业生涯的稳定期。庞杂的事务加之团队建设的成效，大学校长无法也无须事无巨细地亲力亲为，从而实现控制下的授权。组织领导力超越了个体领导力，这也促进了大学组织的进一步发展。到了大学校长职业生涯的离职期，大学组织一般已进入成熟阶段。这一时期的组织领导力呈现团队式风格，并在团队式的发展中不断摒弃行政式机构发展的弊端，带领组织走向成熟。

从上述大学校长任职期内的角色特征中我们不难看出以下几点。

第一，大学校长在任职期的前两个阶段，都停留在以个体为主的角色实现上。卓越个人的品质确实可以成就一所大学，但只有组织领导力量的强大才能实现真正的有效领导，并消除个人主义的消极影响。而授权（empowerment）是有效领导力（effective leadership）所依赖的重要途径，是领导者动员和鼓励追随者致力于实现愿景的重要举措，也是维持领导者与追随者之间权力平衡的重要杠杆。① 那么，如何缩短从个体领导到组织领导的过渡时间，不仅依赖于大学校长个人的努力，也需要大学严格组织制度的保障。

第二，角色发展还与对环境的适应紧密相连。大学组织内部学术与行政并存，而外在环境的变化也需要大学不断地去适应。组织生命周期理论中，大学校长在任职的最后阶段开始抨击行政式机构，以实现大学的继续发展。实际上，行政式的弊端在校长初任时就已经存在，并随着大学的发展而加剧。大学校长只有在任职伊始着力学术、行政"两手抓"，并在与外界政治压力和市场侵蚀的博弈中取得发展空间和自由。

第三，大学是一个组织，具有一般组织的一些特征。但大学又是一个特殊的社会机构，其存在归根结底是为了学术的发展；其组织成员也是特殊的社会群体，大学教师从事知识生产和科技创新，培养的学生是科研创新的后备力量和未来的核心力量。这就决定了大学拥有亘古不变的自身的发展逻辑。在探讨大学校长角色发展问题时还需要考虑大学的特殊性，不能完全照搬组织理论。

三　大学校长领导力理论

（一）领导与管理

"领导力"是 20 世纪 40 年代产生的学术概念，最初运用于管理

---

① 柳亮：《领导力理论视野下的大学内部管理变革研究》，《国家教育行政学院学报》2010 年第 1 期，第 23~26 页。

科学,是指"领导力是领导者个人(或领导团队)为实现领导者自己及其追随者的共同目标,而通过说服或榜样作用激励某个群体的过程"①。可按照对"人"和"事"的领导分为对"事"的决策力和对"人"的凝聚力;也可根据内外部关系分为领导权力与领导魅力。② 领导与管理的区别和联系在于"你可能被任命为一个管理者或指挥者,但直到你的同事从感情、心理、情绪等方面认可了你以后,你才是一个领导者"③。有学者将领导者与管理者做了比较(见表1-3)。

表1-3 领导者与管理者比较

领导者	管理者
关注未来	关注现在
引起变化	保持现状与稳定
创造一种共同价值观的文化	实施政策与程序
建立与下属的情感纽带	对下属淡漠、客观公正
运用个人权力	使用位置权力

资料来源:〔美〕纳哈雯蒂《领导力》,王新译,机械工业出版社,2003,第16页。

在教育学界,有学者认为,"领导力是一种有关前瞻与规划、沟通与协调、真诚与均衡的艺术"④。也有学者提出,"大学校长领导力,是一种与大学精神、大学文化和谐统一的校长领导能力。它是大学校长在大学这种崇尚民主和自由的社会组织结构中,协调个性差异的教职员工,让他们彼此包容,共同合作,不断取得知识创新、科技创新和学术创新成就的杰出领导力"⑤。前者把领导力归为艺

---

① 〔美〕约翰·加德纳:《论领导力》,李养龙译,中信出版社,2007,第3页。
② 崔佳颖:《组织的管理沟通》,中国发展出版社,2007,第111页。
③ 〔英〕约翰·阿戴尔:《有效领导力开发》,翁文艳、吴敏译,上海人民出版社,2007,第30页。
④ 李开复:《什么是领导力》,《东方企业文化》2012年第5期,第2~3页。
⑤ 闫拓时:《当代中国大学校长领导力研究初探》,《国家教育行政学院学报》2010年第3期,第3~6页。

术，后者则针对大学校长的职责提出了大学校长领导力所应具备的素质和能力。罗伯特·波恩鲍姆认为，"如果仅仅把大学校长领导力看成是计划和决策，那么，他们会沮丧地发现：自己对追随者的价值观或组织承诺没有一点影响"①。从组织学理论出发，大学校长领导力可以被界定为能够影响并引领一个群体实现共同目标的综合性能力。

有学者认为，以大学校长具有共性的特质作为校长遴选或者评判的标准并不十分科学，其领导力不仅取决于其个人的素质和能力，更加与所处的环境有密切联系。② 大学校长作为个体所具有的优秀品质足以成就卓越的领导力，只有通过从个体领导到组织领导的转化，才能使其领导力得到实质性的提升。既然大学校长所处的环境是大学组织，那么领导力就必定是通过对组织内部的治理和外部关系的协调来实现。

（二）校长对大学的内外部治理

大学校长对大学内部治理的关键在于其能够起到影响并引领的作用，在此基础上，促进大学学术的进步与大学自身的发展。虽然不同层次和类型的大学具有不同的发展方向，但对学术的追求亘古不变。目前看来，大学校长对大学的学术引领在很大程度上依赖于大学教师的学术研究能力和水平。那么，促进"大学教师专业发展"（faculty professional development）就是大学校长引领大学学术发展的必由之路："引导他人自我领导"（leading others to lead themselves）③ 是领导力实现的最佳方式，大学校长对学术的引领在于促进大学教

---

① 马龙海：《当代大学校长领导力实现的环境分析》，《中国高教研究》2009 年第 8 期，第 63~65 页。
② 王洪才：《论现代大学校长的社会角色》，《大学教育科学》2006 年第 1 期，第 8~13 页。
③ DuBrin, J. Andrew, *Leadership: Research Findings, Practice, and Skills*, Boston: Houghton Mifflin, 1995, p. 92.

师自主的专业发展。以促进大学教师专业发展为目的的学校管理自然应以教师和学生为中心，大学内部所有的行政性规章和制度应以利于教学和科研的进步、以为大学教师主动性的专业发展提供环境为准绳。大学教师专业发展包括教学、研究和社会服务的专业知识和精神。[1] 其中，教学是最基础的一环；当单一的教学和固有的知识已经满足不了学生和社会的时候，科研诞生了；而社会服务作为大学第三职能的出现，使大学日渐走入社会的中心。因此，教学、研究和社会服务是基于学术发展而衍生的一个整体，三者同样重要。同时，由于不同的大学具有独特的校园文化，大学校长的学术引领还在于大学历史的传承、文化的积淀、校训的发扬，以营造大学所独有的学术文化氛围。这不仅能够以优质浓厚的校园文化感染师生员工，也能够抵御外界功利之风的侵袭。

大学校长对外部关系的协调，即处理大学、政府与市场的关系。对大学来说，良好的外部环境能够促进大学内部的稳定与团结，保证大学正常的学术发展轨迹；消极的外部环境会导致大学内部的混乱无章，从而影响大学的教学质量和科研水平。而对政府和市场来说，和谐的大学、政府、市场关系可以促进能量交换、利益共赢；冲突的失衡关系也许会带来某一方的短期利益，但长远来看一定会形成共损的局面。那么，大学校长的领导力就不仅对大学的发展具有至关重要的意义，对大学与政府、市场的关系稳定，政府和市场的发展也很关键。和谐的大学、政府、市场关系即是大学在宽松的氛围中以学术的发展为国家的进步提供智力支持，为市场的繁荣提供滋润土壤；而政府和市场因得到大学的支持而给予其更多的发展的自由空间。在这种不断的能量交换中，三者均获得利益从而建立长远的共赢关系。而眼下大学内的"重科研、轻教学"之风多为大

---

[1] 陈碧祥：《我国大学教师升等制度与教师专业成长及学校发展定位关系之探究》，《台北师范学院学报》2001年第14期，第163~208页。

学与政府、市场关系不够和谐所致。首先，在观念上，教学、科研和服务三者共同发展并不意味着实际工作中每一位大学教师都必须擅长教学、科研和服务。大学中有些教师精于教学，有些教师善于科研，还有一些教师擅长于社会服务，大学教师的专业发展应在大学层面体现出人本性和差异性。从根本上来说，大学教师的专业发展是大学的内部事务，政府和市场不应横加干涉。其次，在实际中，由于科学技术对国家经济发展与国际竞争力提升的重要意义显著，且科研成果具有易于量化的特征，导致现行大学教师的评聘考核均与科研成果直接挂钩，教师被动压缩投入教学的精力和时间。大学制度并没有为教师的专业发展提供积极有利的发展环境，反而因为国家政策对某一方面的硬性要求和定量标准而使大学教师的专业发展和大学的学术发展偏离了正常的轨道。

对大学内部的治理与外部的协调，归根结底是为了让大学按照其"与生俱来"的宗旨和目标前行：发展学术，实现学术自由。现代社会，"大学自治"实际是以校长为核心的教授治校，并通过与政府、市场的能量交换来实现三方的共赢。

（三）大学校长的领导魅力

实际上，鲜有大学校长具备较高的领导力评价，原因在于大学校长所领导的大学成员群体（主要为大学教师与学生）存在与其他社会组织相异的特殊性，从而带来整个大学组织与社会其他机构的区别：大学校长不仅需要帮助大学成员树立正确的价值观，激发成员的工作和学习热情，培养成员对大学组织的忠诚度和责任感，还要使成员能够在大学组织中获得发展和满足。校长影响着大学及其成员不断走向革新的过程，才是其领导力实现的过程。

早在20世纪20年代，马克斯·韦伯（Max Weber）就提出"魅力"概念，认为魅力型领导者会对下属产生一种情感上的深刻影响。

下属不仅把他们当作上级看待,而且把他们当作一个史诗般的英雄或楷模式的人物。[1] 也就是说,"魅力型领导者会对组织文化产生特殊的影响。魅力型领导者会通过赋予文化新的意义来为下属创造出新的文化"[2]。"大学文化"是大学组织的深层结构,它根植于组织成员的价值观和信念之中;且一旦形成便具有相当的稳定性,这种文化的个性和特色在很大程度上与组织首任的或在大学发展中有过卓越贡献的校长的领导风格有关。恰恰由于大学文化更多体现在精神层面,因此容易受外界各种因素的侵扰和腐蚀,其脆弱性就表现在这里。优秀的大学校长,具备卓越的、有效的领导力。而对于优质组织文化的保持和弘扬,既是其领导力的实现途径,也是其领导力的直接体现。

近年来,在教育领域,如何当好校长、如何加强高校领导班子建设、如何提高大学校长能力等问题比过去更加受到关注。[3] 关于大学校长领导力的内容、分类、实现途径等问题都有学者进行研究。但总体而言,研究刚刚起步,仍然比较零散,也缺乏深层意义上的探讨。

小 结

对中国而言,不论是从市场还是从国家角度,大学校长领导力的建设和加强都具有一定的紧迫性。中国在从传统的计划经济转到社会主义市场经济的发展过程中,市场经济与高等教育的关系模式并未真正建立,高等教育适应市场经济的原则和方法并未真正完善,

---

[1] 〔美〕波恩鲍姆:《学术领导力》,周作宇等译,北京师范大学出版社,2008,第2页。

[2] B. M. Bass, "Evolving Perspectives on Charismatic Leadership," in J. A. Conger and R. N. Kanungo, eds., *Charismatic Leadership: The Elusive Factor in Organizational Effectiveness*, San Francisco: Jossey‐Bass Publishers, 1988, pp. 40–77.

[3] 纪宝成:《漫谈大学校长能力建设》,《国家教育行政学院学报》2006年第5期,第3~5、13页。

何以言治

高等教育在市场经济中应有的体制及运行机制尚不完全清晰。① 从中国国情出发，中国的大学曾经处于"世界的边缘"，但将大学发展置于本国中心的地位，从而带动整个国家进步的选择，使中国的大学逐步从"边缘"走向世界的"中心"，并将承担起教育强国、人才强国、科技强国的重要使命。这其中，现代大学治理和大学校长领导力建设都是应有之义。

在世界各国的高等教育界，都存在这样的情况：许多专业领域的知名学者抛下自己的学术工作，而走向大学校长的岗位。虽然，由具有学术影响力的学者出任大学校长，是大学这一学术组织的必然需要，但是，是不是学术水平高就一定能胜任大学校长的角色呢？若这些学者继续从事相关领域的学术工作，是不是对学科、学校和国家更有价值？再者，担任大学校长一职后，一定程度上，这些学者必然会为大学组织的发展牺牲个人的学术。那么，如何在二者间求得平衡，实际上是关乎大学命运的重要命题。正如阿什比（Eric Ashby）所言："一位卓越的科学家改变一生的思想方式去做大学校长，这是一种牺牲，也要冒一定的风险。"②

大学校长角色发展作为大学校长专业化过程中不可或缺的内容，本身也值得大学校长群体来学习、参照和吸纳。大学校长的卓越体现在合理处理大学与政府、市场的关系上。如果关系处理得不恰当，则会出现两种可能：一是大学屈从于国家短期发展目标，走短视效应之路而丢失大学的根本属性；二是大学处于政府、市场的权力博弈之中踌躇不前，进一步扩大与发达国家高等教育的差距。这本身对大学校长角色发展与领导力提升都具有借鉴意义。

---

① 纪宝成：《漫谈大学校长能力建设》，《国家教育行政学院学报》2006 年第 5 期，第 3~5、13 页。
② 〔美〕波恩鲍姆：《学术领导力》，周作宇等译，北京师范大学出版社，2008，第 3 页。

第二章 组织生命周期理论视阈下大学校长角色发展的状态调查

在前期梳理大学校长角色发展相关理论、回溯典型国家和我国大学校长角色发展历史的基础上,本研究基本形成"组织生命周期理论视阈下的大学校长角色发展调查问卷"。在经历理论因子矫正和专家意见征集后,于2019年3月至8月,将正式形成的问卷发送给大学校长、大学相关利益者,其中大学相关利益者包括高校师生及管理人员、教育研究专家、学生家长、校友、媒体及出版社等社会组织人员。来自大学校长的有效问卷共计19份,来自大学相关利益者的有效问卷共计98份。

一 大学校长角色发展调查的设计

(一) 调查因子

本书第一章结合大学校长的职位身份,对角色发展、角色认同、组织生命周期、任职期、领导力等进行了理论层面的解读,形成了"组织生命周期理论视阈下大学校长角色发展"调查的初级因子,具体可见第一章中的图1-1和表1-2。

从理论层面,上述相关理论在内在学理上的一致性允许我们借鉴相关因素进行大学校长内外部角色认同评价;从实践层面,当前大学校长评价中,外部评价不够全面、自评实现困难、特色评价不足。尤其是考虑到评价不能只包括知识、技能等技术性维度，还应广泛考虑道德、政治、情感维度①的现实要求；同时考虑到理论因子在中国高等教育实际下的适切性问题，因此本研究制定了"大学校长角色发展的关键事件访谈表"和"大学校长角色发展的相关利益者访谈表"，通过德尔菲法将评价表发送给在南京大学、华南师范大学和广西师范大学从事高等教育研究的5名资深教授和来自北京、上海、南京、武汉"双一流"大学的8位校长，以背对背的方式完成两轮的信息反馈与指标修正，完成了相关因子的二次检验。

在这一过程中，本研究以"角色认同"为核心关键词，关联至"角色冲突""角色危机""角色发展""角色支持""理想角色""角色体验"等一系列问题。修正后的"大学校长角色发展的关键事件访谈表"包括：（1）基本信息，覆盖性别、年龄、学历、学科、任职年限、任职所在地、是否发表教育管理论文等；（2）角色确认，包括角色冲突、角色危机、角色认同、角色发展、理想角色、角色支持等相关选择；（3）关键事件描述，要求从校长角色感受与反思的角度描述一次印象深刻的具体工作及处理方式。修正后的"大学校长角色发展的相关利益者访谈表"包括：（1）基本信息，包括相关利益者的性别、年龄、学历、职称/职务、工作年限、任职所在地；（2）角色类别，包括他者视角下的大学校长角色冲突、角色危机、角色认同、角色发展、理想角色、角色支持等相关选择。

具体修正的因子主要涉及：（1）处于稳定期的大学校长角色期待由"明确与个性"修正为"稳定"；（2）处于前奏期的大学校长角色实践由"持续摸索"修正为"角色期待至角色实践的转化程度"；（3）处于离职期的大学校长角色实践由"保守"修正为"角色实践的成熟度与传递性"；（4）处于离职期的大学校长管理风格

---

① A. Hargteaves, "Development and Desire: A Postmodern Perspective," in R. Guskey and M. Huberman, eds., *Professional Development in Education: New Paradigms and Practice*, 1995, pp. 9 – 34.

去除"抨击行政机构"。最终建立大学校长任职内角色发展的评价体系,确定4个一级指标、16个二级指标。

(二) 调查问卷的编制

基于上述两次的因子检验过程,研究比较完整地构架了大学校长不同时期的角色表述及内涵,形成了"组织生命周期理论视阈下的大学校长角色发展关键事件调查表"(见表2-1)和"组织生命周期理论视阈下的大学校长角色发展相关团体焦点访谈表"(见表2-2)。

以上两份问卷分别基于大学校长自评视角和相关利益者他评视角,对组织生命周期理论视阈下的大学校长角色发展问题进行了较为系统的意见采集,同时在大学校长自评问卷中设计了主观描述性问题。虽是自评与他评两种视角,但调查是基于同一主题,因此两份问卷中有部分题目采集的问题基本相同,这些问题将成为之后从自评和他评两个维度看待大学校长角色发展中的诸如角色冲突、角色认同等关键问题的比较和分析基础。

二 大学校长角色发展调查的自评情况

(一) 问卷回收的基本情况

研究依托于笔者所在单位及硕博士生导师的引荐,同时在参加国内相关领域学术会议、培训的间隙,于2019年3月至8月陆续访谈19位来自"双一流"大学(含学科)或设置有研究生院的大学的校长,所有问卷均为课题负责人及成员采取一对一的形式发放,并以匿名方式回收,问卷同时附有填写说明,以保证问卷填写的完整性和有效性。

最终共计回收19份访谈问卷,问卷有效率100%。参与调查访谈的大学校长基本信息如表2-3所示,共计6位正职校长(包括2位已退休的大学校长)、13位分管人事、教学或科研工作的副校长;

表 2-1　组织生命周期理论视阈下的大学校长角色发展关键事件调查

一、基本信息

1. 您的性别是	A. 男性	B. 女性		
2. 您的年龄是	A. 39 岁及以下	B. 40~50 岁	C. 51~60 岁	D. 60 岁以上
3. 您所在高校位于（省、区、市）				
4. 您的职务是	A. 校长	B. 副校长		
5. 您的职称是	A. 教授（研究员）	B. 副教授（副研究员）	C. 讲师	
6. 您曾经任职校长的高校数	A. 一所	B. 两所	C. 三所	D. 四所以上
7. 您是否具有教育学专业学习或进修背景	A. 有	B. 没有	C. 不确定	
8. 您是否认为担任校长职务应具有教育学专业背景或进修经历	A. 有	B. 没有	C. 不确定	
9. 您是否发表过教育管理的论文	A. 有	B. 没有		
10. 您是否出版过教育管理的专著	A. 有	B. 没有		

二、角色确认

11. 请按照您认为的重要程度，依次选择 5 项大学校长理想角色并排序	A. 教育家	B. 科学家	C. 领导者	D. 管理者	E. 协调者
	F. 服务者	G. 政府代言人	H. 筹资者	I. 其他_____	
12. 请按照您认为的重要程度，依次选择 5 项大学校长理想角色的具体表征并排序	A. 直觉	B. 移情	C. 冒险	D. 独处	E. 创造
	F. 理性	G. 规范	H. 安全	I. 合作	J. 其他_____

续表

13. 您认为当前大学校长的哪种权力最为缺乏	A. 合法权力（行政职位赋予的权力） B. 报酬权力（决定他人的权力，如晋升、加薪） C. 强制权力（惩罚或建议惩罚他人的权力，如降级、批评） D. 专家权力（专业知识和技能所带来的权力） E. 关系权力（个人特征如人格魅力）
14. 来自角色期待、角色领悟、角色实践的自我反思能否帮助您提升工作效果	A. 是的　B. 可能是　C. 不确定　D. 不太是　E. 不是
15. 您是否体验到自我角色期待	A. 是的　B. 可能是　C. 不确定　D. 不太是　E. 不是
16. 您是否体验到自我角色领悟	A. 是的　B. 可能是　C. 不确定　D. 不太是　E. 不是
17. 您是否体验到自我角色实践	A. 是的　B. 可能是　C. 不确定　D. 不太是　E. 不是
18. 组织生命周期理论按照相对时间概念，将大学校长任期分为四个阶段，请选择您所处的任职时期	A. 前奏期　B. 蜜月期　C. 稳定期　D. 离职期
19. 请您按照14题中所选的任职期，依次对照高层管理风格、自我角色期待、自我角色领悟、自我角色实践的相应描述，如果您认同相应描述，请打钩	

大学校长任职期	前奏（A）	蜜月（B）	稳定（C）	离职（D）
高层管理风格（1）	A1 个人主义的创业	B1 超凡魅力的方向指引	C1 控制下的授权	D1 团队抨击行政机构
自我角色期待（2）	A2 理想化	B2 疑惑、反思、适应	C2 明确与个性	D2 理性
自我角色领悟（3）	A3 基于客观的主观	B3 趋于客观	C3 客观	D3 顶峰

续表

自我角色实践(4)	A4 持续摸索	B4 务实	C4 成熟	D4 保守
20. 您认为大学校长的角色危机更多来自	A. 内在危机(自我否定)	B. 外在危机(他者否定)	C. 不确定	D. 不确定
21. 您任职期间是否出现过角色危机	A. 是	B. 可能是	C. 不确定	D. 不太是	E. 不是
22. 您认为大学校长的角色认同更多来自	A. 内在危机(自我否定)	B. 外在危机(他者否定)	C. 不确定	D. 内外兼有
23. 您任职期间是否体验过角色认同	A. 是	B. 可能是	C. 不确定	D. 不太是	E. 不是
24. 您希望师生对大学校长的认同更多来自	A. 行政权力	B. 学术地位	C. 人格魅力	D. 情感认同
25. 您认为担任行政职务与个人学术发展是否存在冲突	A. 是	B. 可能是	C. 不确定	D. 不太是	E. 不是
26. 您认为上述冲突主要来自	A. 社会	B. 大学	C. 个人	D. 其他
27. 您认为大学校长的角色更应定位在	A. 关注现在,保持现状及稳定	B. 关注未来,引起变化非求创新	C. 不确定	D. 不太是	E. 不是
28. 您认为大学校长的角色定位对其管理风格是否存在影响	A. 是	B. 可能是	C. 不确定	D. 不太是	E. 不是
29. 请选出您认为最重要的3个大学校长治校行为(可多选)	A. 以身作则	B. 共启愿景	C. 挑战现状	D. 使众人行(合作)	E. 激励人心(引领)
30. 您的角色发展更多自	A. 实践中的自我摸索 B. 前辈和同行的指导和学习 C. 教育学管理学专业理论指导 D. 校长培训和研修班 E. 其他			

续表

31. 您认为以下哪些方面可以帮助到您实现角色发展（可多选）	A. 校长职务的相关培训和支持计划 B. 较长时间的任职经历和经验积累 C. 个人在学术与行政之间的平衡能力 D. 内在驱动力（如使命感和责任感） E. 下属对您的认可和追随程度 F. 师生对您的认同和期待 G. 其他

三、关键事件

32. 用简要的语言描述一次印象深刻的具体工作及您的处理方式，并说明您的感受和角色反思	

表2-2 组织生命周期理论视阈下的大学校长角色发展相关团体焦点访谈

一、基本信息					
1. 您的性别是	A. 男性	B. 女性			
2. 您的年龄是	A. 18~30岁	B. 31~40岁	C. 41~50岁	D. 51~60岁	E. 61岁及以上
3. 您的学历是	A. 专科及以下	B. 大学本科	C. 硕士	D. 博士	
4. 您的职称、职务或身份是	A. 教授（含研究员）或正处级	B. 副教授（含副研究员）或副处级	C. 讲师（含助理研究员）或正科级	D. 助教或科员	E. 学生
5. 您的工作年限是	A. 1~2年	B. 3~5年	C. 6~10年	D. 10年以上	
6. 您所处高校的所在地是	A. 东北、华北地区	B. 华东地区	C. 华南地区	D. 中南地区	E. 西北、西南地区
二、调查描述					
7. 请按照您认为重要程度，依次选择5项大学校长理想角色并排序	A. 教育家	B. 科学家	C. 领导者	D. 管理者	E. 协调者
	F. 服务者	G. 政府代言人	H. 筹资者	I. 其他 ___	
8. 请按照您认为重要程度，依次选择5项大学校长角色的具体表征并排序	A. 自觉	B. 移情	C. 冒险	D. 独处	E. 创造
	F. 理性	G. 规范	H. 安全	I. 合作	J. 其他 ___
9. 您认为当前大学校长的哪种权力最为缺乏	A. 合法权力（行政职位赋予的权力）				
	B. 报酬权力（决定他人的权力，如晋升、加薪）				
	C. 强制权力（惩罚或建议惩罚他人的权力，如降级、批评）				
	D. 专家权力（专业知识和科技能所带来的权力）				
	E. 关系权力（个人特征如人格魅力）				

续表

10. 您认为来自角色期待、角色领悟、角色实践的自我反思能否帮助大学校长提升工作效果	A. 是的	B. 可能是	C. 不确定	D. 不太是	E. 不是
11. 新入职的大学校长与任职年限较长的大学校长相比,他们在角色发展上是否会存在差异	A. 是的	B. 可能是	C. 不确定	D. 不太是	E. 不是
12. 您是否认为任职年限较长的大学校长,要比新入职的大学校长擅长校管理	A. 是的	B. 可能是	C. 不确定	D. 不太是	E. 不是
13. 您认为担任大学校长职务是否需要具有教育学专业背景或进修经历	A. 是的	B. 可能是	C. 不确定	D. 不太是	E. 不是
14. 您认为大学校长在任职期间是否会出现角色危机	A. 是	B. 可能是	C. 不确定	D. 不太是	E. 不是
15. 您认为大学校长的角色危机更多自	A. 内在危机(自我否定)	B. 外在危机(他者否定)	C. 内外兼有	D. 不确定	
16. 您认为大学校长在任职期间是否会出现角色认同	A. 是	B. 可能是	C. 不确定	D. 不太是	E. 不是
17. 您认为大学校长的角色认同更多自	A. 内在危机(自我否定)	B. 外在危机(他者否定)	C. 内外兼有	D. 不确定	
18. 您对大学校长的认同更多自	A. 行政权力	B. 学术地位	C. 人格魅力	D. 不确定	情感认同
19. 您认为大学校长担任行政职务与个人学术发展是否存在冲突	A. 是	B. 可能是	C. 不确定	D. 不太是	E. 不是
20. 您认为上述冲突更多自	A. 社会	B. 大学	C. 个人	D. 其他	

续表

21. 您认为大学校长角色更应定位在	A. 关注现在，保持现状及稳定	B. 关注未来，引起变化并谋求创新	C. 不确定	
22. 您认为大学校长的角色定位对其管理风格是否存在影响	A. 是	B. 可能是	C. 不确定	D. 不太是	E. 不是
23. 请选出您认为最重要的3个大学校长治校行为	A. 以身作则	B. 共启愿景	C. 挑战现状	D. 使众人行（合作）	E. 激励人心（引领）
24. 您认为以下哪些方面可以帮助到大学校长实现角色发展（可多选）	A. 校长职务的相关培训和支持计划 B. 校长时间的任职经历和经验积累 C. 个人在学术与行政之间的平衡能力 D. 内在驱动力（如使命感和责任感） E. 下属对大学校长的认可和追随程度 F. 师生对大学校长的认同和期待 G. 其他				

表2-3 参与角色发展关键事件访谈的大学校长基本信息

编号	性别（Q1）	出生年（Q2）	任职地（Q3）	职务（Q4）	职称（Q5）
P1	男	1964	北京	校长	教授
P2	男	1969	北京	副校长	副教授
P3	男	1972	北京	副校长	副研究员
P4	男	1966	河北	副校长	教授
P5	男	1974	湖北	副校长	副研究员
P6	男	1971	湖北	校长	教授
P7	男	1968	上海	校长	研究员
P8	女	1973	上海	副校长	副研究员
P9	男	1964	江苏	校长	教授
P10	男	1962	江苏	副校长	教授
P11	女	1966	江苏	副校长	教授
P12	男	1960	江苏	副校长	研究员
P13	男	1978	江苏	校长	教授
P14	男	1975	江苏	副校长	研究员
P15	男	1968	浙江	副校长	教授
P16	男	1963	浙江	校长	教授
P17	男	1972	安徽	副校长	讲师
P18	男	1963	江西	副校长	教授
P19	女	1966	四川	副校长	教授

其中教授和研究员职称14人，副教授和副研究员职称4人，讲师职称1人；男性16人，女性3人；8人年龄介于40~50岁之间，11人年龄介于51~60岁之间；任职地为北京市3所，河北省1所，湖北省2所，上海市2所，江苏省6所，浙江省2所，安徽省1所，江西省1所，四川省1所。考虑到表述方便，统一进行编号，以President（大学校长）首字母P代替，依据调查时间先后及所属省市依次进行编号。参与角色发展关键事件访谈的大学校长调查结果统计见表2-4。

何以言治

表 2-4　参与角色发展关键事件访谈的大学校长调查结果统计

编号	Q6	Q7	Q8	Q9	Q10	Q11	Q12	Q13	Q14	Q15	Q16	Q17	Q18	Q19	Q20	Q21	Q22	Q23	Q24	Q25	Q26	Q27	Q28	Q29	Q30	Q31
P1	A	B	A	A	B	ACDEF	EFGHI	A	B	A	A	A	C	C1C2C3	C	B	C	B	C	A	A	B	A	BDE	ABCD	BCDF
P2	A	B	B	A	B	BACDE	FEIGB	E	A	A	A	A	C	C1C2C3	C	E	C	B	C	A	B	B	A	ABE	AB	ABD
P3	A	B	A	B	B	ACDFH	FEGHI	A	C	A	C	C	A	A1A2A3A4	B	B	C	D	C	A	C	B	B	EBA	AD	ADF
P4	A	B	A	B	B	ADCBE	GIFEH	A	A	A	A	A	A	A1A2A3A4	C	B	C	B	C	A	B	B	A	ADE	ABD	ABCDEF
P5	A	A	C	A	B	ACHFE	FEGIH	B	A	A	B	A	A	A1A2A3A4	C	C	A	B	D	B	B	B	B	BDE	AB	ABCDEF
P6	A	B	A	A	B	ACDEH	DGEHI	C	A	A	A	A	C	C1C2C3C4	C	B	C	A	C	A	A	B	A	ABE	A	ADF
P7	A	A	A	A	B	ABEFD	FEIGA	D	A	A	A	A	A	A1A2A3A4	B	B	B	B	A	B	B	B	B	BDE	A	ABDEF
P8	A	B	B	A	B	ACDEH	EIFAC	E	B	B	B	B	C	A1A2A3A4	C	D	B	E	D	C	A	B	B	BDE	AB	ABEF
P9	A	B	C	A	B	BADFH	FEIGH	C	B	C	A	B	C	C1C3	B	D	B	B	C	B	A	B	A	ADE	A	BCDE
P10	A	A	A	A	B	ADBHE	GEIHC	E	A	D	A	D	C	C1C2C3	A	A	C	A	C	A	C	B	D	ACE	AB	BDEF
P11	A	B	C	A	B	CDAFH	FGEIJ	C	A	D	A	A	C	C3	A	B	B	A	A	B	D	B	B	ADE	ABC	BDF
P12	A	A	A	A	B	CDABF	FIEGH	C	A	A	B	A	A	D1D2D3D4	C	C	C	D	C	A	D	C	B	ADE	AB	BDF
P13	A	C	B	A	B	DABCH	FEGIA	C	C	C	C	C	D	C1C2	C	D	C	B	D	A	C	B	A	BED	ABCD	ABCDEF
P14	A	B	B	A	A	ACDFH	FEIHA	C	B	C	A	B	C	A1A2A3A4	B	C	C	D	C	A	B	B	B	BAE	AB	ABCDEF
P15	A	C	B	A	B	ADEHF	FIDHG	C	A	A	A	A	C	C1C2C3	B	A	B	B	C	C	A	B	A	BDE	AB	ABCDEF
P16	A	C	C	A	B	ACDEF	FEIGB	D	A	B	A	A	D	D1D2D3	C	C	B	B	D	A	B	B	B	BDE	AB	BDEF
P17	A	B	B	A	B	ADHEC	FEIGH	E	B	A	B	A	A	A1A2A3A4	C	A	C	B	C	A	A	B	A	ADE	ABCD	BDF
P18	A	B	B	A	B	ABCDF	FGEIH	C	B	B	B	B	C	C1C2C3C4	C	B	B	B	C	C	B	B	A	ABD	A	ADF
P19	A	B	C	A	B	ACDFH	FEHIA	C	A	A	B	B	C	C1C2C3	C	B	C	B	D	A	B	B	A	ADE	ABCD	ABCDEF

52

（二）问卷调查的结果分析

如表 2-5 所示，在"曾经任职校长的高校数"（Q6）的选择中，19 位大学校长均仅在 1 所高校任职校长或副校长职务。

表 2-6 中，调查中的大学校长均不具备教育学专业学习背景，但在"是否具有教育学专业学习或进修背景"（Q7）中，5 人（26.3%）表示有，12 人（63.2%）表示没有，2 人（10.5%）表示不确定。在"是否认为担任校长职务应具有教育学专业背景或进修经历"（Q8）中，6 人（31.6%）选择"有"，8 人（42.1%）选择"没有"，5 人（26.3%）表示"不确定"。

表 2-7 显示，仅有 1 位校长（5.3%）不曾发表过教育管理的论文（Q9），也仅有 1 位校长（5.3%）出版过教育管理的专著（Q10）。

表 2-5　大学校长任职高校的数量统计

单位：人，%

问题描述	选择情况			
	1 所（A）	2 所（B）	3 所（C）	4 所及以上（D）
曾经任职校长的高校数（Q6）	19（100）	0	0	0

表 2-6　大学校长教育学背景的需求统计

单位：人，%

问题描述	选择情况		
	有（A）	没有（B）	不确定（C）
是否具有教育学专业学习或进修背景（Q7）	5（26.3）	12（63.2）	2（10.5）
是否认为担任校长职务应具有教育学专业背景或进修经历（Q8）	6（31.6）	8（42.1）	5（26.3）

表 2-7　大学校长教育管理成果情况统计

单位：人，%

问题描述	选择情况	
	是（A）	否（B）
是否发表过教育管理的论文（Q9）	18（94.7）	1（5.3）
是否出版过教育管理的专著（Q10）	1（5.3）	18（94.7）

"大学校长理想角色"（Q11）的选择如表2-8所示，教育家角色成为调查中大学校长的首选（73.7%），领导者角色是较多数大学校长的第二选择（42.1%），管理者角色是较多大学校长的第三选择（31.6%），位于第四、第五的选择分别为协调者角色（42.1%）、筹资者角色（31.6%）。前三个选择中，均有10.5%的校长选择了科学家角色，可见在一定程度上，校长之于行政与学术的平衡问题也有困惑。协调者角色的选择相对靠后，而政府代言人、其他角色未被调查中的校长选择。在总排序中，教育家角色和管理者角色成为所有大学校长的选择（100%），领导者角色和协调者角色选择比例较高（89.5%），超过半数的大学校长也认可筹资者角色（57.9%）。

关于"大学校长理想角色的表征"（Q12）的选择如表2-9所示，理性被视为大学校长理想角色的第一表征（63.2%），第二表征为创造（47.4%），第三至第五的表征分别为合作（36.8%）、规范（31.6%）、安全（31.6%）。在总排序中，选择比例由高到低依次为规范（100%）、合作（94.7%）、创造（89.5%）、理性（84.2%），其他表征的选择总体排序较为靠后。

表2-8 大学校长理想角色选择统计

单位：人，%

理想角色	排序1	排序2	排序3	排序4	排序5	合计
教育家（A）	14（73.7）	3（15.8）	1（5.3）	1（5.3）	0	19（100）
科学家（B）	2（10.5）	2（10.5）	2（10.5）	1（5.3）	0	7（36.8）
领导者（C）	2（10.5）	8（42.1）	3（15.8）	2（10.5）	2（10.5）	17（89.5）
管理者（D）	1（5.3）	6（31.6）	6（31.6）	5（26.3）	1（5.3）	19（100）
协调者（E）	0	0	4（21.1）	8（42.1）	5（26.3）	17（89.5）
服务者（F）	0	0	0	0	5（26.3）	5（26.3）
政府代言人（G）	0	0	0	0	0	0
筹资者（H）	0	0	3（15.8）	2（10.5）	6（31.6）	11（57.9）
其他（I）	0	0	0	0	0	0

表 2-9　大学校长理想角色表征选择统计

单位：人,%

理想角色表征	排序 1	排序 2	排序 3	排序 4	排序 5	合计
直觉（A）	0	0	0	2（10.5）	3（15.8）	5（26.3）
移情（B）	0	0	0	0	3（15.8）	3（15.8）
冒险（C）	0	0	0	0	2（10.5）	2（10.5）
独处（D）	1（5.3）	0	0	2（10.5）	0	3（15.8）
创造（E）	3（15.8）	9（47.4）	5（26.3）	0	0	17（89.5）
理性（F）	12（63.2）	2（10.5）	2（10.5）	0	0	16（84.2）
规范（G）	3（15.8）	4（21.1）	5（26.3）	6（31.6）	1（5.3）	19（100）
安全（H）	0	0	0	5（26.3）	6（31.6）	11（57.9）
合作（I）	0	4（21.1）	7（36.8）	4（21.1）	3（15.8）	18（94.7）
其他（J）	0	0	0	0	1（5.3）	1（5.3）

在调查中，我们将合法权力描述为行政职位赋予的权力，将报酬权力描述为决定他人的权力如晋升、加薪等，将强制权力描述为惩罚或建议惩罚他人的权力如降级、批评，将专家权力描述为专业知识和技能所带来的权力，将关系权力描述为个人特征如人格魅力等。如表 2-10 所示，基于校长的视角，他们认为"当前大学校长最缺乏的权力"（Q13）依次为强制权力（9 人，47.4%）、关系权力（4 人，21.1%）、合法权力（3 人，15.8%）、专家权力（2 人，10.5%）、报酬权力（1 人，5.3%）。接近半数的大学校长对强制权力表现出高需求，而关系权力和报酬权力未被校长们视为最缺乏的权力。

表 2-10　大学校长最缺乏的权力选择统计

单位：人,%

问题描述	合法权力（A）	报酬权力（B）	强制权力（C）	专家权力（D）	关系权力（E）
当前大学校长最缺乏的权力（Q13）	3（15.8）	1（5.3）	9（47.4）	2（10.5）	4（21.1）

表头：选择情况

表2-11显示出调查中的大学校长关于角色发展理论的支持评价。63.2%的大学校长认为角色发展理论有助于提升他们的实际工作效果，分别有57.9%、63.2%和52.6%的大学校长认为他们曾经体验到了自我的角色期待、角色领悟和角色实践。

表2-11 大学校长关于角色发展理论的支持评价统计

单位：人，%

问题描述	选择情况				
	是 (A)	可能是 (B)	不确定 (C)	不太是 (D)	不是 (E)
角色发展理论对工作的帮助（Q14）	12（63.3）	4（21.1）	3（15.8）	0	0
来自角色期待的自我体验（Q15）	11（57.9）	4（21.1）	2（10.5）	2（10.5）	0
来自角色领悟的自我体验（Q16）	12（63.2）	5（26.3）	2（10.5）	0	0
来自角色实践的自我体验（Q17）	10（52.6）	6（31.6）	2（10.5）	1（5.3）	0

表2-12中，7位大学校长认为自己还处于大学校长职务的前奏期，他们对前奏期的高层管理风格及相应角色期待、角色领悟、角色实践的描述选择呈现一致；10位大学校长认为他们处于稳定期，对于高层管理风格及角色期待、领悟的描述选择较为一致，但有3位校长对相关角色描述（C1，C2，C3）持有保留意见，同时仅有2位校长选择角色实践描述为成熟（C4），8位校长未选择角色实践的描述选项。

表2-13中，共计12位校长认为自己在任职期间可能出现过角色危机（15.8%，47.4%），5位校长认为不太或者没有出现过角色危机（21.1%，5.3%）；15位校长表示体验过角色认同（36.8%，42.1%），3位校长表示不太或者没有体验过角色认同（10.5%，5.3%）；分别有2位和1位校长对角色危机、角色认同的态度为不确定。

第二章　组织生命周期理论视阈下大学校长角色发展的状态调查

表 2-12　大学校长关于任职期及相关角色描述的选择

排序	任职期（Q18）	高层管理风格（1）	自我角色色期待（2）	自我角色领悟（3）	自我角色实践（4）
			(Q19)		
P3	前奏期（A）	个人主义的创业（A1）	理想化（A2）	基于客观的主观（A3）	持续摸索（A4）
P4	前奏期（A）	个人主义的创业（A1）	理想化（A2）	基于客观的主观（A3）	持续摸索（A4）
P5	前奏期（A）	个人主义的创业（A1）	理想化（A2）	基于客观的主观（A3）	持续摸索（A4）
P6	前奏期（A）	个人主义的创业（A1）	理想化（A2）	基于客观的主观（A3）	持续摸索（A4）
P8	前奏期（A）	个人主义的创业（A1）	理想化（A2）	基于客观的主观（A3）	持续摸索（A4）
P14	前奏期（A）	个人主义的创业（A1）	理想化（A2）	基于客观的主观（A3）	持续摸索（A4）
P17	前奏期（A）	个人主义的创业（A1）	理想化（A2）	基于客观的主观（A3）	持续摸索（A4）
P1	稳定期（C）	控制下的授权（C1）	明确与个性（C2）	客观（C3）	
P2	稳定期（C）	控制下的授权（C1）	明确与个性（C2）	客观（C3）	
P7	稳定期（C）	控制下的授权（C1）		客观（C3）	成熟（C4）
P9	稳定期（C）	控制下的授权（C1）	明确与个性（C2）	客观（C3）	
P10	稳定期（C）	控制下的授权（C1）	明确与个性（C2）	客观（C3）	
P11	稳定期（C）	控制下的授权（C1）		客观（C3）	
P13	稳定期（C）	控制下的授权（C1）	明确与个性（C2）	客观（C3）	
P15	稳定期（C）	控制下的授权（C1）	明确与个性（C2）	客观（C3）	
P18	稳定期（C）	控制下的授权（C1）	明确与个性（C2）	客观（C3）	成熟（C4）
P19	稳定期（C）	控制下的授权（C1）	明确与个性（C2）	客观（C3）	
P12	离职期（D）	团队式，抨击行政机构（D1）	理性（D2）	顶峰（D3）	
P16	离职期（D）	团队式，抨击行政机构（D1）	理性（D2）	顶峰（D3）	保守（D4）

表2-13 大学校长关于角色危机和角色认同的选择统计

单位：人,%

问题描述	选择情况				
	是（A）	可能是（B）	不确定（C）	不太是（D）	不是（E）
任职期间是否出现过角色危机（Q21）	3（15.8）	9（47.4）	2（10.5）	4（21.1）	1（5.3）
任职期间是否体验过角色认同（Q23）	7（36.8）	8（42.1）	1（5.3）	2（10.5）	1（5.3）

表2-14中，我们将大学校长的角色危机和角色认同的来源分为大学内部、大学外部和内外兼有。分别有13位和14位校长选择内外兼有（68.4%，73.7%），均有4位校长选择倾向于大学外部（21.1%，21.1%），分别有2位和1位校长选择倾向于大学内部（10.5%，5.3%）。

表2-14 大学校长关于角色危机和角色认同来源的选择统计

单位：人,%

问题描述	大学内部（A）	大学外部（B）	内外兼有（C）
认为大学校长的角色危机更多来自（Q20）	2（10.5）	4（21.1）	13（68.4）
认为大学校长的角色认同更多来自（Q22）	1（5.3）	4（21.1）	14（73.7）

如表2-15所示，在"希望师生对大学校长的认同更多来自"（Q24）的选择上，13位校长选择人格魅力（68.4%），5位校长选择情感认同（26.3%），1位校长选择行政权力（5.3%），没有校长选择学术地位。

如表2-16所示，在"认为担任行政职务与个人学术发展是否存在冲突"（Q25）的选择上，大学校长普遍认为存在冲突，13位校长选择"是"（68.4%），4位校长选择"可能是"（21.1%），仅有2位校长选择"不太是"（10.5%）。在"认为上述冲突主要来自"

(Q26)的选择上,按照由高到低,校长的选择依次为大学(9人,47.5%)、社会(5人,26.2%)、个人(4人,21.1%)、其他(1人,5.3%)。

表 2-15　大学校长角色认同维度的选择统计

单位:人,%

问题描述	选择情况			
	行政权力(A)	学术地位(B)	人格魅力(C)	情感认同(D)
希望师生对大学校长的认同更多来自(Q24)	1 (5.3)	0	13 (68.4)	5 (26.3)

表 2-16　大学校长角色冲突及来源的选择统计

单位:人,%

问题描述	选择情况				
认为担任行政职务与个人学术发展是否存在冲突(Q25)	是(A)	可能是(B)	不确定(C)	不太是(D)	不是(E)
	13 (68.4)	4 (21.1)	0	2 (10.5)	0
认为上述冲突主要来自(Q26)	社会(A)	大学(B)	个人(C)	其他(D)	
	5 (26.3)	9 (47.4)	4 (21.1)	1 (5.3)	

表2-17中,我们设置大学校长角色定位(Q27)的选择有"关注现在,保持现状及稳定"(A)、"关注未来,引起变化并谋求创新"(B)和"不确定"(C),19位校长的选择均为B,显示出其角色定位比较明确。在校长角色定位对其管理风格是否存在影响的选择(Q28)中,11位校长选择"是"(57.9%),7位校长选择"可能是"(36.8%),仅1位校长选择"不太是"(5.3%)。

表2-18中,按照从高到低的排序,大学校长认为重要的治校行为(Q29)依次为"激励人心"(18人,94.7%)、"使众人行"(14人,73.7%)、"以身作则"(14人,73.7%)、"共启愿景"(11

人，57.9%）、"挑战现状"（1人，5.3%）。按照重要性排序，则"以身作则"（11人，57.9%）、"共启愿景"（7人，36.8%）、"使众人行"（12人，63.2%）更为显著。

表2-17 大学校长角色定位及管理风格影响的选择统计

单位：人，%

问题描述	选择情况				
大学校长角色更应定位在（Q27）	关注现在，保持现状及稳定（A）	关注未来，引起变化并谋求创新（B）		不确定（C）	
	0	19（100）		0	
大学校长的角色定位对其管理风格是否存在影响（Q28）	是（A）	可能是（B）	不确定（C）	不太是（D）	不是（E）
	11（57.9）	7（36.8）	0	1（5.3）	0

表2-18 大学校长关于重要治校行为的选择统计

单位：人，%

选项	选择情况			合计
	排序1	排序2	排序3	
以身作则（A）	11（57.9）	1（5.3）	1（5.3）	14（73.7）
共启愿景（B）	7（36.8）	4（21.1）	0	11（57.9）
挑战现状（C）	0	1（5.3）	0	1（5.3）
使众人行（D）	0	12（63.2）	2（10.5）	14（73.7）
激励人心（E）	1（5.3）	1（5.3）	16（84.2）	18（94.7）

表2-19是大学校长角色发展来源（Q30）的选择统计，其中5位校长选择了4项（ABCD）、4位校长选择了3项（ABC/ABD），7位校长选择了2项（AB/AD），3位校长选择了1项（A）。按照选择权重由高到低排序，来源依次为"实践中的自我摸索"（100%）、"前辈和同行的指导和学习"（78.9%）、"校长培训和研修班"（42.1%）和"教育学管理学专业理论指导"（36.8%），对"其他"选项的选择为0。

表2-19　大学校长角色发展来源的选择统计

单位：人,%

角色发展来源	选择情况					
	实践中的自我摸索（A）	前辈和同行的指导和学习（B）	教育学管理学专业理论指导（C）	校长培训和研修班（D）	其他（E）
数值	19（100）	15（78.9）	7（36.8）	8（42.1）	0

表2-20是大学校长角色发展支持来源（Q31）的选择统计，其中6位校长选择了6项（ABCDEF）、1位校长选择了5项（ABDEF）、5位校长选择了4项（BCDF/ABEF/BCDE/BDEF）、7位校长选择了3项（ABD/ADF/BDF）。按照选择权重由高到低排序，来源依次为"内在驱动力（如使命感和责任感）"（94.7%）、"师生对您的认同和期待"（89.5%）、"较长时间的任职经历和经验积累"（84.2%）、"校长职务的相关培训和支持计划"（63.2%）、"下属对您的认可和追随程度"（57.9%）和"个人在学术与行政之间的平衡能力"（47.4%），对"其他"选项的选择为0。

表2-20　大学校长角色发展支持来源的选择统计

单位：人,%

角色发展支持来源	选择情况						
	校长职务的相关培训和支持计划（A）	较长时间的任职经历和经验积累（B）	个人在学术与行政之间的平衡能力（C）	内在驱动力（如使命感和责任感）（D）	下属对您的认可和追随程度（E）	师生对您的认同和期待（F）	其他（G）
数值	12（63.2）	16（84.2）	9（47.4）	18（94.7）	11（57.9）	17（89.5）	0

（三）问卷调查的关键事件描述

问卷的第32题是邀请被访谈的大学校长用简要的语言描述一次

印象深刻的具体工作及处理方式，并说明感受和角色反思。在 19 位大学校长中，有 8 位进行了当场描述。在征得当事人同意的情况下，部分采用了录音并转录文字的方式完成访谈整理，部分由被采访者以文字的形式返回。以下呈现的 8 份关键事件的具体描述，未有任何观点改变，仅进行了适当的文字整理。

1. 编码为 P2 的大学校长描述

曾经在一次主持学校某二级学院行政领导班子换届时，学院一名教授主动要求发言，表达对学院现任行政领导班子的不满，并对他认为可能选任的新干部进行比较直接的批评。我及时制止了他的发言，并告知他：学校的干部选任工作有固定的流程，今天的会议只是其中的一个推荐环节，学院的老师只需要推荐自己认为合适的人选即可，但不能够在会议现场称赞或批评其他同志，进而影响推荐工作的顺利进行；如果对学院某些人选或教师有保留意见，可以在会后和我和当事人面对面交流，确有问题，我们如实承认并帮助同志进步，若是沟通不畅引起误会我们更加要通过及时交流予以解决。这个事情让我意识到，作为学校的校长，在任何时候，尤其是一些关键时刻和应急时刻，一定要充分讲清楚政策要求，做到以理服人，而不是以权压人。

2. 编码为 P3 的大学校长描述

我最大的感受是，自己分管部门的处长是自己非常重要的伙伴和帮手。如果处长得力，在分管工作的开展上将会大大受益。但事实是，一些处长的办事能力还不尽如人意，导致我时常需要亲赴一线去处理一些应急事件。在这个过程中，我逐渐意识到，校长对所辖或协调部门的负责人，尤其是处长这一级的同志的培训非常关键，应通过一些方式途径增加与他们的沟通和教育，重点提升处长们的管理本领。

3. 编码为 P5 的大学校长描述

印象里很深的一个事件是，学校有一名在相关领域比较知名的学者，因为个人感情纠纷处理不好，准备申请离职，离开所在的城市。我因分管这个学院，学院院长向我汇报说多次劝说无效，希望分管校领导能够出面挽留该学者。我知道，现在的大学，人才无疑是发展的关键要素，人才梯队建设离不开顶尖的学者，学校培养出或者引进来一个业内知名的教授很不容易，所以我决定亲自去做这位教授的思想工作。虽然我是校长，但我想这个思想工作不能光依靠职权，还是要一切从实际出发，了解清楚情况才好去做工作。所以，我向学院院长和熟悉的老师认真了解了这位教授的个人情况以及他的思想情况，在这个基础上，主动和这位教授谈了话。最终做通了这位教授的思想工作，不仅稳定了人才，还稳固了他的家庭，后来这位教授在学校工作生活得都很愉快，事业取得了新的发展。通过这件事，我认为，校长不仅要治校，也要管人，不能因为涉及老师们的家庭私事就觉得和学校、和工作无关，就回避对员工的帮助和支持，更加不能置之不理。我想，最后能做通这个工作，一方面是因为我的校长身份，我代表学校去挽留他，他可能觉得得到了更多的尊重；另一方面，也是感受到学校的温暖和支持。两个方面都很重要，缺一不可。

4. 编码为 P6 的大学校长描述

有一次，学校的中层干部换届，学校的导向是在有可能的情况下，尽量能够考虑到干部年轻化。当时我主管的部门有一位 56 岁的正处级别的干部，我们考虑想让他转为非领导职务的组织员，但当时这位处长知道学校的安排后，思想和情绪波动都较大，虽然最后这个事情也平稳过渡了，但我当时仍然觉得自己工作有不够全面的地方。比如我没有做到在学校导向明确后，尽早地、及时地跟这位同志做交流沟通，了解他的想法，或者说前期的铺垫工作还是没有做好，导致这位干部缺乏必要的思想准备。所以我认为，校长管理的虽然是学校，但是不能忽略人的存在，尤其是要尽量关注到教师和员工的思想变化。

5. 编码为 P8 的大学校长描述

前几年，学校关注的几个重点工程进展缓慢，相关的部门之间互相指责推诿，却无助于事。当时学校采取的方式是：（1）定期召开部门协调会，了解问题的关键点，校长当场拍板如何推进；（2）梳理工程流程图，尤其是给到各相关部门沟通节点，明确各环节的责任，做到可追溯；（3）推动学校统筹职能密切交叉的部门改进管理体制，比如一个领导分管，提高协同效率。关于这个事情我的反思是，学校发展和建设中的具体工作很能反映出背后的体制机制因素，我们遇到具体问题时需要就事论事、及时解决，但是也要从根上去梳理问题、找到答案，要尽量避免问题的发生。

6. 编码为 P16 的大学校长描述

近期我们学校的中层干部换届，需要解决年龄老化、年龄结构不合理的问题。我们采取的处理方式：一是明确退出政策；二是明确退出后的待遇保障；三是逐个与退出干部沟通交流，做好思想工作。我的主要感受是：第一，政策的制定必须要有实际数据的支撑，能有说服力；第二，保障措施要到位，解决干部退出后顾之忧；第三，思想工作要到位，争取干部理解。

我的角色反思是：第一，必须履行组织对角色的职责要求；第二，要根据实际情况，用不同的方式处理不同类型的问题；第三，各方的肯定才实现自己的角色认同。

7. 编码为 P17 的大学校长描述

2018年的研究生招生考试中，我校出现命题错误的重大事故。当时学校领导班子进行了集体的检讨反思，虽然最后妥善处理了后续工作，但都感觉压力很大，因为毕竟事关学校声誉和发展。这也警醒我们一流的大学必须建立健全一流的管理机制，要变坏事为改进工作的动力。

8. 编码为 P18 的大学校长描述

有一天晚上八九点钟，我接到电话说张老师命题的试卷泄露，而考试就在第二天进行，我十分生气。经过查实，我当即要求学院重新命题并印制试卷。张老师上学期因为教学事故被学校通报过一次，这次又将装有试卷的 U 盘带往教室上课而导致试卷泄露。这次所在学院对他的处理结果是，由他自己负责所有重新印制试卷的费用，再次作为教学事故全校通报批评。我作为分管校长，当时最大的感受是气愤，但气愤之余更多的是无奈，因为没有办法将他调离教师岗位。从这个程度上来说，扩大大学办学自主权、增加大学校长的行政权力，还是有一定必要的。

三 大学校长角色发展调查的他评情况

（一）问卷回收的基本情况

研究依托于学校平台及各类学术会议，于 2019 年 3 月至 8

月陆续给98位包括全国不同地区一流大学的师生及管理人员、学生家长、校友、教育研究专家、媒体及出版社等社会组织人员在内的相关利益者发放并回收调查问卷,所有问卷均为课题负责人及成员采取一对一的形式发放,并以匿名方式回收,问卷同时附有填写说明,以保证问卷填写的完整性和有效性。共计发放问卷99份,回收有效问卷98份,相关利益者的问卷有效率为99.0%。

问卷中的Q1~Q6为人口学情况调查。调查结果显示,参与调查的相关利益者群体覆盖到东北、华北、华中、华东、华南、西北、西南地区,分别来自北京、天津、河北、山西、辽宁、吉林、黑龙江、上海、江苏、浙江、安徽、河南、湖南、广东、广西、福建、四川、重庆、贵州、青海;包括大学教师30人(30.6%)、大学管理人员25人(25.5%)、教育研究专家5人(5.1%)、学生家长15人(15.3%)、校友16人(16.3%)、媒体及出版社等社会组织人员7人(7.1%);男性58人(59.2%),女性40人(40.8%);30岁以下2人(2.0%),31~40岁19人(19.4%),41~50岁52人(53.1%),51~60岁25人(25.5%),大于60岁0人(0);博士85人(86.7%),硕士11人(11.2%),本科及以下2人(2.0%);教授(含研究员)或正处级57人(58.2%),副教授(含副研究员)或副处级26人(26.5%),讲师(含助理研究员)或正科级12人(12.2%),无职称3人(3.1%);工作年限为3~5年的6人(6.1%),6~10年的26人(26.5%),10年以上的66人(67.3%)(见表2-21)。考虑到表述方便,统一进行编号,以Stakeholders(相关利益者)首字母S代替,依据调查时间先后顺序依次进行编号。参与角色发展关键事件访谈的相关利益者焦点访谈问卷调查结果统计如表2-22所示。

表 2-21 大学校长角色发展调查的相关利益者人口学情况

单位：人，%

描述		人数	占比
性别			
	男	58	59.2
	女	40	40.8
年龄			
	<30 岁	2	2.0
	31~40 岁	19	19.4
	41~50 岁	52	53.1
	51~60 岁	25	25.5
	>60 岁	0	0
身份			
	大学教师	30	30.6
	大学管理人员	25	25.5
	教育研究专家	5	5.1
	学生家长	15	15.3
	校友	16	16.3
	媒体及出版社等社会组织人员	7	7.1
学历			
	博士	85	86.7
	硕士	11	11.2
	本科及以下	2	2.0
职称/职务			
	教授/研究员/处长	57	58.2
	副教授/副研究员/副处长	26	26.5
	讲师/助理研究员/科级	12	12.2
	其他	3	3.1
工作年限			
	1~2 年	0	0
	3~5 年	6	6.1
	6~10 年	26	26.5
	>10 年	66	67.3

续表

描述	人数	占比
所在地区（省、区、市）		
北京，天津，山西，陕西，河北	25	25.5
上海，江苏，浙江，安徽	37	37.8
河南，湖南，湖北	8	8.2
四川，重庆，云南，贵州	10	10.2
广东，福建，广西	3	3.1
黑龙江，吉林，辽宁，内蒙古	12	12.2
青海，西藏	3	3.1

（二）问卷调查的结果分析

"大学校长理想角色"（Q7）的选择如表2–23所示，教育家角色成为调查中大学校长的首选（74.5%），领导者角色是多数大学校长的第二选择（33.7%），管理者角色是第三选择（31.6%）和第四选择（24.5%），排在第五的选择是服务者角色（30.6%）。在总排序中，教育家角色选择比例最高（100%），其次是管理者角色（85.7%）、领导者角色（84.7%）、服务者角色（70.4%），选择达到半数和超过半数的理想角色还有协调者角色（62.2%）和筹资者角色（50.0%），选择政府代言人角色和其他角色的很少。

关于"大学校长理想角色表征"（Q8）的选择如表2–24所示，理性被视为大学校长理想角色的第一表征（54.1%），第二表征为创造（28.6%），第三至第五的表征分别为规范（33.7%）、合作（27.6%）、安全（24.5%）。在总排序中，选择比例过半的表征由高到低依次为理性（99.0%）、创造（98.0%）、合作（94.9%）、规范（84.7%）、安全（51.0%），直觉、移情、冒险、独处、其他表征有个别校长做出了相应选择，但这些表征的选择总体排序较为靠后。

第二章 组织生命周期理论视阈下大学校长角色发展的状态调查

表2-22 参与角色发展关键事件访谈的相关利益者焦点访谈问卷调查结果统计

编号	Q7	Q8	Q9	Q10	Q11	Q12	Q13	Q14	Q15	Q16	Q17	Q18	Q19	Q20	Q21	Q22	Q23	Q24
S01	ACDEF	EFGHI	A	B	C	C	A	C	C	C	C	A	A	A	B	A	BED	BCDF
S02	AHCBE	FGIEA	B	A	C	B	D	D	C	A	C	C	C	B	B	B	ABE	ACDEF
S03	FEDAH	HIGEF	E	A	C	A	B	C	C	C	C	C	A	B	B	A	ADE	ABDEF
S04	DFACB	EIFBA	A	B	A	C	B	C	B	A	B	A	B	D	B	A	BCE	ABCDF
S05	CEADF	GFIEA	E	A	B	B	B	B	C	B	B	D	A	B	B	B	BDE	ABCDEF
S06	HDFAC	FGIHE	B	A	A	E	D	D	B	B	B	C	D	A	B	A	ADE	DEF
S07	ADCHB	FEGIA	B	B	B	B	D	B	C	A	C	B	A	A	B	A	BCE	BDF
S08	CDABF	BFGED	D	B	A	A	A	A	B	A	B	A	B	A	B	A	ABD	ABDF
S09	ADCEH	IEGFH	E	A	B	B	B	B	B	A	B	A	B	A	B	A	ADE	BCD
S10	ACEDH	FIAEG	E	A	A	E	B	C	C	A	A	C	A	C	B	A	BDE	ABCD
S11	CDAHF	FGIEH	E	C	B	B	A	B	C	A	C	C	C	B	B	A	BED	ABCDEF
S12	ABDFH	EGFHI	B	B	B	B	B	B	C	B	B	B	B	A	B	B	BDE	CD
S13	ACDEF	FEIGH	B	C	B	C	B	C	C	B	C	C	B	B	B	A	BDE	ACDEF
S14	ABEDF	FHIEG	E	B	A	A	A	A	C	A	A	A	A	D	B	A	CDE	ABCF
S15	AFECD	EFGIC	D	A	A	A	B	A	C	A	C	A	A	A	B	A	ABE	ABCDEF
S16	ABCDF	FEGID	D	B	C	E	D	B	C	B	C	B	B	B	B	A	BDE	BCD
S17	ADCHF	EIFGH	E	A	A	D	C	B	C	B	C	C	A	A	B	A	BDE	ABCDEF

69

何以言治

续表

编号	Q7	Q8	Q9	Q10	Q11	Q12	Q13	Q14	Q15	Q16	Q17	Q18	Q19	Q20	Q21	Q22	Q23	Q24
S18	AICFE	GEIDF	A	A	B	C	C	A	C	A	B	C	A	B	B	B	BCE	ACDEF
S19	IACBD	FEGHA	A	A	A	A	C	B	C	A	C	C	C	C	B	A	ACE	BCDEF
S20	AFDCE	EGIFD	D	A	A	C	A	A	C	A	C	C	A	B	B	A	BDE	DEF
S21	ABCDF	EFGIH	E	A	A	B	A	A	A	A	C	C	A	B	B	A	BDE	BCDF
S22	ACDBF	FEADI	C	B	A	C	A	C	A	C	C	C	A	C	B	A	ACE	DE
S23	ABCEF	EFGHI	E	A	A	C	A	B	C	B	C	C	C	A	B	B	BED	ABCDEF
S24	ADHFE	FGEIJ	D	A	C	C	A	B	B	B	B	B	B	A	B	B	ABE	CD
S25	ABCHD	EFGIH	A	A	A	B	A	B	C	A	C	A	A	D	A	B	ECA	ADEF
S26	CDAEH	FEIHJ	E	A	A	B	A	B	B	B	C	C	B	D	A	A	BDE	ADF
S27	ADCFB	FEGIH	D	A	A	A	A	A	C	A	B	C	E	B	B	A	EAB	ABCDF
S28	ACDEH	FGIHE	C	A	A	C	D	A	B	A	C	D	E	B	A	A	CDE	DF
S29	CAFBE	FGEHI	C	B	A	A	B	B	B	A	C	C	B	B	B	B	ABE	CDF
S30	ACFDH	FEGIC	E	A	E	E	E	C	D	C	C	A	A	B	B	A	BDE	DF
S31	ADFHC	EFHGI	E	A	A	D	B	A	C	A	B	C	A	A	B	A	CED	DEF
S32	AFDHE	EFGIC	C	A	A	C	D	A	B	A	B	C	A	A	B	A	CED	ACDF
S33	ACDBF	FEADJ	C	B	A	B	B	C	C	A	C	B	B	D	B	A	BED	ADF
S34	DABCF	EFGIA	C	B	B	C	A	C	C	B	C	C	A	A	B	A	ABE	ABD

70

第二章 组织生命周期理论视阈下大学校长角色发展的状态调查

续表

编号	Q7	Q8	Q9	Q10	Q11	Q12	Q13	Q14	Q15	Q16	Q17	Q18	Q19	Q20	Q21	Q22	Q23	Q24
S35	ACDEF	EFGHI	E	A	A	C	B	B	A	A	B	C	B	A	B	A	DAE	ABDF
S36	CABDE	FEGIH	D	A	B	B	B	B	C	A	C	C	B	B	B	A	ABC	ABCD
S37	AHCDF	JEFAI	E	A	A	C	A	B	C	C	C	C	A	A	B	A	CDE	ABCDF
S38	CADEF	FEIAB	C	C	D	C	B	B	C	A	B	B	B	B	B	A	ACD	CDF
S39	ACEFD	EFGIJ	C	A	A	B	D	A	C	A	B	C	B	C	B	A	ADE	ABCDEF
S40	ADFGH	FEIGH	E	A	A	B	A	B	B	B	A	C	B	A	B	A	ADE	ABCDEF
S41	AEFDC	EFGIC	D	A	A	A	B	B	C	A	B	A	A	B	B	B	ADE	ABDF
S42	ABFDH	IEGFA	B	C	B	C	A	B	B	B	C	B	B	A	B	B	BDE	ABCDEF
S43	AFEDH	GAEIH	B	B	C	B	B	B	C	D	C	B	B	A	B	C	ABE	CD
S44	ACBDG	EFGHI	D	A	A	D	B	E	D	D	D	A	D	A	B	A	AED	ACDF
S45	ACDFE	FGAIE	D	A	C	E	B	B	B	B	B	B	D	A	B	A	ABD	ABD
S46	FADEH	GIFEH	E	C	B	C	B	B	A	B	C	C	B	B	B	A	ABE	BCDEF
S47	FHIEG	E	A	B	C	B	E	B	B	C	C	C	C	B	A	ADE	CDF
S48	ABCEF	FGEIH	D	A	A	C	B	B	B	C	C	C	C	B	B	C	ACE	ADF
S49	ACDEF	FGEIJ	D	A	A	C	D	B	C	A	A	C	A	B	B	A	BCD	AD
S50	ACBDE	EIGFH	E	C	A	A	B	B	C	A	C	C	C	B	B	C	ACD	BCD
S51	ADHCF	EFGHI	E	B	B	D	B	B	B	A	C	C	C	B	B	A	ADE	BCDF

71

何以言治

续表

编号	Q7	Q8	Q9	Q10	Q11	Q12	Q13	Q14	Q15	Q16	Q17	Q18	Q19	Q20	Q21	Q22	Q23	Q24
S52	AFEDH	EFGHI	D	B	A	B	A	B	B	B	B	B	B	B	B	C	ADE	ACDF
S53	ACBDG	FGAIE	D	A	B	D	B	B	C	B	C	B	D	B	B	A	ABD	ABD
S54	ACDFE	GIFEH	E	A	C	E	B	E	D	A	D	A	D	A	B	A	ABE	BCDEF
S55	FADEH	FHIEG	E	C	B	C	D	B	B	A	B	C	D	B	B	A	ADE	CDF
S56	ABCEF	FGEIH	D	A	B	C	B	B	A	A	C	C	A	B	B	C	ACE	ADF
S57	ACBDE	EIGFH	E	C	A	A	D	B	C	B	A	C	C	B	B	C	ACD	BCD
S58	ADHCF	EFGHI	E	B	B	D	B	B	B	B	C	C	C	B	B	C	ADE	BCDF
S59	ACBDG	EFGHI	D	B	A	B	A	B	B	B	B	B	B	B	B	A	ADE	ACDF
S60	ACBDG	FGAIE	D	A	B	D	B	B	C	B	C	B	D	A	B	A	ABD	ABD
S61	ACDFE	GIFEH	E	A	C	E	B	E	D	A	D	A	D	A	B	A	ABE	BCDEF
S62	FADEH	FHIEG	E	C	B	C	D	B	B	A	B	C	D	B	B	A	ABE	CDF
S63	AEFCH	EFIGH	E	A	A	C	B	B	B	A	B	A	A	A	C	B	CDE	ACDEF
S64	AFDEC	FEIGC	A	A	A	B	A	A	C	B	C	C	B	C	B	A	ADE	ACDF
S65	ACDGH	FEHIB	E	B	C	C	A	B	C	C	C	A	B	A	B	A	ADE	ABD
S66	EACHF	FIEAG	A	B	A	B	D	B	C	B	C	C	A	B	B	A	BDE	AD
S67	ACDBH	FGIEH	B	A	A	B	A	B	C	B	C	C	A	B	B	A	BCE	ACD
S68	AEFCH	EFIGH	E	A	A	C	B	B	B	A	B	A	A	A	B	A	CDE	ACDEF

72

第二章 组织生命周期理论视阈下大学校长角色发展的状态调查

续表

编号	Q7	Q8	Q9	Q10	Q11	Q12	Q13	Q14	Q15	Q16	Q17	Q18	Q19	Q20	Q21	Q22	Q23	Q24
S69	AFDEC	FEIGC	A	A	A	B	A	A	C	B	C	C	B	C	C	B	ADE	ACDF
S70	ACDGH	FEHIB	E	B	C	C	A	B	C	B	C	A	B	B	B	A	ADE	ABD
S71	EACHF	FIEAG	A	B	A	B	D	B	C	B	C	C	A	B	B	A	BDE	AD
S72	ACDBF	FEIGH	C	A	A	C	A	B	C	A	C	C	A	C	B	B	ABE	ACDF
S73	ABDHE	FGIAD	C	C	B	D	D	B	C	A	C	C	A	A	A	B	BDE	BCDEF
S74	CDAEB	FEGIH	C	A	A	A	C	B	C	A	C	D	A	A	B	B	ACE	ABCDEF
S75	CDABC	FEIGA	E	C	A	B	B	A	C	A	B	D	A	A	B	A	BAE	ADF
S76	ABCDH	FIEGA	C	C	A	C	C	C	B	A	C	A	A	C	B	A	ADE	ADF
S77	CDABH	EGFIA	C	B	A	E	A	B	D	B	C	C	A	B	B	A	ADE	ADF
S78	ACBDE	FEGHI	C	B	B	E	E	C	B	B	B	C	B	B	B	A	BCE	ABCD
S79	DFHAC	FEGIC	E	A	B	C	B	C	C	B	B	C	A	A	B	B	ADE	ACDEF
S80	DACEH	FGIHE	A	C	A	A	A	C	C	A	C	C	C	A	B	A	ADE	ABD
S81	ACDF	EGFAI	D	A	A	C	A	B	B	C	C	C	B	B	B	B	BCE	BCDF
S82	CEFHA	CEGIF	E	B	C	A	E	B	B	B	C	C	D	C	B	B	BDE	AD
S83	ACDEF	IBFEA	A	B	A	B	B	B	B	A	C	C	A	B	B	A	ADE	BCF
S84	AEFDC	GFIEB	D	A	A	C	B	B	C	A	C	C	B	B	B	A	ABC	DF
S85	ACEHF	FEICB	E	A	A	A	B	B	C	A	C	C	A	C	B	A	BCE	ABC

73

何以言治

续表

编号	Q7	Q8	Q9	Q10	Q11	Q12	Q13	Q14	Q15	Q16	Q17	Q18	Q19	Q20	Q21	Q22	Q23	Q24
S86	AEHCD	EIFAD	E	B	A	A	D	A	B	B	B	C	C	A	B	A	BDE	AB
S87	ACEHF	FIGEB	E	A	A	B	A	A	C	A	C	C	B	B	B	A	BDE	ACD
S88	ACDFH	GFIHB	E	B	B	C	B	C	C	A	C	B	A	D	B	A	BDE	ABDF
S89	CADEF	FIBEG	B	B	C	B	D	C	B	C	B	B	D	B	A	A	ADE	CD
S90	ACDEH	FIEBG	C	C	A	C	D	B	D	B	B	C	A	C	B	B	BCD	CDEF
S91	ABCFD	EFIHC	A	A	A	B	A	A	B	A	B	C	A	A	B	A	BDE	ACDF
S92	ACHDE	EFICB	D	A	B	C	B	A	B	A	C	C	A	C	B	A	BED	ABDF
S93	ADEFB	FGABE	C	A	B	C	A	B	C	A	A	C	A	A	B	A	BDE	ABCD
S94	ACEFH	FIABE	E	A	B	C	C	B	C	B	C	C	B	A	B	B	ABE	ACD
S95	CDAEH	FGEIC	D	B	C	A	B	B	C	A	C	C	B	A	B	A	BCE	ABDF
S96	ACDBH	FGIEH	E	A	C	C	B	B	C	A	B	A	A	C	B	B	BDE	ACDEF
S97	ADEFC	IEGFH	D	A	A	C	A	C	C	B	B	C	E	C	B	A	ADE	ABCDEF
S98	ACFDE	FIEAB	E	A	A	A	A	A	C	A	C	C	A	B	B	A	BCE	ABDF

74

第二章　组织生命周期理论视阈下大学校长角色发展的状态调查

表2-23　大学校长理想角色选择统计

单位：人,%

理想角色	排序1	排序2	排序3	排序4	排序5	合计
教育家（A）	73（74.5）	12（12.2）	9（9.2）	3（3.1）	1（1.0）	98（100）
科学家（B）	1（1.0）	13（13.3）	8（8.2）	11（11.2）	5（5.1）	38（38.8）
领导者（C）	13（13.4）	33（33.7）	20（20.4）	9（9.2）	8（8.2）	83（84.7）
管理者（D）	4（4.1）	19（19.4）	31（31.6）	24（24.5）	6（6.1）	84（85.7）
协调者（E）	2（2.0）	8（8.2）	12（12.2）	23（23.5）	16（16.3）	61（62.2）
服务者（F）	4（4.1）	10（10.2）	12（12.2）	13（13.3）	30（30.6）	69（70.4）
政府代言人（G）	0	0	0	3（3.1）	4（4.1）	7（7.1）
筹资者（H）	1（1.0）	2（2.0）	6（6.1）	12（12.2）	28（28.6）	49（50.0）
其他（I）	1（1.0）	1（1.0）	0	0	0	2（2.0）

表2-24　大学校长理想角色表征选择统计

单位：人,%

理想角色表征	排序1	排序2	排序3	排序4	排序5	合计
直觉（A）	0	1（1.0）	8（8.2）	8（8.2）	11（11.2）	28（28.6）
移情（B）	1（1.0）	1（1.0）	1（1.0）	4（4.1）	9（9.2）	16（16.3）
冒险（C）	1（1.0）	0	0	2（2.0）	9（9.2）	12（12.2）
独处（D）	0	0	0	3（3.1）	5（5.1）	8（8.2）
创造（E）	29（29.6）	28（28.6）	12（12.2）	19（19.4）	8（8.2）	96（98.0）
理性（F）	53（54.1）	24（24.5）	11（11.2）	6（6.1）	3（3.1）	97（99.0）
规范（G）	8（8.2）	22（22.4）	33（33.7）	11（11.2）	9（9.2）	83（84.7）
安全（H）	1（1.0）	4（4.1）	3（3.1）	18（18.4）	24（24.5）	50（51.0）
合作（I）	4（4.1）	17（17.3）	30（30.6）	27（27.6）	15（15.3）	93（94.9）
其他（J）	1（1.0）	1（1.0）	0	0	5（5.1）	7（7.1）

基于相关利益者的视角，他们认为"当前大学校长最缺乏的权力"（Q9）依次为关系权力（39人，39.8%）、专家权力（22人，22.4%）、强制权力（16人，16.3%）、合法权力（13人，13.3%）、报酬权力（8人，8.2%）（见表2-25）。

表 2-25　大学校长最缺乏的权力选择统计

单位：人，%

问题描述	选择情况				
	合法权力 (A)	报酬权力 (B)	强制权力 (C)	专家权力 (D)	关系权力 (E)
当前大学校长最为缺乏的权力（Q9）	13（13.3）	8（8.2）	16（16.3）	22（22.4）	39（39.8）

关于来自角色期待、角色领悟、角色实践的自我反思能否帮助大学校长提升工作效果（Q10），57 名约占 58.2% 的相关利益者选择"是的"，28 人（28.6%）选择"可能是"，13 人（13.2%）选择"不确定"，0 人选择"不太是"或者"不是"（见表 2-26）。

表 2-26　大学校长角色发展理论的支持评价统计

单位：人，%

问题描述	选择情况				
	是的 (A)	可能是 (B)	不确定 (C)	不太是 (D)	不是 (E)
来自角色期待、角色领悟、角色实践的自我反思能否帮助大学校长提升工作效果（Q10）	57（58.2）	28（28.6）	13（13.2）	0	0

如表 2-27 所示，超过半数的相关利益者认为新入职的大学校

表 2-27　大学校长任职年限长短的影响统计

单位：人，%

问题描述	选择情况				
	是 (A)	可能是 (B)	不确定 (C)	不太是 (D)	不是 (E)
新入职的大学校长与任职年限较长的大学校长在角色发展上是否存在差异（Q11）	55（56.1）	27（27.6）	14（14.3）	1（1.0）	1（1.0）
任职年限较长的大学校长比新入职的大学校长更擅长学校管理（Q12）	15（15.3）	26（26.5）	39（39.8）	8（8.2）	10（10.2）

长与任职年限较长的大学校长在角色发展上存在差异,仅有2%的相关利益者选择"不太是"或者"不是"。关于任职年限较长的校长是否比任职年限较短的校长更加擅长学校管理,约41人(41.8%)认为"是"或者"可能是",39人(39.8%)表示"不确定",18人(18.4%)表示"不太是"或者"不是"。

表2-28中,关于担任大学校长职务是否需要具有教育学专业背景或进修经历(Q13),相关利益者的评价依次为"很需要"(29人,29.6%)、"需要"(41人,41.8%)、"不确定"(7人,7.1%)、"不太需要"(18人,18.4%)、"不需要"(3人,3.1%)。

表2-28 大学校长教育学专业背景或进修经历的需求评价统计

单位:人,%

问题描述	选择情况				
	很需要(A)	需要(B)	不确定(C)	不太需要(D)	不需要(E)
担任大学校长职务是否需要具有教育学专业背景或进修经历(Q13)	29 (29.6)	41 (41.8)	7 (7.1)	18 (18.4)	3 (3.1)

表2-29中,25人(25.5%)认为大学校长在任职期间"会"出现角色危机,56人(57.1%)认为"可能会",12人(12.2%)

表2-29 大学校长角色危机和角色认同的选择统计

单位:人,%

问题描述	选择情况				
	会(A)	可能会(B)	不确定(C)	不太会(D)	不会(E)
大学校长在任职期间是否会出现角色危机(Q14)	25 (25.5)	56 (57.1)	12 (12.2)	2 (2.0)	3 (3.1)
大学校长在任职期间是否会出现角色认同(Q16)	54 (55.1)	33 (33.7)	8 (8.2)	3 (3.1)	0

表示"不确定",5 人(5.1%)认为"不太会"或"不会";54 人(55.1%)认为大学校长在任职期间"会"出现角色认同,33 人(33.7%)认为"可能会",8 人(8.2%)表示"不确定",3 人(3.1%)认为"不太会",0 人选择"不会"。

表 2-30 中,我们将大学校长的角色危机和角色认同的来源分为"大学内部"、"大学外部"、"内外兼有"以及"不确定"。分别有 5 人和 5 人(5.1%,5.1%)选择"大学内部",有 29 人和 26 人(29.6%,26.5%)选择"大学内部",有 58 人和 64 人(59.2%,65.3%)选择"内外兼有",有 6 人和 3 人(6.1%,3.1%)选择"不确定"。

表 2-30 大学校长角色危机和角色认同的来源选择统计

单位:人,%

问题描述	选择情况			
	大学内部(A)	大学外部(B)	内外兼有(C)	不确定(D)
认为大学校长的角色危机更多来自(Q15)	5(5.1)	29(29.6)	58(59.2)	6(6.1)
认为大学校长的角色认同更多来自(Q17)	5(5.1)	26(26.5)	64(65.3)	3(3.1)

对大学校长认同的来源(Q18)见表 2-31,有 19 人(19.4%)选择行政权力、16 人(16.3%)选择学术地位、59 人(60.2%)选择人格魅力、4 人(4.1%)选择情感认同。

表 2-31 大学校长认同的来源选择统计

单位:人,%

问题描述	选择情况			
	行政权力(A)	学术地位(B)	人格魅力(C)	情感认同(D)
对大学校长的认同更多来自(Q18)	19(19.4)	16(16.3)	59(60.2)	4(4.1)

第二章　组织生命周期理论视阈下大学校长角色发展的状态调查

如表2-32所示，在"认为大学校长担任行政职务与个人学术发展是否存在冲突"（Q19）的选择上，有43人（43.9%）和29人（29.6%）认为"是"和"可能是"，有9人（9.2%）表示"不确定"，有14人（14.3%）认为"不太是"，有3人（3.1%）认为"不是"。在"认为上述冲突更多来自"（Q20）的选择上，按照由高到低的选择依次为大学（40人，40.8%）、社会（35人，35.7%）、个人（17人，17.3%）、其他（6人，6.1%）。

表2-32　大学校长角色冲突及来源选择统计

单位：人,%

问题描述	选择情况				
认为大学校长担任行政职务与个人学术发展是否存在冲突（Q19）	是（A）	可能是（B）	不确定（C）	不太是（D）	不是（E）
	43（43.9）	29（29.6）	9（9.2）	14（14.3）	3（3.1）
认为上述冲突更多来自（Q20）	社会（A）	大学（B）	个人（C）	其他（D）	
	35（35.7）	40（40.8）	17（17.3）	6（6.1）	

在"大学校长角色更应定位在"（Q21）的选择上，93人（94.9%）选择"关注未来，引起变化并谋求创新"，3人（3.1%）选择"关注现在，保持现状及稳定"，2人（2.0%）选择"不确定"。在"大学校长的角色定位对其管理风格是否存在影响"（Q22）的选择上，77人（78.6%）选择"是"，16人（16.3%）选择"可能是"，5人（5.1%）选择"不确定"，没有人选择"不太是"或"不是"（见表2-33）。

表2-34中，按照从高到低的排序，利益相关者认为大学校长重要的治校行为（Q23）依次为"激励人心"（84人，85.7%）、"使众人行"（67人，68.4%）、"共启愿景"（57人，58.2%）、"以身作则"（54人，55.1%）、"挑战现状"（29人，29.6%）。按照重要性排序，则"以身作则"（50人，51.0%）、"共启愿景"（38人，38.8%）、"使众人行"（54人，55.1%）更为显著。

表2-33 大学校长角色定位及管理风格影响的选择统计

单位：人，%

问题描述	选择情况				
大学校长角色更应定位在（Q21）	A 关注现在，保持现状及稳定		B 关注未来，引起变化并谋求创新		C 不确定
	3 (3.1)		93 (94.9)		2 (2.0)
大学校长的角色定位对其管理风格是否存在影响（Q22）	是（A）	可能是（B）	不确定（C）	不太是（D）	不是（E）
	77 (78.6)	16 (16.3)	5 (5.1)	0	0

表2-34 大学校长重要治校行为的选择统计

单位：人，%

选 项	选择情况			合 计
	排序1	排序2	排序3	
以身作则（A）	50 (51.0)	3 (3.1)	1 (1.0)	54 (55.1)
共启愿景（B）	38 (38.8)	18 (18.4)	1 (1.0)	57 (58.2)
挑战现状（C）	7 (7.1)	20 (20.4)	2 (2.1)	29 (29.6)
使众人行（D）	1 (1.0)	54 (55.1)	12 (12.2)	67 (68.4)
激励人心（E）	2 (2.1)	2 (2.1)	80 (81.6)	84 (85.7)

表2-35是大学校长角色发展支持来源（Q24）的选择统计，其中10人选择了6项（ABCDEF）、16人选择了5项（ABCDF/ABDEF/ACDEF/BCDEF）、27人选择了4项（ABCD/ABCF/ABDF/ACDF/ADEF/BCDF/CDEF）、32人选择了3项（ABC/ABD/ACD/ADF/BCD/BCF/BDF/CDF/DEF）、13人选择了2项（AB/AD/CD/DE/DF）。按照选择权重由高到低排序，来源依次为"内在驱动力（如使命感和责任感）"（94人，95.9%）、"师生的认同和期待"（68人，69.4%）、"校长职务的相关培训和支持计划"（65人，66.3%）、"个人在学术与行政之间的平衡能力"（62人，63.3%）、"较长时间的任职经历和经验积累"（51人，52.0%）、"下属的认可和追随程度"（29人，29.6%），对"其他"选项的选择为0。

表2-35 大学校长角色发展支持来源的选择统计

单位：人,%

角色发展支持来源	选择情况							
	校长职务的相关培训和支持计划（A）	较长时间的任职经历和经验积累（B）	个人在学术与行政之间的平衡能力（C）	内在驱动力（如使命感和责任感）（D）	下属的认可和追随程度（E）	师生的认同和期待（F）	其他（G）
数值	65（66.3）	51（52.0）	62（63.3）	94（95.9）	29（29.6）	68（69.4）	0

四 大学校长与相关利益者调查的结果比较

上述针对大学校长自评调查、相关利益者他者评价，分别进行了调查结果的梳理和呈现。在大学校长的关键事件调查和相关利益者的焦点访谈调查中，共计16题是针对相同内容的调查。如表2-36所示，主要涉及大学校长角色认知和定位、角色危机、角色认同、角色支持，以及角色与治校、与管理的关系等。以下将针对校长自评和群体他评，进行横向维度的评价比较。

表2-36 大学校长和相关利益者调查中的相同内容汇总

问题描述	大学校长调查问卷题号	相关利益者调查问卷题号
大学校长是否需要具有教育学背景的进修经历	Q8	Q13
大学校长的理想角色	Q11	Q7
大学校长理想角色的表征	Q12	Q8
大学校长最缺乏的权力	Q13	Q9
大学校长角色理论对提升工作效果是否有帮助	Q14	Q10
大学校长角色危机的来源	Q20	Q15
大学校长是否会出现角色危机	Q21	Q14
大学校长角色认同的来源	Q22	Q17
大学校长是否会体验角色认同	Q23	Q16

续表

问题描述	大学校长调查问卷题号	相关利益者调查问卷题号
对大学校长形成认同的来源	Q24	Q18
大学校长行政权力与学术权力是否存在冲突	Q25	Q19
大学校长行政与学术的冲突来源	Q26	Q20
大学校长应有的角色定位	Q27	Q21
大学校长角色认知对其管理风格是否有影响	Q28	Q22
大学校长重要的治校行为	Q29	Q23
大学校长角色发展支持的来源	Q31	Q24

（一）大学校长的教育学背景

调查中的大学校长均不具备教育学专业学习背景，但关于"大学校长是否需要具有教育学背景的进修经历"的选择中（见表2-37），31.6%的大学校长认为"需要"，42.1%的大学校长认为"不需要"。相关利益者中，71.4%的人群认为大学校长"需要"具有教育学背景的进修经历，21.4%的人群认为"不需要"。

表2-37 大学校长教育学背景需求选择统计

单位：人，%

大学校长是否需要具有教育学背景的进修经历	选择情况		
	需要	不需要	不确定
大学校长	6（31.6）	8（42.1）	5（26.3）
相关利益者	70（71.4）	21（21.4）	7（7.1）

（二）大学校长缺乏的权力

在表2-38中，大学校长认为大学校长最缺乏的权力依次为强制权力、关系权力、合法权力、专家权力、报酬权力，相关利益者的选择依次为关系权力、专家权力、强制权力、合法权力、报酬权力。对应到权力的具体描述中,强制权力是惩罚或建议惩罚他人的权力,相较于个人特征、人格魅力等的关系权力,大学校长认为前者更缺乏,而相关利益者认为后者更不足。专家权力指的是专业知识和技能所带来的权力,这种权力更加被相关利益者所看重。合法权力是指行政职位赋予的权力,报酬权力描述为决定他人的权力如晋升、加薪等,双方均把合法权力置于第三位,报酬权力置于最后。

表2-38 大学校长最缺乏的权力选择统计

单位:人,%

大学校长最缺乏的权力	选择情况					
	合法权力(A)	报酬权力(B)	强制权力(C)	专家权力(D)	关系权力(E)
大学校长	3(15.8)	1(5.3)	9(47.5)	2(10.5)	4(21.1)
相关利益者	13(13.3)	8(8.2)	16(16.3)	22(22.4)	39(39.8)

(三)大学校长理想角色及理想角色表征

表2-39汇总了大学校长理想角色的选择排序。总排序中,大学校长自评的理想角色由高到低依次为教育家角色和管理者角色(100%)、领导者角色和协调者角色(89.5%)、筹资者角色(57.9%)、科学家角色(36.8%)、服务者角色(26.3%)、政府代言人角色和其他角色(0);相关利益者他评的顺序为教育家角色(99.0%)、管理者角色(85.7%)、领导者角色(84.7%)、服务者角色(70.4%)、协调者角色(62.2%)、筹资者角色(50.0%)、科学家角色(38.8%)、政府代言人角色(7.1%)、其他角色(2.0%)。二者的主要区别体现在大学校长对协调者角色、筹资者角色更为认同,而相关利益者认为服务者角色更加重要。选择排序中,自评和他评的选择差异不大,教育家角色(73.7%,73.5%)、领导者角色(42.1%,33.7%)、管理者角色(31.6%,31.6%)成为

表 2-39 大学校长理想角色选择统计比较

单位：人，%

理想角色	排序1 自评	排序1 他评	排序2 自评	排序2 他评	排序3 自评	排序3 他评	排序4 自评	排序4 他评	排序5 自评	排序5 他评	合计 自评	合计 他评
教育家（A）	14（73.7）	72（73.5）	3（15.8）	12（12.2）	1（10.5）	9（9.2）	1（5.3）	3（3.1）	0	1（1.0）	19（100）	97（99.0）
科学家（B）	2（10.5）	1（1.0）	2（10.5）	13（13.3）	2（10.5）	8（8.2）	1（5.3）	11（11.2）	0	5（5.1）	7（36.8）	38（38.8）
领导者（C）	2（10.5）	13（13.3）	8（42.1）	33（33.7）	3（15.8）	20（20.4）	2（10.5）	9（9.2）	2（10.5）	8（8.2）	17（89.5）	83（84.7）
管理者（D）	1（5.3）	4（4.0）	6（31.6）	19（19.4）	6（31.6）	31（31.6）	5（26.3）	24（24.5）	1（5.3）	6（6.1）	19（100）	84（85.7）
协调者（E）	0	2（2.0）	0	8（8.2）	4（21.0）	12（12.2）	8（42.1）	23（23.5）	5（26.3）	16（16.3）	17（89.5）	61（62.2）
服务者（F）	0	4（4.0）	0	10（10.2）	0	12（12.2）	0	13（13.3）	5（26.3）	30（30.6）	5（26.3）	69（70.4）
政府代言人（G）	0	0	0	0	0	0	0	3（3.1）	0	4（4.0）	0	7（7.1）
筹资者（H）	0	1（1.0）	0	2（2.0）	3（15.8）	6（6.2）	2（10.5）	12（12.2）	6（31.6）	28（28.6）	11（57.9）	49（50.0）
其他（I）	0	1（1.0）	0	1（1.0）	0	0	0	0	0	0	0	2（2.0）

84

双方前三的选择,在第四、第五的选择上略有差异,差异结果与总排序的结果显示相似,主要集中在协调者角色、服务者角色和筹资者角色的选择倾向上,自评选择的第四、第五分别是协调者角色(42.1%)和筹资者角色(31.6%),他评选择的第四、第五分别是管理者角色(24.5%)和服务者角色(30.6%)。

表2-40汇总了大学校长理想角色表征的选择排序。总排序中,大学校长自评的理想角色表征由高到低依次为规范(100%)、合作(94.7%)、创造(89.5%)、理性(84.2%)、安全(57.9%)、直觉(26.3%)、移情和独处(15.8%)、冒险(10.5%)、其他(5.3%);相关利益者他评的顺序为理性(99.0%)、创造(98.0%)、合作(94.9%)、规范(84.7%)、安全(51.0%)、直觉(28.6%)、移情(16.3%)、冒险(12.2%)、独处(8.2%)、其他(7.1%)。自评和他评的选择前五项均为规范、合作、创造、理性和安全,但大学校长最强调规范,而相关利益者更关注理性。相应的选择排序中,理性、创造、安全是双方的共同选择,分别位于选择排序的第一(63.2%,54.1%)、第二(47.4%,28.6%)和第五(31.6%,24.5%),第三和第四的选择排序有所区别,大学校长的自评选择为合作(36.8%)和规范(31.6%),相关利益者的他评选择为规范(33.7%)和合作(27.6%)。

(四)大学校长的角色危机与角色认同

表2-41针对大学校长关于角色危机和角色认同情况进行比较,我们选取"是"和"可能是"的选择情况进行分析。发现相关利益者对大学校长角色危机、角色认同出现的可能性判断(82.6%,88.8%)均高于大学校长自身(63.2%,78.9%)。

表2-42针对大学校长角色危机和角色认同来源的选择情况进行比较,超过半数的自评和他评均认为角色危机、角色认同的来源是大学内外部兼有,其次是大学外部,最后是大学内部。按程度区分,

表 2-40　大学校长理想角色表征选择统计比较

单位：人，%

理想角色表征	排序 1 自评	排序 1 他评	排序 2 自评	排序 2 他评	排序 3 自评	排序 3 他评	排序 4 自评	排序 4 他评	排序 5 自评	排序 5 他评	合计 自评	合计 他评
直觉（A）	0	0	0	1 (1.0)	0	8 (8.2)	2 (10.5)	8 (8.2)	3 (15.8)	11 (11.2)	5 (26.3)	28 (28.6)
移情（B）	0	1 (1.0)	0	1 (1.0)	0	1 (1.0)	0	4 (4.0)	3 (15.8)	9 (9.2)	3 (15.8)	16 (16.3)
冒险（C）	0	1 (1.0)	0	0	0	0	0	2 (2.0)	2 (10.5)	9 (9.2)	2 (10.5)	12 (12.2)
独处（D）	1 (5.3)	0	0	0	0	0	2 (10.5)	3 (3.1)	0	5 (5.1)	3 (15.8)	8 (8.2)
创造（E）	3 (15.8)	29 (29.6)	9 (47.4)	28 (28.6)	5 (26.3)	12 (12.2)	0	19 (19.4)	0	8 (8.2)	17 (89.5)	96 (98.0)
理性（F）	12 (63.2)	53 (54.1)	2 (10.5)	24 (24.5)	2 (10.5)	11 (11.2)	0	6 (6.1)	0	3 (3.1)	16 (84.2)	97 (99.0)
规范（G）	3 (15.8)	8 (8.2)	4 (21.0)	22 (22.4)	5 (26.3)	33 (33.7)	6 (31.6)	11 (11.2)	1 (5.3)	9 (9.2)	19 (100)	83 (84.7)
安全（H）	0	1 (1.0)	0	4 (4.0)	0	3 (3.1)	5 (26.3)	18 (18.4)	6 (31.6)	24 (24.5)	11 (57.9)	50 (51.0)
合作（I）	0	4 (4.0)	4 (21.0)	17 (17.3)	7 (36.8)	30 (30.6)	4 (21.1)	27 (27.6)	3 (15.8)	15 (15.3)	18 (94.7)	93 (94.9)
其他（J）	0	1 (1.0)	0	1 (1.0)	0	0	0	0	1 (5.3)	5 (5.1)	1 (5.3)	7 (7.1)

表 2-41　大学校长关于角色危机和角色认同的选择统计

单位：人，%

选择情况	大学校长是否会出现过角色危机					大学校长是否会体验过角色认同				
	是(A)	可能是(B)	不确定(C)	不太是(D)	不是(E)	是(A)	可能是(B)	不确定(C)	不太是(D)	不是(E)
大学校长	3(15.8)	9(47.4)	2(10.5)	4(21.1)	1(5.3)	7(36.8)	8(42.1)	1(5.3)	2(10.5)	1(5.3)
相关利益者	25(25.5)	56(57.1)	12(12.2)	2(2.0)	3(3.1)	54(55.1)	33(33.7)	8(8.2)	3(3.1)	0

表 2-42　大学校长关于角色危机和角色认同来源的选择统计

单位：人，%

选择情况	大学校长角色危机的来源				大学校长角色认同的来源			
	大学内部(A)	大学外部(B)	内外兼有(C)	不确定(D)	大学内部(A)	大学外部(B)	内外兼有(C)	不确定(D)
大学校长	2(10.5)	4(21.1)	13(68.4)	0	1(5.3)	4(21.1)	14(73.7)	0
相关利益者	5(5.1)	29(29.6)	58(59.2)	6(6.1)	5(5.1)	26(26.5)	64(65.3)	3(3.1)

大学校长对内外部兼有的认知更加明确，相关利益者对大学外部来源的选择略高于校长的选择。

表 2-43 比较了自评和他评中对大学校长角色认同的来源，双方首选均为人格魅力（68.4%，60.2%），在次选上呈现差别，大学校长倾向于来自情感的认同，而相关利益者表现出因为行政和学术而引发的认同。

表 2-43　大学校长角色认同维度的选择统计

单位：人，%

您对大学校长的认同更多来自	选择情况			
	行政权力（A）	学术地位（B）	人格魅力（C）	情感认同（D）
大学校长	1(5.3)	0	13(68.4)	5(26.3)
相关利益者	19(19.4)	16(16.3)	59(60.2)	4(4.1)

(五) 大学校长的角色冲突

表 2-44 和表 2-45 针对大学校长角色冲突及其来源进行比较。可以认为,大学校长对角色冲突程度评价更深(68.4%),角色冲突来源上自评和他评都倾向于大学(47.4%,40.8%),其次是社会(26.3%,35.7%),再其次是个人(21.1%,17.3%)。

表 2-44 大学校长角色冲突的选择统计

单位:人,%

大学校长担任行政职务与个人学术发展是否存在冲突	选择情况				
	是(A)	可能是(B)	不确定(C)	不太是(D)	不是(E)
大学校长	13(68.4)	4(21.1)	0	2(10.5)	0
相关利益者	43(43.9)	29(29.6)	9(9.2)	14(14.3)	3(3.1)

表 2-45 大学校长角色冲突来源的选择统计

单位:人,%

大学校长的角色冲突来源	选择情况			
	社会(A)	大学(B)	个人(C)	其他(D)
大学校长	5(26.3)	9(47.4)	4(21.1)	1(5.3)
相关利益者	35(35.7)	40(40.8)	17(17.3)	6(6.1)

(六) 大学校长的角色定位

表 2-46 和表 2-47 针对大学校长角色定位及对管理风格的影响进行比较。全部的大学校长和 94.9% 的相关利益者都认为大学校长应该定位于"关注未来,引起变化并谋求创新"。94.7% 的大学校长和 94.9% 的相关利益者认为校长的角色定位会对其管理风格产生影响。

表 2-46 大学校长角色定位的选择统计

单位：人，%

大学校长的角色定位	选择情况		
	A 关注现在，保持现状及稳定	B 关注未来，引起变化并谋求创新	C 不确定
大学校长	0	19（100）	0
相关利益者	3（3.1）	93（94.9）	2（2.0）

表 2-47 大学校长角色定位对管理风格影响的选择统计

单位：人，%

大学校长角色定位对其管理风格是否存在影响	选择情况				
	是（A）	可能是（B）	不确定（C）	不太是（D）	不是（E）
大学校长	11（57.9）	7（36.8）	0	1（5.3）	0
相关利益者	77（78.6）	16（16.3）	5（5.1）	0	0

（七）大学校长的角色支持

如表 2-48 所示，大学校长自身和相关利益者都认为大学校长角色发展理论对提升大学管理工作实效具有帮助，大学校长的认知选择（63.2%）要高于相关利益者的认知选择（58.2%）。

表 2-48 大学校长角色发展理论的支持评价统计

单位：人，%

角色发展理论对工作的帮助	选择情况				
	是（A）	可能是（B）	不确定（C）	不太是（D）	不是（E）
大学校长	12（63.2）	4（21.1）	3（15.8）	0	0
相关利益者	57（58.2）	28（28.6）	13（13.3）	0	0

表 2-49 中，双方就大学校长角色发展支持来源进行重要性评价，大学校长和相关利益者对"内在驱动力（如使命感和责任感）"（94.7%，95.9%）、"师生的认同和期待"（89.5%，69.4%）显示出较高的评价。但在第三、第四和第五的重要性评价中，双方呈现

差异：大学校长认为依次是"较长时间的任职经历和经验积累"（84.2%）、"校长职务的相关培训和支持计划"（63.2%）、"下属的认可和追随程度"（57.9%）；相关利益者认为依次是"校长职务的相关培训和支持计划"（66.3%）、"个人在学术与行政之间的平衡能力"（63.3%）、"较长时间的任职经历和经验积累"（52.0%），一定程度上可以反映身份差异而带来的自评与他评之间认知与期待的选择差距。

表2-49 大学校长角色发展支持来源的选择统计

单位：人，%

大学校长角色发展支持	大学校长	相关利益者
校长职务的相关培训和支持计划（A）	12（63.2）	65（66.3）
较长时间的任职经历和经验积累（B）	16（84.2）	51（52.0）
个人在学术与行政之间的平衡能力（C）	9（47.4）	62（63.3）
内在驱动力（如使命感和责任感）（D）	18（94.7）	94（95.9）
下属的认可和追随程度（E）	11（57.9）	29（29.6）
师生的认同和期待（F）	17（89.5）	68（69.4）
其他（G）	0	0

（八）大学校长重要治校行为

如表2-50所示，大学校长和相关利益者在大学校长关于重要治校行为选择的总体排序中，双方均认为激励人心是最重要的大学校长治校行为（94.7%，85.7%），之后大学校长自身认为"以身作则"更为重要（68.4%），但相关利益者认为"使众人行"比"以身作则"更加重要（68.4%，55.1%），同时他们对"共启愿景"也表现出较高的认同（58.2%）。仅从单一选项的重要性上进行比较，大学校长的选择是"以身作则"（57.9%）、"挑战现状"（63.1%）和"激励人心"（84.2%），相关利益者的选择是"以身作则"（51.0%）、"使众人行"（55.1%）和"激励人心"（81.6%）。

第二章 组织生命周期理论视阈下大学校长角色发展的状态调查

表 2-50 大学校长关于重要治校行为的选择统计

单位：人,%

大学校长的重要治校行为		以身作则（A）	共启愿景（B）	挑战现状（C）	使众人行（D）	激励人心（E）
大学校长	排序1	11（57.9）	7（36.8）	0	0	1（5.3）
	排序2	1（5.3）	4（21.1）	12（63.1）	1（5.3）	1（5.3）
	排序3	1（5.3）	0	0	2（10.5）	16（84.2）
	合计	13（68.4）	11（57.9）	12（63.1）	3（15.8）	18（94.7）
相关利益者	排序1	50（51.0）	38（38.8）	7（7.1）	1（1.0）	2（2.1）
	排序2	3（3.1）	18（18.4）	20（20.4）	54（55.1）	2（2.1）
	排序3	1（1.0）	1（1.0）	2（2.1）	12（12.2）	80（81.6）
	合计	54（55.1）	57（58.2）	29（29.6）	67（68.4）	84（85.7）

小　结

本章主要围绕"大学校长角色发展的关键事件访谈表"和"大学校长角色发展的相关利益者访谈表"的制定和实施过程以及调查结果，展开了较为细致的分析，分别从大学校长自评和相关利益者他评的角度完成了调查结果的统计，并对其中的相似问题进行了自评与他评的逐一比较。

"组织生命周期理论视阈下的大学校长角色发展关键事件调查表"包括32个题目，"组织生命周期理论视阈下的大学校长角色发展相关团体焦点访谈表"包括24个题目，两份问卷的相似问题共计16个，其中针对大学校长自评的调查问卷还包括1题关键事件的主观性描述。调查对象包括19位来自"双一流"大学（含学科）或设置有研究生院的大学的校长，98位包括全国不同地区（省区市）一流大学的师生及管理人员、学生家长、校友、教育研究专家、媒体及出版社等社会组织人员在内的相关利益者。上述调查时间为2019年3月至8月，主要依托于所在单位及硕博士生导师的引荐，同时参加国内相关领域学术会议及培训的平台也使调查得以延续。

自评和他评的比较结果显示，大学校长和相关利益者在大学校长的教育学背景、大学校长缺乏的权力、大学校长理想角色及表征、大学校长角色危机与角色认同、大学校长的角色冲突、大学校长的角色定位、大学校长的角色支持、大学校长重要的治校行为等方面，存在一定程度上的认知及评价差异。相较于大学校长自身，相关利益者对大学校长教育学背景的进修经历更加看重；在相关权力的选择中，大学校长更强调强制权力即惩罚或建议惩罚他人的权力，相关利益者更强调关系权力即个人特征、人格魅力等带来的影响力；双方都对教育家角色表现出青睐，但在其他角色如管理者角色、领导者角色、服务者角色、筹资者角色等的选择评价上，双方存在差异；在大学校长理想角色表征（如规范、合作、创造、理性、安全、直觉、移情、独处、冒险等）的排序中也存在差异；对大学校长角色可能存在的角色危机、角色认同、角色冲突等，双方均持肯定观点，在角色变化的来源选择上也基本一致，但关于大学校长角色认同的评价来源上，行政权力或学术地位，人格魅力或情感认同，双方看法存在差异；角色理论对大学校长治校和管理的作用获得了双方的高度肯定，但双方也在大学校长角色支持来源上存在一些不同的看法，如大学校长更在意下属的认可和追随程度，相关利益者则更注重大学校长个人在学术与行政之间的平衡能力，一定程度上可以反映身份差异而带来的自评与他评之间认知与期待的选择差距。

当然，如前所述，本章主要还是基于数据统计结果的处理和呈现，将在结合第三章大学校长角色认知比较的阐释之后，更加系统深入地分析组织生命周期理论视阈下大学校长角色发展中存在的主要问题和影响因素。

第三章 组织生命周期理论视阈下大学校长角色的认知比较

——基于校长训词和访谈的文本分析

第二章主要在组织生命周期理论视阈下,对大学校长角色发展状态进行了调查结果的呈现,虽然其中也有若干位大学校长的关键事件描述记录,但局限于调查访谈时间,这些记录只是针对他们治校中的某个印象深刻的事件的回忆总结,所以,研究仍然缺乏基于质性方法及相应内容的补充。因此,本章以古今中外在教育学界深受褒扬的,或是获得社会广泛赞誉的著名大学校长训词为主,以大学校长公开接受访谈的记录为辅,对这些文本进行组织生命周期理论视阈下的大学校长角色的认知研究,以期对上述客观数据形成有效的补充。

本章节所参考的主要资料来自以"大学校长治校"为主题的学术论文、网络可查的大学校长训词及访谈资料,主要参考的书籍包括杨叔子主编的《中国著名大学校长开学训词》、马国川著的《大学名校长访谈录》、蓝劲松主译的《一流大学 卓越校长:麻省理工学院与研究型大学的作用》等。

一 民国时期著名大学校长训词的案例分析

本节主要选取民国时期的著名大学校长,以聚集其教育理念的校长训词作为案例,结合其校长角色认知,进行文本分析。主要涉及北京大学校长蔡元培、蒋梦麟和胡适,清华大学校长梅贻琦,南开大学校长张伯苓,中央大学校长罗家伦,浙江大学校长竺可桢。

(一) 北京大学校长蔡元培、蒋梦麟、胡适

蔡元培、蒋梦麟、胡适三位先生自1916年至1948年,接连出任国立北京大学校长之职,其中蔡元培先生担任校长一职11年(1916年12月至1927年8月)、蒋梦麟先生担任校长一职15年(1930年12月至1945年9月)、胡适先生担任校长一职3年(1945年9月至1948年12月)。

蔡元培校长任职期间,关于大学的使命、大学生的责任有诸多著述,这里仅从大学校长角色发展的视角,去分析蔡校长训词中体现出的校长角色自觉。

从角色认知来看,蔡元培先生无疑是用教育家而非行政官员的身份来要求自己的。并且,由于蔡校长掌校的时间处于民国前半段时期,相较于后来的抗战时期,1931年之前的民国时势相对稳定,因而北大作为当时国内屈指可数的综合性大学,其发展的目标无疑是宏大的,蔡校长的治校理想也无疑是理想的。我们从载于《北京大学日刊》第443号的《北大第二十三年开学式演说词》中可以找到印证:

> 我希望本校以诸教授为各种办事机关的中心点,不要因校长一人的去留使学校大受影响……以上各种设施,都是为了便于学生研究学问起见;但学生一年以来,不但有研究学术的兴趣,兼具有服务社会的热诚,这也是可喜的事。须知服务社会的能力,仍是以学问作基础,仍不能不归宿于切实用功。还有一层,望大家励行自治……去年以来,尊重人格的观念,固然较从前为发达,然试各自检点,果能毫无愧怍么?以后望注意"自治"二字,人人能管理自己,同学能互相管理,不要如从前样子,定要学监、舍监来管才好……今日我所报告的与希望的,

不过如此。不日我就要到法国去,我本来预备七月就去,后来因为有事,改在十月。本校的新组织既然完全成立,我暂时离校,没有什么不放心。关于校务,拟暂请蒋梦麟先生代理。今天就乘此机会,与诸君作别。

——蔡元培:《北大第二十三年开学式演说词》,
载《北京大学日刊》第443号

通过上述节选内容,我们可以认为,蔡校长将自己之于大学的角色态度是:制度比校长更加重要。他将为北大搭建起全面的组织和结构,视为自己作为大学校长的关键使命。也许这是北京大学的初创和初步发展时期,但蔡元培校长不仅经历了他个人任职的前奏期,也过渡到了校长任职的蜜月期和成熟期。他既有理想化的角色期待,也有基于大学客观时势的角色领悟和角色实践。

在蔡校长眼里,大学的使命和大学生的责任,都是"为学问而学问"[1]。在《北大一九一八年开学式演说词》中,他指出"大学为纯粹研究学问之机关,不可视为养成资格之所,亦不可视为贩卖知识之所。学者当有研究学问之兴趣,犹当养成学问家之人格"[2]。在《北大第二十二年开学式演说词》中,他强调:"诸君须知,大学并不是贩卖毕业的机关,也不是灌输固定知识的机关,而是研究学理的机关。所以,大学的学生并不是熬资格,也不是硬记教员讲义,是在教员指导之下自动地研究学问的。要达到上文所说的目的,所以延聘教员,不但是求有学问的,还要求于学问上很有研究的兴趣,并能引起学生的研究兴趣的。……但凡研究学理的结果,必要影响于人生。倘没有养成博爱人类的心情,服务社会的习惯,不但印证的材料不完全,就是研究的结果也是虚无。"[3] 通过这两篇文字可以

---

[1] 杨叔子主编《中国著名大学校长开学训词》,华中科技大学出版社,2014。
[2] 蔡元培:《蔡孑民先生言行录》,山东人民出版社,2005。
[3] 蔡元培:《蔡孑民先生言行录》,山东人民出版社,2005。

看出，蔡元培校长任职时期的北大，对学生毕业的要求是养成追求学问的人格，教师聘用在教学上的要求是不仅自己有学问，还要能引导学生扎根学问。

在学生如何能养成追求学问的人格问题上，德育和智育向来为重。在北大，蔡校长倡导体育、美育与德育、智育的融合，认为这是塑造学生健全人格的必修功课。在《北京大学日刊》第1078号《北大一九二二年始业式演说词》中，他要求"近年来大家对体育部都很注意。不过由于学生自组的体育会，成绩还不很昭著。从今年上半年起，渐改由学生组织。现分为学生军与体操两部。……无论哪系学生，此两部中必须认定一部，作为必修的功课；均需用心练习，不能敷衍了事。科学的研究，固是本校的宗旨；而美术的陶养，也是不可少的。本校原有书法、画法、音乐等研究会，但因过于放任，成绩还不很好。今年改由学校组织，分作两部"。《中央日报》"艺术运动"副刊第9号《一九二八年蔡元培在西湖国立艺术院开学式上的演说词》中，他借大学院的创办，指出美育的重要性："大学院看艺术与科学一样重要。艺术能养成人有一种美的精神，纯洁的人格。……学校为纯粹的学术机关，神圣之地，一个学生没有也不要紧；教职员能创作，一样可以办下去。不要以为学生少了，就不成学校，这一点大家不要误会了。艺术院的教职员诸先生，要大家一致的努力创作，不要看见发生了一点小事，就怕起来。"可以发现，蔡元培校长之于体育和美育的解释，是透过时值大学生人格发展而直达大学对于国家应有的意义，他甚至借西湖国立艺术院（中国美术学院前身）的开学典礼，道出了学生闹学潮之表象、大学学术之恒久的道理。

总结而论，坚守学术是蔡元培先生执掌北大时期其校长角色的支点。他的角色定位是教育家，他的角色认知是以制度保证大学的学术发展，他的角色冲突或者危机，抑或是认同均来自大学如何在国家之落后、学潮之频起中树立国之命运之根基。从这个意义上讲，

第三章　组织生命周期理论视阈下大学校长角色的认知比较

蔡元培校长的治校行为既有以身作则，更有以挑战现状和激励人心的方式使众人行，并为北大和全国师生共启了愿景。校长的权力在他这里，不拘泥于职务所带来的行政权力，也充斥着丰富的因人格魅力而触发的关系权力，归根结底是他的内在驱动力赢得了下属的认可和追随、师生的认同和期待。

在蔡元培担任北大校长时，蒋梦麟曾作为助手辅佐他多年，也曾受蔡元培委托担任北京大学代理校长。在西南联大八年期间，蒋梦麟任北京大学校长、西南联大常务委员会委员。论执掌北大的时间，他比蔡校长更长，但一方面由于前任校长蔡元培在中国高等教育发展中的声望和地位，另一方面因为蒋校长治校时的著名理念"教授治学，校长治校"而遭到时人的非议，以至于在西南联大期间他的"不问就是问"的联合主张，导致较长的一段时期以来，教育界对蒋梦麟先生担任北大校长的功绩评价不一。可站在当代的视角去看待蒋梦麟校长曾经于北大肃清余弊、教政分离之举，建立高效的大学行政管理体制之意，我们就难以忽略他在继蔡元培之后的治校魄力和能力。载于《北京大学日刊》第694号（1920年9月16日）的《北京大学开学演说词（九年九月十一日）》中，蒋梦麟校长用极大的篇幅阐述了个人发展与社会发展的应有关系：

> 我近来学生认识的不少，据各方面的闻见，觉得最可惜的就是学生会总没有好好的组织；开会时秩序亦不甚整齐。我们时常说国会省会如何捣乱，其实像这样子，叫学生去办国会省会，又何尝不会捣乱呢！所以开会时必须注重议会法才好……本校的特色，即在人人都抱有个性主义。我常说，东西文明的不同，即在个性主义。比如希腊的文化，即以个性为基础，再加以社会的发达，方能造成今日的西方文明。孔子虽然也讲个人，但是相对的而非绝对的，讲起个人总是联说到家族和社会上去。所以，真正的个人主义，就是以个人为中心，以谋社会

的发达，并不是自私自利。西方近代文明之所以如此发达，就因个人与社会同时并重……我觉得北大这么大的一个学校，研究学问，注重品行件件都有，就是缺少团体的生活。所以我希望大家，一方面各谋个人的发达，一方面也需兼谋团体的发达，从前严厉办学的时代是"治而不自"，现在又成了杜威先生所说的"自而不治"，这都不好，我们要"治"同"自"，双方并重才好。因为办学校用法律，绝计不行的，只可以用感情化导，使得大家互以良好情感相联络。这是我最后的希望。

——蒋梦麟：《北京大学开学演说词（九年九月十一日）》，载《北京大学日刊》第 694 号

在这篇演说中，他强调北大缺乏团体的生活，因此不仅肯定了学生自治的理念，更指出了当前北大学生自治实施和运行的种种问题，而问题的根源就在于大家对"治"和"自"的关系的认识和处理都不并重。蒋校长提出的"教授治学，学生求学，职员治事，校长治校"，实际就是他所期待的北大的"团体的生活"，北大如同一个小社会，各方面在学校里相互并重。因此，大学的"治"是从制度层面支持大学的行政运行，大学的"自"才是团体生成的内生动力，"要'治'同'自'"就是要用外部制度规约促进内在学术团体生发。

他向蔡元培校长建议，要在北大办一个校长与学生间的"星期茶话会"。每星期在校教职员工会上，预备一点茶点，约定二三十位同学，同校长随便谈谈，以期改善师生及校长除课堂见面外再无个人接触的情况。他与胡适先生讨论学生眼里的新文化运动，于是蒋校长不断勉励和规劝北大学生立志定向，切实读书，并在新生开学典礼演说中多次阐述何谓文化。他举例说明："物理化学等等物质上的文化也应该同文字方面的文化并重。比方现在饥民这样的多，因为交通等等的关系，赈济就这样的困难；有时传染病发生，也往往弄得手忙脚乱，死伤无算。这都是物质文化不发达的弊病。我们不

第三章 组织生命周期理论视阈下大学校长角色的认知比较

可不注意。"①

胡适在 1946 年的北大开学典礼的讲话中,回溯了北大从开创到革新、从过渡到中兴直至抗战时期的发展历程。他肯定了蒋梦麟作为蔡元培校长助手时所做的卓越贡献:"我们前任校长蒋梦麟先生是蔡元培先生的得意学生,以教育家的资格来长北大,蔡先生大遭政府和军人的猜忌,常以蒋先生的帮助,渡过很大的难关。"② 蒋梦麟辞去教育部长来任北大校长。他对胡适说:"适之你做请新人的好事吧!去旧的恶事让我去做,你做院长,新人由你去聘。"③ 谈及当时西南联大的"一联即合"和"一联到底",蒋梦麟校长说:"合作是不容易的,要办只有北大老大哥让清华南开去出风头……凡是可以出风头的地方,都是让他们去的,这种合作精神是很值得崇敬的。"④

所以,蒋梦麟先生的治校理念和实践,实非真正意义上的校长独裁,如果将蔡元培校长治校的实践归于"群治"(兼容并包),那么蒋校长的理念可能可以形容为"体治"(大学制度)。蒋梦麟校长无疑有着自己清晰的角色认知和理想,在遭到北大教授们非议和抵制时或许也有过思索和体察,但我们以从后思索的态度来看,他有着明确的大学校长角色定位,他的角色发展与治校行为相伴随,他有着强大的办学使命感和责任感,这些支撑着他即便在师生对他产生不满时也选择努力前行。并且如他在上文中所述,他更希望在大学治理中运用关系权力,希望师生对大学管理的认同更多来自团体

---

① 蒋梦麟:《北京大学开学演说词(九年九月十一日)》,《北京大学日刊》第 694 号,1920 年 9 月 16 日。
② 胡适:《在北平的北京大学开学典礼上的讲话》,原在杭州《浙江日报》1946 年 11 月 1 日、2 日、3 日连载。
③ 胡适:《在北平的北京大学开学典礼上的讲话》,原在杭州《浙江日报》1946 年 11 月 1 日、2 日、3 日连载。
④ 胡适:《在北平的北京大学开学典礼上的讲话》,原在杭州《浙江日报》1946 年 11 月 1 日、2 日、3 日连载。

何以言治

文化和感情,而非法律和行政。

胡适于1946年7月出任北京大学校长,除了北京大学校长,他另外一个为世人熟知的身份便是新文化运动的领袖了。胡适曾经在《一九二零年胡适在北京大学开学典礼上的讲演》中结合他的领袖身份论述了他认同的文化以及北大应该承担的责任。他引用《学艺杂志》中一篇题为《对于学术界的新要求》的文章,这篇文章中提及当时大学里有400多个教职员,3000多个学生,共同办一个《北京大学月刊》,两年之久,只出了5本,陈启修任月刊编辑时竟然收不到稿子,逼得他自己写了好几篇,方才敷衍过去。后来考虑著书的人没有,翻译书的人总有,于是又弄了一个《世界丛书》,不想5个月的经验结果,各处寄来的稿子虽有100多种,至今却只有一种真值得出版。于是胡适质问:

> 像这样学术界大破产的现象,还有什么颜面讲文化运动……我们北大这几年来,总算是挂着"新思潮之先驱"、"新文化的中心"的招牌,但是我刚才说过,我们自己在智识学问这方面贫穷到这个地位,我们背着这块金字招牌,惭愧不惭愧,惭愧不惭愧!所以我希望北大的同人,教职员和学生,以后都从现在这种浅薄的"传播"事业,回到一种"提高"的研究工夫……我们若能这样做去,十年二十年以后,也许勉强有资格可以当真做一点"新文化运动"了……我把以上的话总括起来说:若有人骂北大不活动,不要管他;若有人骂北大不热心,不要管他。但是若有人说北大的程度不高,学生的学问不好,学风不好,那才是真正的耻辱!我希望诸君要洗刷了它。我不希望北大来做那浅薄的"普及"运动,我希望北大的同人一齐用全力向"提高"这方面做功夫。要创造文化、学术及思想,惟有真提高才能真普及。
>
> ——胡适:《一九二零年胡适在北京大学开学典礼上的讲演》,载《晨报副镌》(1920年9月23日)

第三章　组织生命周期理论视阈下大学校长角色的认知比较

可以发现，胡适在任北大校长职务之前，就因在新文化运动中的身份地位及其对大学责任的追问，在北大师生中具有较强的影响力。他对文化普及和提高关系的论述、对北大在国家发展中的使命，做出了符合校长角色认知、角色领悟、角色实践的阐释，尤其是关于大学文化之于国家的使命感和责任感，成为他担任北大校长后治校的重要着眼点。

1946年，胡适在北大复学北平的开学演讲中，表达了对北大师生的期待：

> 一、提倡学术研究：望先生携学生多做研究，做独立的创见，做 In-dependent 0rinal Research。希望各位先生对此精神作高深的学术研究。二、对于学生希培养成能够充分地利用工具，能够独立的研究、独立的思想。这一方面是研究学问，另一面是做人。外面贴着欢迎我的标语，这"自由思想，自由学术"，为什么不说"独立思想"呢？我用"独立"，因为独立和"自由思想，自由研究"不同。北大向来的传统是如此，思想当然自由，学术也当然自由，不用再说，而独立精神倒是值得一提的……我再说学校只承认各人是学生，不分宗教政治的信仰，绝不因学生思想宗教而遭歧视，但同时希望个个学生教授把学校当作学校……求知做人和训练做事的机关，不要使得学校惭愧……在我的确希望对政治问题和其他一切问题上永远保持学生的态度。我送诸君八个字，这是与朱子同时的哲学家文学家，作《东莱博议》的吕祖谦先生说的"善未易明，理未易察"。我以老大哥的资格把这八个大字，送给诸位。
>
> ——胡适：《在北京大学1946年复员后10月10日在北平的开学典礼上的讲话》，载杭州《浙江日报》1946年11月1日、2日、3日连载

从任职北大到执掌北大，胡适校长始终将文化置于北大师生进

步的根本,保持谦逊、尊重学术,如"善未易明,理未易察"般要求自己,也寄希望于北大的将来。

(二) 清华大学校长梅贻琦

梅贻琦,1931~1948 年任国立清华大学校长。他对清华的影响是巨大的,以至于被清华学人褒称为"终身校长"和"两岸校长"。他对高等教育的见解可见于他多篇演讲词和多部著述中,其中极为著名的《大学一解》,是他在主持西南联大常务工作期间熬了一夜写出的要点,后由清华大学教务长潘光旦先生代拟文稿,于 1941 年 4 月发表于《清华大学学报》第 1 期。世人皆因此文学习梅贻琦先生在清华大学树立的通才教育思想,但其实这篇文章也极其鲜明地表达了梅贻琦先生作为清华大学校长的角色认知。

文章首先论述了"明明德",将之与当下学生学习方面的体认未尽与实践不力联系起来进行细致说明,之后以"新民"为主题,阐述了他对于大学服务功能的理解。梅贻琦校长认为:"大学所起的'新民'作用,有两点。一为大学生为新民工作做的准备;二为大学校对社会秩序与民族文化所能建树的风气。于此二端,今天的大学教育体认亦有未尽,而实践亦有不力也。"尤其是大学应有的新民的作用,并非要等到大学生毕业后有了事业才能体现。他认为,大学服务社会一曰表率,二曰倡导。在表率方面,他建议在孕育涵养新文化因素上下功夫磨炼,悉意探求。

> 一地之有一大学,犹一校之有教师也,学生以教师为表率,地方则以学府为表率,古人谓一乡有一善士,则一乡化之,况学府者应为四方善士之一大总汇乎?设一校之师生率为文质彬彬之人,其出而与社会周旋也,路之人亦得指而目之曰,是某校教师也,是某校生徒也,而其所由指认之事物为语默进退之间所自然流露之一种风度,则始而为学校环境以内少数人之所

第三章 组织生命周期理论视阈下大学校长角色的认知比较

独有者,终将为一地方所共有,而成为一种风气;教化云者,教在学校环境以内,而化则达于学校环境以外,然则学校新民之效,固不待学生出校而始见也明矣。

——梅贻琦:《大学一解》,载《清华大学学报》
第 13 卷第 1 期,1941 年 4 月

继而,梅贻琦校长又援引历史上大学成为国家文化中心的史实,说明大学在平时主要是起表率作用,而到了非常时期则需要起倡导作用,来论述当下中国的大学应该具有服务社会的意识。

大学八目,明德之一部分至身修而止,学府之机构,自身亦正复有其新民之功用,就其所在地言之,大学严然为一方教化之重镇,而就其声教所暨者言之,则充其极可以为国家文化之中心,可以为国际思潮交流与朝宗之汇点(近人有译英文 Focus 一字为汇点者,兹从之)。即就西洋大学发展之初期而论,十四世纪末年与十五世纪初年欧洲中古文化史有三大运动焉,而此三大运动者均自大学发之。一为东西两教皇之争,其终于平息而教权复归于一者,法之巴黎大学领导之功也;二为魏克文夫(Wyclif)之宗教思想革新运动,孕育而拥护之者英之牛津大学也;三为郝斯(John Hus)之宗教改革运动,郝氏与惠氏之运动均为十六世纪初年马丁·路得宗教改革之先声,而孕育与拥护之者,布希米亚(战前为捷克地)之蒲拉赫(Prague)大学也。大学机构自身正复有其新民之效,此殆最为彰明较著之若干例证。

——梅贻琦:《大学一解》,载《清华大学学报》
第 13 卷第 1 期,1941 年 4 月

在此基础上,梅校长结合"新民"即新文化的孕育来谈学术自由。他认为自由主义(Liberalism),与放荡主义(Libertinism)不

103

同，与个人主义或乐利的个人主义也截然不同。从新民的角度去谈知情志的教育，而不是个体的约束，就会比较困难。这种时候，如果学者和教师有一些超越时宜的"思"或者"言"，有可能生发出进步的机缘，恰恰可能成为新文化的孕育之处。

> 所谓无所不思，无所不言，以今语释义，即学术自由（Academic Freedom）而已矣。今人颇有以自由主义为诟病者，是未察自由主义之真谛者也。夫自由主义（Liberalism）与荡放主义（Libertinism）不同，自由主义与个人主义，或乐利的个人主义，亦截然不为一事。假自由之名，而行荡放之实者，斯病矣。大学致力于知、情、志之陶冶者也，以言知，则有博约之原则在，以言情，则有裁节之原则在，以言志，则有持养之原则在，秉此三者而求其所谓"无所不思，无所不言"，则荡放之弊又安从而乘之？此犹仅就学者一身内在之制裁而言之耳，若自新民之需要言之，则学术自由之重要，更有不言而自明者在。新民之大业，非旦夕可期也，既非旦夕可期，则与此种事业最有关系之大学教育。与从事于此种教育之人，其所以自处之地位，势不能不超越几分现实，其注意之所集中，势不能为一时一地之所限止，其所期望之成就，势不能为若干可以计日而待之近功。职是之故，其"无所不思"之中，必有一部分为不合时宜之思，其"无所不言"之中，亦必有一部分为不合时宜之言；亦正惟其所思所言，不尽合时宜，乃或不合于将来，而新文化之因素胥于是生，进步之机缘，胥于是启，而新民之大业，亦胥于是奠其基矣。
>
> ——梅贻琦：《大学一解》，载《清华大学学报》第 13 卷第 1 期，1941 年 4 月

虽然上述论述始于梅贻琦校长对大学通才教育的解释，但文字间显示出清晰的校长情怀。他愿意在新民的基础上推崇学术的自由，

他以大学责任的分类来定位清华大学的发展，他还以个人厚德载物的风格成就校长之于大学的引领。梅贻琦校长不论是外部的人格魅力、情感认同，还是如使命感、责任感的内在驱动力，又或者是他以身作则、共启愿景、使众人行、激励人心的角色实践和定位，都能反映其卓越的校长角色认知。

（三）南开大学校长张伯苓

张伯苓，1919~1948年任天津南开大学校长，是南开大学的创办者，也是西方戏剧和奥运会的最早倡导者，他所建的南开系列学校成为中国近代教育发展中一个重要的成功范例，南开学校培养了如周恩来等在内的大批人才。张伯苓曾任南京国民政府考试院院长，重庆解放前夕，婉拒蒋介石的赴台要求而留守大陆。在南开，张伯苓校长尤其推崇美育和体育。他以戏剧教育、音乐教育、环境教育、爱国教育践行美育；他最早参与了"远东奥林匹克运动"，最早提出把奥林匹克教育列入学校课程，最早发起创建中华全国体育协进会，最早促成中国运动员正式参与奥运会比赛项目，他还最早参与发起中国举办奥运会的运动。张伯苓校长也是南开公能精神的奠定者，他在《一九三四年张伯苓在南开大学开学典礼上的讲话》中，明确阐释了"公能"的意义：

> 我只是说，如果公，如果诚，事就能成功。我的成就太小太小，你们的成就一定会比我的大得多。成就的要诀，我告诉你，先把你自己打倒……受了刺激，不要嚷，咬牙，放在心里，干！南开的目的是对的，公与诚是有力的，干！近来全国渐觉以往的浮气无用，渐要在实地下功夫，要硬干，要苦干。我们的道理，可以说是应时了。我看见国人这样的觉悟，我就死了也喜欢……我们国难日深，然而还有机会，还有希望，就怕自己不发良心，不努力。我快六十岁了，我还干，一直到死，就

决不留一点力气在我死的时候后悔,"哎哟,我还有一点气力未用",我希望你们人人如此,中国人人如此……孙中山先生的遗嘱,说"余致力国民革命,其目的在求中国之自由平等",是要中国自由,现在中国动都动不得,你还讲什么个人自由?求团体的自由!不要个人的自由!从今日起,你说"我要这样",不行,一个学校如此说,也不行,要求整个国家的自由,个人未有自由,小团体未有自由。我们从外国又学来一种毛病——批评,人家的社会已入轨道,怕他硬化,所以要时常批评。我们全国的建设什么都未有,要什么批评?要批评,等作出些事来了再批评,要批评,先批评自己,最要紧的批评是批评自己。

——张伯苓:《南开的目的与南开的精神》,
1934 年 9 月 17 日

作为一校之长,张伯苓一生办学,在饱经沧桑之中逐渐看清中国的前途,在国家命运转折的关键时刻,体现出一位教育家的高风亮节。周恩来总理对他的评价是"进步的一生"。张伯苓将南开精神归纳于"干""硬干""苦干",将当下国家自由的追求置于团体自由、个人自由之上。张校长在临终遗嘱中,回顾了自己创办南开系列学校的初衷,也肯定了所致力的科学教育、健康教育、爱国教育而力有未逮者均在人民政府之下一一见诸实施,并畅想新中国无限光明远景,将含笑于九泉以待之。

(四)中央大学校长罗家伦

罗家伦先生曾任国立清华大学、中央政治学校和国立中央大学校长。出任清华大学校长期间,他曾广受学生欢迎,却因所谓的"专断"而使学生发起了"驱罗运动"。之后,他临危受命,执掌中央大学,使中大在国难深重之际得到充实、发展而臻于鼎盛。罗家伦先生一生著述颇丰，至今盛传的包括《文化教育与青年》（1943）、《逝者如斯集》（2015）等，其中《学术独立与新清华》（1928）、《中央大学之使命》（1932）、《炸弹下长大的中央大学》（1941）等是其治校思想的杰出篇章。

《学术独立与新清华》一文是罗家伦校长在"民国十七年九月国立清华大学校长就职典礼时演讲"的内容，但目前市面上流传的版本是为后来出书重新编写的，实际是对1929年6月后国立清华大学实际情况的追记。罗家伦曾经是"五四"时期北大的学生领袖，加之当时北京的学生对南京新政府也抱有期望，故而对罗家伦将要任职清华大学表示欢迎。1928年9月18日，罗家伦在清华大学宣誓就职并发表就职演讲，提出"学术独立"，要求"中国的学术在国际间也有独立自由平等的地位"，宣布清华大学的办理方针为：廉洁化、学术化、平民化、纪律化。后来有人将之总结为"四大化"。演讲中的观点，如"有学问的人，要有'振衣千仞岗，濯足万里流'的心胸；要有'珠藏川自媚，玉蕴山含辉'的仪容，处人接物，才能受人尊敬"。"我希望学生不在运动场就在实验室和图书馆。我只希望学生除晚上睡觉外不在宿舍。"这些都能反映出他30岁年纪执掌清华大学的勇气和魄力，尤其是他办大学的志向。

执掌中央大学是罗家伦校长治校理念和实践的集大成阶段。《中央大学之使命》是罗家伦出任中大校长时发表的演说，这既是他出任中大校长的理想表达，也是对国立大学之于国家危亡的责任认知。他开篇就直指大学的使命："办理大学，不仅是办理大学普通的行政事务而已，一定要把一个大学的使命认清，从而创造一种新的精神，养成一种新的风气，以达到一个大学对于民族的使命。"接着阐述中央大学作为设在首都的国立大学，应该承担的特殊使命是："为中国建立有机体的民族文化。我认为个人的去留的其间虽有长短，但是这种使命应当是中央大学永久的负担。"回归到现实，罗家伦校长援引德意志民族的统一与民族精神的关系，分析为什么要把"历史上种种不幸事实所造成的所有差异一扫而空,从此开始新的努力",因为"柏林大学却代表当时德意志民族的灵魂,使全德意志民族在柏林大学所创造的一个民族文化之下潜移默化而形成一个有机体的整个的组织。一个民族如果没有这种有机体的民族文化,决不能确立一个中心而凝结起来;所以我特别提出创造有机体的民族文化为本大学的使命,而热烈诚恳地希望大家为民族生存前途而努力!"罗校长认为,"中国办学校已若干年,结果因配置失宜,以致散漫杂乱,尤其是因为没有一个共同民族意识从中主宰,以致种种努力各不相谋,结果不仅不能收合作协进之功效,反至彼此相消,一无所成。……今后我们要使中国成为有组织的国家,便要赶快创立起有组织的民族文化,就是有机体的民族文化"。

从上述演讲的逻辑,我们可以尝试总结,罗家伦校长将教育视为改变国之命运的关键,这也是他对执掌大学的责任认知;其中国立大学或者说首都大学的责任就愈加特殊,特殊在中央大学应定位在"为中国建立有机体的民族文化",这也是他执掌中大的理想所在;那么为什么强调有机体的文化,是因为他反思到当下的中国各种力量并未"具有复兴中华民族的共同意识",且"各部分文化的努力在这个共同的意识之下,成为互相协调的";所以他将改变这一局面的落脚点放在了中央大学的学风建设上,中央大学的校训"诚朴雄伟"便由此发端。

所谓诚,即谓对学问要有诚意……现在一般研究学术的,都很少诚于学问……试问学术界习气如此,文化焉得而不堕落。做事有此习气,事业焉得而不败坏,所以我们以后对于学问事业应当一本诚心去做,至于人与人间之应当以诚相见,那更用不着说了。其次讲到朴。朴就是质朴和朴实的意思……我们以后要体念"几何中无王者之路",这句话复须知一切学问之中皆无"王者之路",崇实而用笨功,才能树立起朴厚的学术气象。第三讲到雄。今日中国民族的柔弱萎靡,非以雄字不能挽救。雄就是"大雄无畏"的确。但是雄厚的气魄,非经相当时间的培养蕴蓄不能形成……男子要有丈夫气,女子要无病态。不作雄健的民族,便是衰亡的民族。第四讲到伟。说到伟便有伟大崇高的意思。今日中国人作事,缺乏一种伟大的意境,喜欢习于小巧……到现在民族危亡的时候,大家岂可不放开眼光,看到整个民族文化的命运,而还是故步自封怡然自满?我们只要看到整个民族存亡之前途,一切狭小之见都可消灭,我们切不可偏狭纤巧,凡事总从伟大的方向做去民族方有成功。

——罗家伦:《中央大学之使命(1932)》,载《中国近代思想家文库·罗家伦卷》,中国人民大学出版社,2015

由此可见,他将"诚朴雄伟"作为勉励自己、勉励中大师生的"念头",将之形成一种"内心的推动力",推动"不断地创造有机体的民族文化,以完成复兴中国民族的伟大事业"。中央大学担负复兴民族的参谋本部的责任,是中央大学在抗战时期的伟大使命,是罗家伦校长"热烈而诚恳的希望","诚朴雄伟"四字也纳入南京大学的校训。

在1941年(民国三十年)的《炸弹下长大的中央大学》一文中,罗家伦结合中大西迁、重庆办学4年的学生、教师、课程、研究、服务,尤其是中央大学的使命,描述了中央大学在炸弹下长大的艰辛历程。

说到学生人数,在南京最后一学年不过一千零七十二人。到今年则大学和研究院部份共计三千一百五十三人(随时略有增减),较南京时约加三倍。……本年大学本科毕业约四百人,所招新生,当然视合格成绩而定人数,但无论如何,必较毕业生人数为多。若是多一倍,则总人数一定是四千多人了。至于所开课程，在南京最后一学年全年共为五百二十四种，本学年则上学期为七百三十七种，下学期为八百二十九种。……至于每周各班上课时数的总和，则本学年每周讲授时间上学期为二〇〇二小时，下学期为一九八〇小时，实验钟点上学期为一四八一小时，下学期为一五五二小时。至于实验时数，绝对不止此数，可以增到一倍，……因为学生人数的增加，院系的增加，课程的增加，所以教员人数，不能不比在南京时要增加。现在计教授副教授一八三人，讲师三九人，助教一七九人。

——罗家伦：《炸弹下长大的中央大学》，载《文化教育与青年》，商务印书馆，1947

罗家伦校长按照"安定、充实、发展"的六字方针维护着国立中央大学自南京至重庆的办学之路。"玫瑰色甜梦"般的首都大学蓝图虽被摧毁，却在重庆形成了独特的"沙坪学灯"，这何尝不是中大学子对学校、对校长的文化认同；筹谋迁校之举获得王酉亭等校工"动物西迁"般千里追随，这何尝不是中大同人对学校、对校长的情感认同。

在劝勉中大学子回归学习的做法上，罗家伦用极为形象的语言抒发了他的见解：

当我们初来的时候，学生受外间不成熟舆论的影响，常有要求改变课程，受所谓战时教育的声浪。那时候他们心中以为有一种短期速成的教育，像"万应灵丹"一样，一吞下去就可以抗日的。我很恳切的告诉他们，说是教育，尤其是近代科学教育里面，决无"王者之路"（捷径），何况大家不是王者。学问是谨严的，是有步骤的。一种学问学好了，平时可用，战时也可用。到那境界，只看你们能不能"一隅三反"。战时教育，只须把平时教育加紧，更须加重军事体育的训练加强国家民族的意识，就可以了。当时他们表示接受，但是我知道他们心里还是不免有点怀疑的。到后来看见一班一班的毕业生出了校门，都有积极的工作，而且供不应求。再到后来他们被征调去工作的时候，知道在学校里学好的，出去可以用；没有学好的，出去了有机会也不能用。于是恍然大悟。我们在重庆四年了。这四年的日子，不是好过的。我们的学校穷，同人也穷，但是国家在抗战的时候，谁说穷是不应该的？我们只能以大义相劝勉，以感情相维系。四年以内，我们不知道历尽了几多困难。我们只有一点可以勉强告慰于国人的，就是在这四年之中，中央大学没有停顿，而且照常进行，还有一点小小的发展。

——罗家伦：《炸弹下长大的中央大学》，载《文化教育与青年》，商务印书馆，1947

至今我们看这段文字，都会被其精辟的表述和深刻的内涵所折服。他关于"万应灵丹"和"王者之路"的比喻，非常清晰地指明了教育之于国家、学术之于社会的深层意义，而学子们"一隅三反"的能力才是战时、平时皆可用的"万应灵丹"。在文章的结尾，罗家伦先生写道：

民国二十一年我到中大就职的时候，常以十九世纪初叶柏林大学所负的责任来互相砥砺。至今回想，去这理想还不知有多远。我当时并且以找着对手方来抗日的理论，勉励学生。我认为敌人的称强，不是一方面，而是多方面促成的。我们抗日不只是我国的兵找着敌人的兵来抗，而且，要我国的农找着敌人的农来抗，工找着敌人的工来抗，商找着敌人的商来抗，学校找着敌人的学校来抗。所以中央大学抗日的对象，就是敌人的东京帝国大学。我们现在不应该问我们忠勇的将士，抵抗得过敌人残暴的军队与否，我们现在应该问我们的科学和一般学术，抵抗得过敌人的科学和一般学术与否。我们希望我们以科学与一般学术，压倒敌人。就是我们的空军强大到轰炸东京的时候，我也不希望他轰炸东京帝国大学，像他们对付我们一样。我认清敌人可以炸毁的是我们的物质，炸不毁的是我们的意志！炸得毁的是我们建设的结果，炸不毁的是我们建设的经验。

——罗家伦：《炸弹下长大的中央大学》，载《文化教育与青年》，商务印书馆，1947

这段话正好印证了他赴任中大开篇演讲中的使命要求。1948年，国立中央大学成为亚洲排名第一的大学，文化抗战成为罗家伦治理中大的理念，文化强国也可成为我们今天创办世界一流大学的历史镜鉴。从这三篇文章中去看待罗家伦的校长角色发展，我们是否可以认为他在角色冲突、角色危机中践行着基于教育家、政治家身份的校长行为和实践。他既认同自己大学校长的责任，也认同中央大学的使命，在谋求安定、充实、发展的道路上，校长的理念和大学的使命融为一体、相互生成。

（五）浙江大学校长竺可桢

竺可桢1936年赴任国立浙江大学校长，题为《科学的方法 公正的态度 果断的决心》的演讲词就发表于当年的浙大开学典礼上。

诸位在校，有两个问题应该自己问问，第一，到浙大来做什么？第二，将来毕业后要做什么样的人？……清醒的头脑，是事业成功的基础。两三年以后诸位出去，在社会上做一番事业，无论工、农、商、学，都须有清醒的头脑……凡是办一桩事或是研究一个问题，大致可分为以下三个步骤……科学的方法，公正的态度，果断的决心，统应该在小学时代养成和学习的。中国历年来工商业的不振，科学的不进步，都是由于主持者没有清醒的头脑……但到如今，大学毕业生和东西洋留学生中，受了环境的同化，而同流合污的不少……这就是没有公正的态度……盲从的习惯，我们应该竭力避免。我们不能因为口号叫得响一点，或是主义新一点，就一唱百和地盲从起来。……依违两可，明哲保身的态度，和盲从是一样要避免的。我们要做有主张有作为的人，这样就非有清醒的头脑不可。现在，要问第二个问题，便是，离开大学以后，将来做什么样的人？我们的人生观应如何……中国普通人意想中的天堂，是可以不劳而获的一个世界……现在的世界是竞争的世界，如果一个民族还是一味以享受为目的，不肯以服务为目的，必归失败……中国从前学工学农的人，统是只叫工人农夫去推动机器，耕耘田亩，而自己却在一边袖手旁观，这样讲究农工业是不会进步的……以上所说的两点：第一，诸位求学，应不仅在科目本身，而且要训练如何能正确地训练自己的思想；第二，我们人生的目的是在能服务，而不在享受。

——竺可桢：《科学的方法　公正的态度　果断的决心》，
载《国立浙江大学日刊》第18期，1936年

竺可桢以科学家的精神、教育家的态度来治理浙大。在精神上，他反复强调清醒的头脑，他用科学的方法、公正的态度、果断的决心来阐释什么叫清醒，而非盲从。在态度上，他深切期待浙大能为学子的学习过程和毕业后的发展提供思想层面的助力。如学生对他有"浙大保姆"的亲切称呼，竺可桢校长不仅是在治校，更是在育人。他用以身作则的校长行为，独特的人格魅力和丰富的情感感召，为浙大发展聚集人心、共启愿景，使这"东方剑桥"屹立在抗战中的西南边陲，并为如今的浙大发展奠定了深厚的基础，求是精神便是最好的诠释。

二　中华人民共和国成立以来著名大学校长训词及访谈的案例分析

本节选取的校长训词、自述及访谈主要来自武汉大学校长刘道

玉、华中师范大学校长章开沅、华中理工大学校长杨叔子、复旦大学校长杨福家、南开大学校长饶子和、华中科技大学校长李培根、上海交通大学校长张杰、中国科学技术大学校长侯建国。

（一）武汉大学校长刘道玉

1977年，刘道玉出任教育部党组成员兼高教司司长，在高教战线上的拨乱反正和恢复统一高考方面起到了很大的作用。1981～1988年，他担任武汉大学校长，是当时中国高等院校中最年轻的一位校长。他著有《其命维新——刘道玉口述史》《一个大学校长的自白》《创造：一流大学之魂》《拓荒与呐喊：一个大学校长的教改历程》等。

在刘道玉的自述和访谈中，他把中国百年来的大学校长总结为三种类型："第一种类型是学者化的职业校长。像蔡元培、蒋梦麟、梅贻琦等。……当了校长他们都不再搞专业，专心致志地从事教育，以校长为职业，所以我们把他们叫做学者型的职业校长。第二种类型是革命化的职业校长，如蒋南翔、江隆基、成仿吾、吴玉章等，他们都是投身到革命中的知识分子，经受了革命的锻炼，有很强的领导能力，又从实践当中成为教育家。二十世纪八十年代之前的大部分都是这一类型的校长，像邓旭初、匡亚明、屈伯川、朱九思等。第三种类型是学者型的校长，既当校长又要搞业务，这差不多从二十世纪九十年代开始。"[①] 他表示，第三种类型的大学校长，哪怕是天才，一心二用也搞不好，所以他在20世纪80年代就提出了"大学校长职业化"的命题。他认为："现在像玩走马灯一样地任免校长，既不利于他们钻研教育理论，也不能使他们把实践经验上升为理论，更不利于他们放开手脚搞教育改革。"[②] 刘道玉以英国、美国

[①] 马国川：《大学名校长访谈录》，华夏出版社，2010，第99页。
[②] 《大学校长应该有怎样的担当——访武汉大学原校长刘道玉教授》，《领导科学论坛》2014年第4期，第12～13页。

历史上多位大学校长为例，说明大学校长选择的标准首先是教育思想和管理能力，而不是看谁的学术地位高、谁的学术名声大。

关于现代大学制度，刘道玉将关注点落在准备建成世界一流的重点大学，他认为这些大学应当以研究高深学问为己任，应当拒绝功利主义，远离媒体，引导师生树立"以学术为志业"的终身志向。卸任校长之职后，他继续从事高等教育研究工作，提出了"SSR创造教育模式"（Study Independently；Seminar；Research）的命题，认为中国一流大学必须要有"理想的中国大学制度……理想的制度就是：独立、多元化、开放。什么叫独立？就是没有依附性"[1]。

（二）华中师范大学校长章开沅

章开沅自称在成为校长之前，从未当过副校长，连系主任都没有当过，最多就是当过教研室主任。在华中师大举行的校长"海选"中，他成为得票最多的候选人，学校觉得奇怪，他本人更加奇怪，因为他从未希望过当校长，用他自己的话说，是连系主任都不想当的。在师大的民意之下，章开沅于1985年至1991年担任华中师范大学校长。在就职的会议上，他用"我宁可站着倒下去，也不躺着混下去"勉励了当时一大批的学校中层干部。

章开沅校长在师大内部说，华师是"党委领导下的副校长负责制"。为何有此说法？因为在这位校长眼里：第一，副校长们都比他能干，他们都有丰富的行政工作经验；第二，校长只需要协调副校长工作，集中他们的智慧，有好意见就吸收；第三，校长能有多大的本事，学校发展靠的是大家的积极性，那么大家的积极性又从哪里来？就是要求校长更应该对学校负责、对学生负责、对老师负责，而不只是对上面负责。他指出，当前大学管理中的一个弊端是"用管物的方法来管人，用管物质生产的方法来管教育"，"指标是应该

---

[1] 马国川：《大学名校长访谈录》，华夏出版社，2010，第109页。

有的，但重要的是，指标要合乎人性而不仅仅是合乎物性"；另一个弊端是大学校长任职的制度，他提出好制度比好校长更为重要，"任何优秀的校长总有自己的任期（或长或短）限制，但健全的行之有效的规章制度往往可以延续数十年……光靠校长自身的聪明才智是治理不好大学的"①。

相较于刘道玉校长对大学校长职业化这一终极目标的关注，章开沅更强调渐进发展过程中大学校长可以通过自身努力去改善的问题，比如大学校长管理一所大学应该具备的态度和精神。当然，先生也提出，和国家面临的问题相比，高等教育体制只是一个方面，但对于高等教育而言，关键的仍是体制改革，让大学独立自主地按照教育自身的规律来办好教育。从现代大学制度的建立来说，两位校长的观点是高度一致的。

章开沅校长明确指出，高等教育改革要做到两个回归："一是回归大学主体，一是回归教育本性。"② 在那个年代，他就提出大学保持初心的重要性，因为失去初心，所以"大学没有自我完善的空间"③；极具前瞻性地说明"当前大学教育的着眼点应是培养 21 世纪的新人"④，所以要将"人格教育与通识教育合为一体"⑤；他还结合前人经验，创设性地发明了"一校一市"的合作模式⑥，促进大

---

① 马国川：《大学名校长访谈录》，华夏出版社，2010，第 13~14 页。
② 章开沅：《高校"跨越"发展之我见》，《学习月刊》2010 年第 1 期，第 20~21 页。
③ 章开沅：《高校"跨越"发展之我见》，《学习月刊》2010 年第 1 期，第 20~21 页。
④ 章开沅：《着眼于培养二十一世纪的新人——在保加利亚索非亚大学百年校庆大会上的讲话》，《华中师范大学学报》（哲学社会科学版）1988 年第 6 期，第 1~3 页。
⑤ 章开沅：《〈中国著名大学校长书系〉序言》，《高等教育研究》2004 年第 3 期，第 1~4 页。
⑥ 章开沅：《着眼于培养二十一世纪的新人——在保加利亚索非亚大学百年校庆大会上的讲话》，《华中师范大学学报》（哲学社会科学版）1988 年第 6 期，第 1~3 页。

学与社会的双向发展。

章开沅校长曾与武汉大学校长刘道玉、华中工学院（今华中科技大学）校长朱九思共被誉为武汉地区高等教育改革的"三剑客"，他们在任期内开展了大刀阔斧的改革，甚至引领了国内高等教育发展的风向。有评价认为，刘道玉校长在教学上的改革、朱九思校长在科研上的改革、章开沅校长在社会服务上的改革，一度拓展了社会对于大学功能的认知。[1]

（三）华中理工大学校长杨叔子

杨叔子为我国机械工程专家，中国科学院院士，1993~1997年出任华中理工大学校长。他具有理工科教育背景，又任职于理工类大学，却对人文教育尤其重视，著有《杨叔子教育雏论选》（2010），当中记载了他于1981年至2010年间关于教育的论述，共计90篇。书名为"雏论"，显示出先生十分谦虚。

他敏锐关注到高等学校尤其是理工科高校容易存在"五重五轻"现象[2]，并归纳为：重理工、轻人文，重专业、轻基础，重书本、轻实践，重共性、轻个性，重功利、轻素质。于是他身体力行在华中理工大学组织召开"高等学校加强大学生文化素质教育试点院校第一次工作会议"，1997年5月12日在华中理工大学正式建立大学生文化素质教育基地，这是全国高校中第一个大学生文化素质教育基地。为何杨校长在学校如此大力度地推行文化素质教育？他曾言明，学校在前任校长朱九思、黄树槐等人及广大师生共同努力之下，经历了"三大转变"，学校迈出了从理工科高校向综合性大学转变的步伐，而他担任校长的任务是促进学校的"第四个转变"，"从注重专

---

[1] 周洪宇、郑媛：《回归大学主体，回归教育本性——章开沅高等教育改革思想管窥》，《现代大学教育》2021年第2期，第10~15、23页。
[2] 杨叔子：《面向二十一世纪的大学素质教育》，《江南学院学报》1999年第2期，第3~8页。

业教育、科学教育转向科学教育和人文教育相结合，在关注专业教育的同时高度重视素质教育"。① 他总结自己当校长最满意的，就是推行了文化素质教育，特别是人文素质教育，教育本身就是"以文化人""以文化育人"的过程。② 他赞成将文化分为科学文化和人文文化两种类型，因为文化的结构和类型分别构成了人的素质的两个基本维度。

他在一次访谈中阐释了人文与科学的关系。

> 人文对科学有四大作用：第一个是引导方向；第二个是提供动力、精神力量；第三个是保证原创性的开拓源头；第四个是人文为科学提供广阔的应用战场。同样，科学对人文也有四大作用：第一，为人文奠定正确的基础，一切人文的活动都要符合客观规律，否则一定会失败；第二，科学为人文提供原始素材；第三，科学为人文提供正确的道路，正确的东西一定要符合逻辑；第四，人文为科学提供广阔的应用战场，科学为人文提供强大的武器。所以，科学对人文以及人文对科学都是相辅相成的。③

关于大学校长的发展，他也有和上述校长相似的观点。他以校长任职期为例说，"美国的校长一干就是十年二十年，干四十年的也有。中国有多少？大学校长任期很短，现在规定了大学校长最多两届，两届一结束就得下去，跟行政部门一样……因为现在存在教育行政化，所以难出真正的教育家"④。但他也指出，中国大学的行政化是体制机制问题，不能完全照搬西方，也不应该同西方完全一样，

---

① 杨叔子口述《育人而非制器——杨叔子口述史》，肖海涛整理，华中科技大学出版社，2020，第 101~126 页。
② 杨叔子：《素质·文化·教育》，《高等教育研究》2012 年第 10 期，第 1~7 页。
③ 马国川：《大学名校长访谈录》，华夏出版社，2010，第 86 页。
④ 马国川：《大学名校长访谈录》，华夏出版社，2010，第 86 页。

目前的情况下,改革应该是积极的、小步的、稳健的,走一步是一步,积小胜为大胜,方能快速发展。

(四) 复旦大学校长杨福家

杨福家为核物理学家,中国科学院院士,1993~1999年出任复旦大学校长,2001年担任宁波诺丁汉大学校长,2013年被宁波诺丁汉大学表彰为退休荣誉校长。他结合在两校任职校长的经历,就一流大学建设、教育家校长的素质、校长与书记的关系处理、大学的去行政化等问题给出了自己的见解。

杨校长认为,一流大学不一定要是综合大学,但一定要特色鲜明,"不同学校应发不同的音、站不同的岗,只有这样才能奏出动人乐章"[①]。他援引美国普林斯顿大学和加州理工大学的案例,说明大学更应求质而不应盲目求大,大师云集、科研领先、文化坚守是一流大学建设的核心。他甚至表示,大学为了保存人类文化精华而表现出的保守型或曰"落后"(Social Lag)都不一定是有害的,"对社会风尚保持合适的批判性的抵制,有助于避免愚蠢的近乎灾难的莽撞"[②]。我们到2022年,在第二轮全国"双一流"大学名单及建设学科名单公布之时,开始明确强调一流学科的建设、弱化一流大学的概念,是否也是对这位校长的前瞻性言论的回应呢?

关于一流大学的校长,他指出,作为中国的一个教育家,"第一,他必须懂政治,必须了解中国的国情。第二,他必须有比较丰富的教学管理经验,最好在其他大学或教育机构已担任过领导。第三,最好学习过一些教育理论,有相当的文化修养,因为教育本身是一门科学"[③]。他表达了和杨叔子校长类似的看法,西方著名的大

---

① 杨福家:《中国当代教育家文存·杨福家卷》,华东师范大学出版社,2006,第46~47页。
② 贺国庆等:《外国高等教育史》,人民教育出版社,2003,第458页。
③ 马国川:《大学名校长访谈录》,华夏出版社,2010,第169页。

学都是从世界范围来招聘校长的,而不是由教育部门直接任命。而国内的大学实行校长任命制,把行政化带到高校里来了。新中国成立之初,我国大学没有行政级别,但是不管是复旦大学的陈望道校长,还是武汉大学的李达校长,他们的地位都非常高。

关于大学校长和党委书记的职务边界,他认为党委书记是组织中的一员,必不可少,但是要明确规定党委书记的具体职权。他的观点是:"第一,保证中国法律在学校里的贯彻实施,党委做监督工作;第二,在处理学校与政府间事务时,党委做协调工作;第三,党委负责做学生的思想工作,保证学校的稳定;第四,党务工作。"① 但是学校的人事必须经由校委会来讨论决定,这就是杨福家校长对"党委领导下的校长负责制"的认知。

(五) 南开大学校长饶子和

饶子和为中国科学院院士,在担任南开大学校长之前,他曾任中国科学院生物物理所所长,他大胆引进年轻人才助力生物物理所迅速发展。2006年,他出任南开大学校长。就任时,他说:"南开人的风格是很独特的,不张扬,足够踏实,基础厚实,积极肯干。他们可能不会成为统帅式的人物,但一定会成为很好的辅佐式的栋梁之材,就像周总理。"②

如同他在中国科学院生物物理所时一样,他上任校长的第一件事就是全球招聘院长,他前后赴美国常青藤大学、英国牛津剑桥,陆续引进了多位年轻人才。为何在中国科学院生物物理所和南开大学都把招揽年轻人才作为组织领导人最重要的工作去完成,他这样解释:十年左右产生一代新科学家,要大胆引进新鲜血液,人才是如此,人才培养亦如此,"还记得为了学校的发展,……或是

---

① 马国川:《大学名校长访谈录》,华夏出版社,2010,第174页。
② 冷珊珊:《做学问先做人——访中国科学院院士饶子和》,《中国人才》2013年第9期,第62~63页。

为了吸引最好的师资和生源,我跟大家出去四处'化缘'的日日夜夜"①。

在 2010 年寄语新生的讲话中,饶子和就人才的养成分享了他作为南开校长的角色认知。

> 大学最重要的使命是,用独有的文化、传统、精神使你熏陶渐染,养成你的习惯、性情、气质、人格。这些构成你在社会中的坐标,定义你的位置,使你与众不同……从今天开始,你们的成长教育,主要交给南开来负责。作为这所学校的校长,我感到责任很重,压力很大。但是,我也怀有信心。因为我对南开有信心……正如几年之前,一位领导人曾经总结:如果没有南开,中国近代史将会因此失色;如果没有南开,中国近代教育史更将会因此失色;如果没有南开,天津也将会因此而失色……同学们,在新的环境里,你也许会发现很多不足。那就请你告诉我们,我们一起想办法解决。南开从来都不是一所完美的学校,但它一直都是"越难越开"的学校!
>
> ——饶子和:《南开,"越难越开"》,
> 《新读写》2010 年第 11 期

他用南开的校训"允公允能,日新月异"、老校长的"中国不忘吾辈在"勉励南开学子与南开大学共同前进。饶子和在南开一直把人才工作视为自己校长职责的重中之重。

(六) 华中科技大学校长李培根

李培根校长可以称为中国大学校长界的"网红",他曾因多篇文字活泼又富有深意的新生和毕业生训词而闻名,关于他的治校经验的采访也颇多。他既是院士,也是校长,2005~2014 年任华中科技

---

① 马国川:《大学名校长访谈录》,华夏出版社,2010,第 176 页。

何以言治

大学校长。

相较于杨叔子校长从人文与科学的分类去阐释文化与教育,李培根校长着眼于文化教育的过程及影响,不断勉励学子进步。他指出:

> 你们来到大学,与中学不一样的是,每个人都有自己的专业。专业及其所需的基础理论学习固然非常重要,但千万别忘了提高自己的文化素养。尽管提高文化素养是一辈子的事情,但在大学应该是学习和提高文化素养非常有利和重要的阶段……它甚至比你的专业知识更加影响你未来的发展和成功……若希望未来天将降大任于你,则首先取决于你的文化素养。请记住,专业知识能给你带来一份像样的工作,但只有文化才能给你带来大任和成功。怎样提高自己的文化素养?人文素养是文化素养之关键。而培养自己的人文素养,首先得学习中国与世界的文化……要善于从科技知识中去理解文化要义,把科技的某些知识上升到哲理、文化……希望你们文化中国,文化自己!
>
> ——2011年李培根在华中科技大学本科生开学典礼上的讲话

他还从文化的角度,阐释了教育的敬畏感问题。他指出,学生、教师、管理人员甚至整个社会,对教育的敬畏感在当下中国正在逐步削弱甚至丧失:如果学生对教育有一份敬畏感,就应该有对生命意义的敬畏,对生存价值的认同;如果教师对教育有一份敬畏感,自然会有神圣的责任感;如果社会对教育有一份敬畏感,就不至于用级别去衡量校长的身份。[①] 而重建社会对教育的敬畏感,就需要全

---

① 凤翔:《高等教育如何真正做到"以人为本"——访中国工程院院士、华中科技大学校长李培根》,《理论视野》2011年第4期,第5~8页。

社会的努力，教育者和被教育者显然首先要有这种自觉，教育界之外的整个社会当然也有责任，其中政府的作用最为关键。他提出政府可以在大大加强教育投入、尽快建立行政权力或公权力对教育的敬畏感方面做出努力。

（七）上海交通大学校长张杰

张杰院士于2006~2017年担任上海交通大学校长。相较于上述其他校长对中国高等教育发展中的"时弊"的箴言，张杰校长结合校长身份角色的见解，更加体现出文化自信和扎根中国的教育立场。

他曾用"改革创新高等教育，主动担当文化传承与创新历史重任"[①]来应对时人对大学的绝对化批评。尤其是针对来自舆论的监督和批评，他认为"一流创新型大学不仅需要在国际可比指标和全球排名中位居前列，更加需要对国家经济社会发展和人类文明进步做出创造性贡献"[②]。他还提出要建立"卓越的文化传承创新体系"[③]，把广泛的学术交流转变为有效的文化传承途径，把成功的发展经验提升为全球认同的模式典范。

他认为大学校长和大学都要具有前瞻性，比如"现在我们非常焦虑的很多问题和困难，在未来十年时间里可能不再是问题"，"到那时，现在大学里很多问题都会迎刃而解"，"如果现在不去想十年以后大学该怎么办，就会丧失机会"。[④]他还认为大学有一些基本的要求需要坚守，"比如给本科生上课本来是教授的职责所在，但是过去过分地强调了按劳取酬，把应该做的工作也抵作钱，这就不对了，

---

① 张杰：《增强大学文化自觉自信　助力文化强国建设》，《中国高等教育》2012年第6期，第9~11页。
② 张杰：《扎根中国　建设世界一流创新型大学》，《中国高等教育》2016年第7期，第22~25页。
③ 张杰：《扎根中国　建设世界一流创新型大学》，《中国高等教育》2016年第7期，第22~25页。
④ 马国川：《大学名校长访谈录》，华夏出版社，2010，第255页。

而且导致学术追求的异化"①。

他对于中国高等教育发展的自信来自历史，来自现实，也来自中华民族本身的优良特质。他指出，我们不能完全用西方的高等教育来套中国，因为每个大学都有自己的特色。对建设一流大学来说，"我们需要对问题进行筛查和判断，是不是根本性的科学问题，是不是中国发展的瓶颈问题，是不是人文社科方面的本质问题。然后进行长期研究，这样就会逐渐形成自己的研究方向，甚至开始产生自己的学派"②。

当然，他也承认，大学校长需要具备理想，才能去指导现实问题的处理。但有些问题不是校长层面能够解决的，需要国家出面来解决，比如"要想让教授耐得住寂寞去做那些原创性的东西，就要给他们一个体面的生活条件和充裕的经费"③。从某种角度来说，这也是大学校长处于大学、社会、国家之中角色的冲突表现吧。

（八）中国科学技术大学校长侯建国

20世纪80年代以来的大学校长似乎都具有双重身份，即科学家和大学校长。侯建国也是以院士的身份走向中国科学技术大学的校长职务。从2008年到2015年，他用7年的时光践行了学术与行政之间的校长角色发展。

针对大学的发展，他犀利地表明，校长是政府任命的，经费是政府给的，大学生态的改善和良性循环是无法单靠大学的改革做到的。而社会对人才的期待及怀疑，反映出大学人才培养的出口问题，如果一定要按照同样的尺度来衡量，既不公平也不科学。从这个角度来说，每所大学应该找准自己的定位，做自己最擅长的事情，并把它做好。但是，社会的批判也促使大学冷静，我们要重塑大学教

---

① 马国川：《大学名校长访谈录》，华夏出版社，2010，第253页。
② 马国川：《大学名校长访谈录》，华夏出版社，2010，第252页。
③ 马国川：《大学名校长访谈录》，华夏出版社，2010，第258页。

师的职业责任感和自豪感,要让更多的教师以教育为生涯,而不是以教育为职业。

因此在大学内部,我们可以做些什么?一个是氛围营造,把大学变成一块创新的土壤,让学生、老师都能在这块土壤里找到足够的营养,然后自由生长。一个是形成传统,他引用百年老校的沉稳底气来说明态度从容背后是曾经经历的百年沧桑。还有一个是现代大学制度建设的核心价值观问题,侯校长认为有了理念,就会建立起相应的各项制度,这样建立的制度就比较科学。①

在谈到大学校长本身时,他也赞同如果真正有一大批非常好的教育家能走出来,可以取消大学校长的行政级别,这样可能大学的问题就要少得多。政府和社会要给教育家校长们宽松的空间,要相信他们。

三 新时代以来著名大学校长训词的案例分析

学术界针对"根叔"的文化现象开展了褒贬不一的争论。目前主流观点为,大学校长的公开训词需要在切合时代发展主题、语言表达风格上寻找特色,但不可一味地为了迎合学生的口味而过分追求,舍本逐末。但不容忽视的是,近年来,大学校长训词,尤其是著名大学、一流大学校长的新生训词、毕业生训词,成了媒体和整个社会关注的焦点。我们可以从这些当代大学校长的公开讲话中了解他们的角色认知状态和治校的理念。

习近平同志在十九大报告中指出:"经过长期努力,中国特色社会主义进入了新时代,这是我国发展新的历史方位。"② 现在认为,中国特色社会主义新时代是从党的十八大开启的。因此这一节的大

---

① 马国川:《大学名校长访谈录》,华夏出版社,2010,第304~305页。
② 习近平:《决胜全面建成小康社会 夺取新时代中国特色社会主义伟大胜利》,党的十八届中央委员会向中国共产党第十九次全国代表大会的报告,2017年10月18日。

学校长训词,从时间来源上,均产生于党的十八大召开以后;同时,训词来源于网络资源,考虑到便利性、延续性等原则,此处选取了北京大学、清华大学、中国人民大学、南开大学、南京大学、复旦大学、上海交通大学、浙江大学、武汉大学、中山大学、四川大学、重庆大学、西安交通大学这13所国内高校的2019年至2021年新生及毕业生校长训词的主题进行统计、分析(见表3-1)。

表3-1 13所国内高校2019~2021年新生及毕业生校长训词的主题统计

年份	学校	性质	主题
2019	北京大学	毕业生训词	做永远向上的青年 拥抱伟大的时代
2019	北京大学	新生训词	涵育家国情怀 投身伟大时代
2020	北京大学	毕业生训词	激扬青春 开创未来
2020	北京大学	新生训词	德才均备 学以成人
2021	北京大学	毕业生训词	新百年 新青年 新征程
2021	北京大学	新生训词	读懂中国、读懂世界、读懂时代、读懂自己
2020	清华大学	毕业生训词	谱写新时代的命运交响曲
2020	清华大学	新生训词	永葆乡土情怀
2021	清华大学	毕业生训词	坚守人生底色,绘就壮美画图
2021	清华大学	新生训词	葆有顽强的生命力,让生命之光更加明亮
2019	中国人民大学	毕业生训词	不忘初心、牢记使命,做爱国求真奋斗的人大人
2020	中国人民大学	毕业生训词	继承人大传统 弘扬时代精神 成就成功梦想
2021	中国人民大学	毕业生训词	怀抱信仰、信心、信任,不辜负这个时代!
2021	中国人民大学	新生训词	愿你们心怀"国之大者"
2019	南开大学	毕业生训词	把小我融入大我 做新时代"顶天立地"的南开人
2019	南开大学	新生训词	书写百年南开"爱国三问"的时代新篇章
2020	南开大学	毕业生训词	心怀天下 难而益开 做新时代奋斗者
2020	南开大学	新生训词	南开101 从"新"出发
2021	南开大学	毕业生训词	急流勇进 引重致远 担当践行"国之大者"
2021	南开大学	新生训词	怀志士之心 践爱国之行 以青春韶华书写奋斗篇章
2019	南京大学	毕业生训词	德行天下 孝暖人间
2019	南京大学	新生训词	择善而从扬帆起航
2020	南京大学	毕业生训词	玉成青春 放歌时代

续表

年份	学校	性质	主题
2020	南京大学	新生训词	从这里开始,实现不一样的精彩
2021	南京大学	毕业生训词	明德报国,敦行立世
2021	南京大学	新生训词	知行相济逐梦时代
2019	复旦大学	毕业生训词	面对挑战 在复杂世界中把握住自己的未来
2019	复旦大学	新生训词	暂时领跑不意味着永远领先
2020	复旦大学	毕业生训词	胸怀家国天下踏上人生新征程
2020	复旦大学	新生训词	读懂世界 读懂中国 读懂未来
2021	复旦大学	毕业生训词	焕发青春活力 助力新时代
2021	复旦大学	新生训词	随从大流不可能实现超越引领
2019	上海交通大学	毕业生训词	持之以恒 创新图强
2019	上海交通大学	新生训词	勤奋为学爱国荣校
2020	上海交通大学	毕业生训词	担当有为 砥砺前行
2020	上海交通大学	新生训词	志存高远 与日俱进
2021	上海交通大学	毕业生训词	坚定信仰 勇往直前
2021	上海交通大学	新生训词	整装出发,做有追求的交大人
2019	浙江大学	毕业生训词	以青春之我建功新时代
2019	浙江大学	新生训词	在创新性学习中实现全面发展
2020	浙江大学	毕业生训词	在大变局中践行新时代浙大学子的使命担当
2020	浙江大学	新生训词	争做新一轮学习变革的先行者
2021	浙江大学	毕业生训词	做百年新梦想的逐梦人
2021	浙江大学	新生训词	在百年新征程中担当时代大任
2019	武汉大学	毕业生训词	自立自强 科学报国
2019	武汉大学	新生训词	不仅要有真才实学,也要有奇思妙想
2020	武汉大学	毕业生训词	化危为机 行稳致远
2020	武汉大学	新生训词	扬武大精神 做明日栋梁
2021	武汉大学	毕业生训词	人生沉浮与启迪
2021	武汉大学	新生训词	应时代之召,担历史使命
2019	中山大学	毕业生训词	鲜衣怒马少年时,潇洒仗剑赴天涯
2019	中山大学	新生训词	要有大情怀、新追求、真本领、高品位
2020	中山大学	毕业生训词	永葆家国情怀 勇立报国大志
2020	中山大学	新生训词	立大志,练真功,勇担当
2021	中山大学	毕业生训词	到祖国和人民最需要的地方去建功立业
2021	中山大学	新生训词	立志报国,扎好马步,做堪当时代重任的新中大人

续表

年份	学校	性质	主题
2019	四川大学	毕业生训词	人生无进退，天地宽窄间
2019	四川大学	新生训词	大学是人生的放大器
2020	四川大学	毕业生训词	如何在复杂的世界中把握自己的未来
2020	四川大学	新生训词	学习能力是真能力
2021	四川大学	毕业生训词	选择比努力更重要
2021	四川大学	新生训词	从优秀走向卓越
2019	重庆大学	毕业生训词	你若安好　便是晴天
2019	重庆大学	新生训词	青春接力　筑梦前行
2020	重庆大学	毕业生训词	拥抱改变　创造未来
2020	重庆大学	新生训词	求学重大　筑路人生
2021	重庆大学	毕业生训词	做更有高度的重大人
2021	重庆大学	新生训词	启程青春重大　奋进强国征程
2019	西安交通大学	毕业生训词	有信念、有平常心、有所预见
2019	西安交通大学	新生训词	享受主动学习的快乐
2020	西安交通大学	毕业生训词	树立家国情怀
2020	西安交通大学	新生训词	大学　学习　做人
2021	西安交通大学	毕业生训词	记住前辈的志气、骨气、底气
2021	西安交通大学	新生训词	品德与学习

注：2021年重庆大学新生开学典礼时，因原校长张宗益调任厦门大学校长，故这一年度为学校党委书记舒立春发表新生训词。2020年和2021年西安交通大学的新生训词均没有设定题目，故训词主题为研究者根据校长训词内容综合而来，特此说明。

我们将上述训词主题进行分类，可以得到如下类型：一是以校史为切入点，回溯大学在国家发展中的地位和作用，如北京大学的校长训词中常常回忆五四运动与北大、诸多大学都会将抗战中的大学西迁作为等；二是以历史上著名校长为追忆，回想当年先辈们的身体力行，如北大校长蔡元培先生、清华校长梅贻琦先生、南开校长张伯苓先生、浙大校长竺可桢先生等，用其办大学的理念来拷问当代大学生的知与不知，如"记住前辈的志气、骨气、底气""书写百年南开'爱国三问'的时代新篇章""继承人大传统　弘扬时

代精神　成就成功梦想"等；三是着眼当下，将国家发展的需要与大学的使命、大学生的责任相联系，如"永葆乡土情怀""把小我融入大我　做新时代'顶天立地'的南开人""到祖国和人民最需要的地方去建功立业"等；四是放眼未来，用国之命运与个体命运的内在关联，启发当代大学生对个体发展的思考，如"做百年新梦想的逐梦人""读懂世界　读懂中国　读懂未来""如何在复杂的世界中把握自己的未来"等；五是强调大学和教育过程对大学生能力塑造的重要性，如"争做新一轮学习变革的先行者""在创新性学习中实现全面发展""享受主动学习的快乐"等；六是强调做人与做学问并重，如"做更有高度的重大人""大学　学习　做人""大学是人生的放大器"等；七是具有浪漫主义色彩的立意表达，如"鲜衣怒马少年时，潇洒仗剑赴天涯""你若安好　便是晴天""人生无进退，天地宽窄间"。

从上述分析可见，当代大学校长尤其是一流大学和综合性大学的校长，他们身处继往开来的新时代，这本身就赋予了他们复杂又充满挑战的角色压力。大学老校长们的治校历史和这些百年大学的积累沉淀，既是大学文化的承载，也是大学精神的意涵，如何在新时代更好地继承发扬大学校史、校训的文化意蕴，这是当代大学校长必须面对的问题。因为，这些鲜活又独具特色的历史经验，并不是一句口号或是纸面的文章，而是融入大学骨血的不为环境所转移的独有精神。我们能否在北大学子身上看到兼容并包、在清华学子身上发现厚德载物、在南开学子身上体会允公允能、在南大学子身上感受诚朴雄伟、在浙大学子身上了解求是精神？大学精神文化的传承与发扬，是新时代大学校长角色发展中的重要命题。

另外，当代大学校长又遭遇了历史上老校长不曾经历的复杂局面。基于知识和技术对国家发展的重要性，大学以从未有过的速度向社会靠近。"象牙塔"曾经被视为学术自由、大学自治的精神存在，但高等教育功能的演化、民众对高等教育的复杂需求一度使大学的"学术属性"似乎受到冲击。虽然在大学与社会、大学与国家的互动中,这种博弈的关系在逐渐好转,但这"阵痛"的过程必然会对大学校长,这一处于大学内外部关系联结中心的角色,提出更多的挑战。学术权力与行政权力、资源获得与自治权限、教育公平与拔尖创新,甚至是大学校长自身的角色定位与分化问题,都困扰着当代的大学校长。

从上述训词中,我们不难发现,大学校长对学子的期待,就是他们对所在大学的期待,就是他们对自己角色发展的期待。从组织生命周期理论出发,他们将自己置身于大学之航船中,在航船舵手和学术领袖的角色认知、冲突、危机、认同中或主动或被动地践行着校长使命,在大学航船所处的繁复变化中,一路向前。

四 国外著名大学校长训词及访谈的案例分析

哈佛大学的历史发展呈现独领风骚到风雨飘摇,再到领先世界的轨迹。从"生死存亡"走向再创辉煌,不得不提到哈佛大学历史上的多位校长,包括肃清混乱纪律的校长爱德华·利夫雷特(Edward Everett)、帮助哈佛迅速扩张的校长查尔斯·威利安·艾略特(Charles Willian Eliot),为哈佛大学改善办学条件和资源的校长阿尔伯特·劳伦斯·洛厄尔(Abbott Lawrence Lowell),将哈佛打造成精英型大学的校长詹姆斯·布赖恩特·科南特(James Bryant Conant)和内森·玛什·普西(Nathan Marsh Pusey),再到引领哈佛走向世俗化、国际化的一流大学的校长德里克·柯蒂斯·博克(Derek Curtis Bok)等。其中,艾略特任职哈佛大学校长长达40年(1869~1909年),洛厄尔、科南特、普西、博克任职校长分别达24年(1909~1933年)、20年(1933~1953年)、18年(1953~1971年)、20年(1971~1991年)。其中,德里克·柯蒂斯·博克任职校长的历史环境与当前我国大学发展的社会环境存在一定的相似性,故选取博克校长作为案例进行分析。

另一个案例是美国麻省理工学院第 15 任校长查理斯·维斯特（Charles Vest），选取的原因是维斯特校长任职麻省理工学院校长的 14 年是该校以及整个美国学术界面临重大挑战的 14 年，维斯特校长的治校获得了教育界、学术界、企业界同行及社会的极大尊重，媒体称其重塑了麻省理工学院。

（一）哈佛大学校长德里克·柯蒂斯·博克

博克其实曾经两度担任哈佛大学校长。1971～1991 年他担任哈佛第 25 任校长。2006 年，因哈佛大学时任校长劳伦斯·萨默斯（Lawrence Summers）辞职，博克再度担任哈佛代理校长，成为哈佛大学有史以来唯一两度掌校的校长。前后 21 年的治校时光，博克校长可谓建树良多，并出版《走出象牙塔：现代大学的社会责任》（Beyond the Ivory Tower: Social Responsibilities of the Modern University）、《大学与美国的未来》（Universities and the Future of America）、《市场中的大学》（Universities in the Marketplace）、《质量欠佳的美国大学》（Our Underachieving Colleges）等大学管理专著。

在一篇博克校长的专访文章中[①]，博克校长对自己两度担任哈佛大学校长的经验进行总结，也就自己在哈佛的努力做出一定的评价。第一，他强调哈佛大学多年来的成绩获得依靠的不是一两位校长，而是哈佛大学一个群体共同的努力，他谦虚地表示自己只是这一群体中的一分子，起到了一定的领导和协调作用而已。第二，他将自己发挥的作用定义为重塑对哈佛的信心，1971 年他致力于将发生学生运动的校园回归安静，2006 年他迅速让哈佛师生重新团结并重建自信。第三，他把创建于 1879 年的拉德克利夫学院（Radcliffe College）合并入哈佛大学，使其成为哈佛大学的拉德克利夫高等研究

[①] 曲铭峰、龚放：《哈佛大学与当代高等教育——德里克·博克访谈录》，《高等教育研究》2011 年第 10 期，第 1~19 页。

院。虽然拉德克利夫学院全面整合进哈佛大学发生在 1999 年，是继任校长陆登庭完成的，但这一工作的启动和推进都是在博克校长的任期内。第四，博克校长把副校长人数从原来的 1 位增加到 5～6 位，从 2 名职员管理学校筹款事务变为由一个学校的公司来专门负责捐赠基金的运作，他改革了哈佛大学的管理体系。第五，他推进哈佛大学本科生和研究生的课程全面改革，强调从理论转向理论与实际相结合、增加师生互动的讨论式教学，尤其是医学院的课程从偏理论走向了理论的实际应用与临床实践。第六，将肯尼迪学院（现哈佛大学肯尼迪政治学院）发展成为哈佛一个主要的专业学院，专门为政府机构培养高素质专业人才，从而弥补了之前公共政策与公共管理专业人才链条上的空缺。就上述主要贡献，博克校长视学术事务为自己校长工作中最大的爱好。因为涉及学校内部的学术事务，他都愿意充满乐趣地去推进和完成，但筹款和对外公关的外部事务，好像不是他的兴趣所在，也是他自认做得最不成功的工作。

具体来说，博克校长在两个任期内，都专注于哈佛大学通识教育课程革新。

哈佛大学的通识教育课程体系在世界各国的高等教育中都享有盛誉，我国在 21 世纪初推进综合性大学通识教育改革时，很多高校也将哈佛模式作为首选的学习和参考模式。哈佛大学的通识教育课程体系自 1945 年《哈佛通识教育红皮书》（*General Education In A Free Society – Report of Harvard Committee*）计划，到 1978 年的"核心课程"（Core Curriculum），再到 2007 年的"通识教育课程"（General Education Curriculum），之后经历数次改革直至 2016 年形成最新一版的方案，其中，我们可以发现哈佛"核心课程"和"通识教育课程"改革都是在博克校长的任期内完成的。

1978 年，博克校长聘请罗索夫斯基（H. Rossovsky）为哈佛大学文理学院院长，负责"核心课程"建设。要求"不仅仅是对成为放纵主义受害者的课程制度进行小修小补，而是要建立焕然一新的通识教育"①，于是从《哈佛通识教育红皮书》时期培养一般性心智能力的目标逐渐具体化到不同学科所提供的不同思维方法。这一做法大大激励了学科教师投身通识教育课程建设，但课程的专业化程度日益加剧，广泛的主题、基础性的问题和重要的知识体系②课程存在缺失。

2006年，博克先生再任校长时，他提出一个课程体系的寿命不会超过20年，而哈佛核心课程体系已经运行30年，已经失去活力和能量，到了需要被替换的时候。③ 于是，课程体系的建设目标从帮助学生掌握不同学科领域的不同思维方法，又转向为强调更加美好和富有意义的人生，以及为了更好地与你所生存的世界打交道，一个大学生应该掌握哪些知识。于是这一时期的"通识教育课程"采取分模块选修的方式，将课程分布在八个领域：美学与诠释、文化与信仰、实证推理、伦理推理、生命系统的科学、物理宇宙的科学、世界的不同社会、世界中的美国。④

因此，这是课程理论的差异。纽顿（R. R. Newton）曾将美国通识教育的模式总结为名著阅读（great books）、学科训练（scholarly discipline）和公民效用（effective citizen）三类，三者的教育哲学基础分别为永恒主义、要素主义和实用主义。⑤ 其中，名著阅读计划在芝加哥大学较为著名，校长赫钦斯（Robert Maynard Hutchins）是此

---

① 哈佛大学通识教育工作组、罗旻：《哈佛大学通识教育的理念创新与改革——哈佛大学通识教育工作组报告》，《北京航空航天大学学报》（社会科学版）2015年第5期，第95~104页。
② 哈佛大学通识教育工作组、罗旻：《哈佛大学通识教育的理念创新与改革——哈佛大学通识教育工作组报告》，《北京航空航天大学学报》（社会科学版）2015年第5期，第95~104页。
③ 曲铭峰、龚放：《哈佛大学与当代高等教育——德里克·博克访谈录》，《高等教育研究》2011年第10期，第1~19页。
④ 谢鑫、王世岳、张红霞：《哈佛大学通识教育课程实施：历史、现状与启示》，《高等教育研究》2021年第3期，第100~109页。
⑤ R. R. Newton, "Tensions and Models in General Education Planning," *Journal of General Education* 49(2000): 165–181.

计划的推行者。而在哈佛大学，从核心课程走向通识课程，其实是从学科训练走向公民效用的课程模式，教学的哲学理念从强调不同学科的不同思维方法转变为塑造未来社会公民适应力，以拥有更加美好和富有意义的人生。当然，博克校长也表示，不同的课程理论有各自的优势和弱点，很难说某一种课程理论比另一种更为优越，也不存在一种完美的课程理论。①

对于通识教育的执着透露着博克校长对哈佛学子伦理道德的重视，并且他的妻子和女儿也在从事伦理道德的研究和工作。博克认为，他担任校长时哈佛学生的伦理道德教育呈现式微，需要加强学生对科学背后的伦理道德进行主动推理、深度思考的能力培养，那么首先大学和教育就要先做出改变，以身作则。博克表示，如果学生所在的大学对大学应承担的社会道德和社会责任漠不关心、对大学发展中的事务不能审慎处理，即便学校开设了很好的道德推理课，学生也不会从中受益。因此，在他的任期内，哈佛大学不曾持有任何哈佛教授创办的任何公司的股票，他还放弃了哈佛持有的3000万美元的烟草公司股票，因为烟草对人体有害不符合哈佛的伦理道德标准。比较当下我国高等教育发展的实际，这一理念和做法其实是大学引领社会文化发展风向的职能体现。

（二）麻省理工学院校长查理斯·维斯特

查理斯·维斯特1990年经遴选担任麻省理工学院（MIT）第15任校长，共任职14年。他也是MIT的名誉校长、美国国家工程院院长，2009年当选中国工程院外籍院士。以下选取维斯特任职MIT校长期间的演说和校长年度报告文本内容进行分析。

在维斯特1991年5月10日任职MIT校长的就职演说中，以

---

① 曲铭峰、龚放：《哈佛大学与当代高等教育——德里克·博克访谈录》，《高等教育研究》2011年第10期，第1~19页。

第三章 组织生命周期理论视阈下大学校长角色的认知比较

"MIT：塑造未来"为题，阐释了他对未来 MIT 在院校发展和推动世界变革关系中的理念及设想。他首先提出"未来的 MIT 应该是一所国家大学还是一所国际大学"的设问，接着指出，"MIT 所应关注的是建立一系列项目来保证我们的学生受到教育，以便为他们作为世界公民所需的充分负责任的生活做好准备。现在是把国际背景与机会看作构成 MIT 教育必要组成部分的时候了"①。于是教育，尤其是本科生教育就应该一直成为 MIT 的真正核心。那么接下来的问题，就是一方面要平衡数学、物理和生命科学在 MIT 的发展，另一方面也要平衡人文、艺术和社会科学在 MIT 的发展。维斯特认为，在美国，人们已经认识到人文学科与自然科学之间构成了连续统一体，但是对从人文学科到工程技术之间构成的连续统一体的探索还很不足。因此，"MIT 的教育应该扩充个人的选择机会——科学与数学的共同体验；人文、艺术和社会科学的严谨探索；以及这些领域之间的持续对话都应该是 MIT 教育中的题中之义"②。所以，他希望 MIT 在系科的规划上，不论是内容还是形式，都能够尽可能地为学生的智力成长和专业成就奠定最佳基础，并对本科生计划进行持续评价和更新，而这种因不同兴趣与文化引发的创造性张力能更好地为国家提供服务。

1992 年的《校长第 2 年度报告》以"在变革与限制时代追求卓越"为题，强调 MIT 的大学内部治理，要求从校长开始的大学教务长、院长、系主任、实验室主任及其他学术管理人员要在大学非商业机构的正确定位下，正确且长远地认识自己的工作。③

1993 年的《校长第 3 年度报告》以"兼容并包，凝聚共识"为

---

① 〔美〕查尔斯·维斯特：《一流大学　卓越校长：麻省理工学院与研究型大学的作用》，蓝劲松主译，北京大学出版社，2008，第 7 页。
② 〔美〕查尔斯·维斯特：《一流大学　卓越校长：麻省理工学院与研究型大学的作用》，蓝劲松主译，北京大学出版社，2008，第 11 页。
③ 〔美〕查尔斯·维斯特：《一流大学　卓越校长：麻省理工学院与研究型大学的作用》，蓝劲松主译，北京大学出版社，2008，第 34～35 页。

题，从科学研究的角度再次阐述自然科学与工程科学、社会科学与人文科学的壁垒亟须打破，MIT 需要更大程度的综合，结构将随着功能的转变而调整。问题的极端复杂性要求跨越学科界限，而今日许多真正有趣的学术挑战完全跨越了学科界限。"为获得新见解，解决新问题，就需要把思维方式迥异的学科人员和思想整合起来，这种趋势将持续下来。它将是完全动态的——不在于是否创建新的中心或研究所，而在于搭建一个不断流动和变通的舞台，这需要类似 MIT 这样的院校采取灵活机动的措施。"① 维斯特指出，创建虚拟中心（virtual centers）就是一种有效的方式，计算机与媒介的合作，可以跨越时空距离、实现学科间的优势互补，从而把研究聚焦到重大问题和争端问题上。

1994 年的《校长第 4 年度报告》以"高等教育和新时代的挑战"为题，继续阐述国家对教育的支持、学校对国家的责任。他再次强调大学培养人才必须是以"学生的态度和能力，使其能把新的知识从科研转化为最后实际结果"② 为目标；那些已经确定的对国家利益最为关键的技术领域，尤其是在研究型大学，不能够为所有研究人员设立简单的目标，或是规定他们从事的所有工作都是为了短期的商业应用，因为"忽略基础研究是在以牺牲将来一代为代价达成短期目标的另一种方式"③。所以，面对当前来自大学、联邦政府和企业之间已经出现的明显分歧，国家必须继续对高等教育和科研系统进行投资，确保为真正的基础研究提供充足的经费，防止用学费、赠品和捐款来补偿其投资项目的科研费用。

《校长第 5 年度报告》（1995）、《校长第 8 年度报告》（1998）、

---

① 〔美〕查尔斯·维斯特：《一流大学 卓越校长：麻省理工学院与研究型大学的作用》，蓝劲松主译，北京大学出版社，2008，第 56～57 页。
② 〔美〕查尔斯·维斯特：《一流大学 卓越校长：麻省理工学院与研究型大学的作用》，蓝劲松主译，北京大学出版社，2008，第 77 页。
③ 〔美〕查尔斯·维斯特：《一流大学 卓越校长：麻省理工学院与研究型大学的作用》，蓝劲松主译，北京大学出版社，2008，第 69 页。

《校长第 9 年度报告》(1999) 分别以 "未知世界" "MIT: 未来之路" "悬而未决的三个问题" 为题, 总结了新世纪到来之际, MIT 发展的愿景。维斯特校长带头反思 "我们为什么要投身研究和教育的学术生涯", 表达了教师对学生的责任, 除了课程和实验室的核心职责外, 还应该承担起一种集体责任, 具体包括 "负责而又合理伦理道德的行动和决策; 认识到不断增多的决策所导致的积累影响; 促进校园生活和学习的深度融合"[①]。他总结 MIT 接下来在追求卓越与善于变革、发展基础与引领学术、团结外部关系与院校内部发展、提高技术能力与兼顾伦理道德、优先服务国家预参与全球合作竞争等方面的目标和努力方向。

2003~2004 年间发布的《校长第 12 年度报告》是维斯特作为 MIT 校长发布的最后一版校长年度报告。他用 "一往无前" 凝聚了他引领 MIT 走向 "卓越、坚毅、勇敢、乐观" 的心路历程。在卓越方面, 维斯特强调一流大学必须将推行终身聘任制视为重要职责之一, 虽然这一制度褒贬不一甚至有时候被变相滥用, 但是在 "莫衷一是的学术问题上, 它为避免政治干预提供了保护", 这一制度是 "维持大学长期卓越的根本手段"[②]。在坚毅方面, 他强调 MIT 的性质和创建使命决定了它是一所强烈关注现在与未来的高等学府, "我们把一半的时间首先用来共同展望未来 10 年或 20 年的世界前景, 进而把另一半时间致力于确立 MIT 应该发展的特色", 代表灵活性 (nimble)、国际性 (international)、坚定性 (robust)、丰富性 (resourceful)、多样性 (diverse) 的首字母缩略词 "NIRRD" 诉诸着 MIT 的发展愿景。在勇敢方面, MIT 采取过很多勇敢乃至无畏的举措: 决定在线公布所有的课程材料, 让全世界任何人都可以免费获

---

① 〔美〕查尔斯·维斯特:《一流大学 卓越校长: 麻省理工学院与研究型大学的作用》, 蓝劲松主译, 北京大学出版社, 2008, 第 164 页。
② 〔美〕查尔斯·维斯特:《一流大学 卓越校长: 麻省理工学院与研究型大学的作用》, 蓝劲松主译, 北京大学出版社, 2008, 第 214~215 页。

取；公开承认理学院的女性高级教师遭遇边缘化并决定改变这种状况；致力于推进富有想象力的建筑，以体现校园的日新月异。① 在乐观方面，强调面向未来的 MIT 必须保持乐观主义，坚信大学生存的意义和发展的能力，这也将鼓舞到 MIT 的学生，以更加卓越、坚毅和勇敢的精神风貌迎接世界的严峻挑战。②

维斯特校长同样是以坚毅、勇敢和乐观维护着 MIT 的卓越发展。他长期坚持通过各种办法与联邦政府抗争，以为 MIT 的本科生教育争取更多的资源和经费支持；他在新世纪来临之际，面向世界开放了 MIT 2000 多门课程的学习材料，极大地促进了全球远程教育的发展。

小 结

本章分别回溯了我国自民国以来以及国外历史上著名大学校长的治校训词和案例。民国时期的校长任职期限和美国历史上的大学相似，时间都比较长，比如蔡元培担任国立北京大学校长 11 年、蒋梦麟任职校长 15 年、梅贻琦任职国立清华大学校长 17 年、张伯苓首开南开大学并任职校长 29 年、罗家伦担任国立中央大学校长 17 年、竺可桢担任国立浙江大学校长 13 年，其中部分校长还有其他大学校长任职或教育管理部门工作的经历。可见，这些至今仍然树立在国人心中的著名大学校长，他们所提出的大学见解、撰写的大学文章，放之今日毫不过时。蔡元培校长强调的"制度比校长重要"、蒋梦麟校长提出的"校长治校"、梅贻琦校长总结的著名的"大师论"、张伯苓校长创造的具有中华文化意蕴的公能精神、罗家伦校长创设有机体民族文化的远见、竺可桢校长用科学家精神赋予求是充

---

① 〔美〕查尔斯·维斯特：《一流大学 卓越校长：麻省理工学院与研究型大学的作用》，蓝劲松主译，北京大学出版社，2008，第 225 页。
② 〔美〕查尔斯·维斯特：《一流大学 卓越校长：麻省理工学院与研究型大学的作用》，蓝劲松主译，北京大学出版社，2008，第 230 页。

第三章　组织生命周期理论视阈下大学校长角色的认知比较

实内涵的种种宝贵治校经验，都是他们以先进教育理论结合中国教育实际、各自院校实际而积蓄喷薄的治校财富。

1949年之后，尤其是改革开放以来，中国大学与世界接轨的时代命题日益突出。承载这一时代命题的著名大学的校长，依然在实践中借鉴和摸索着带领大学走向进步。武汉大学校长刘道玉明确提出了建设现代大学制度是中国大学走向一流的关键，华中师范大学校长章开沅将回顾大学主体、回归教育本性视为市场经济冲击下大学坚守初心的第一要义，华中理工大学校长杨叔子强调理工科院校加强人文教育的重要性，复旦大学校长杨福家提出大学去行政化的主张，南开大学校长饶子和主张大学要回归人才培养，教育敬畏感的观点也获得了华中科技大学校长李培根的认同，上海交通大学校长张杰关注到中国特色大学的建设和扎根中国办大学的文化自信问题，中国科学技术大学校长侯建国同样提到了大学去行政化、建设现代大学制度等问题。这一阶段的大学校长角色的鲜明特征是科学家，他们当中多位是两院院士。这一现象体现出我国高等教育发展所处阶段的特征，也是高等教育之于国家意义功能的外显。至今，到底应该如何理性看待科学家型大学校长对个人学术事业的"牺牲"和服务大学发展的"权衡"，在国际高等教育发展中都难以给出绝对化观点。

新时代以来，虽然我们发现综合性大学的校长大多依然是科学家身份，但是对校长的大学治理能力、领导力的要求显著提升。他们继上述著名大学校长之后，又面临更加复杂的发展环境。我们从上文中若干篇大学校长的新生、毕业生训词中，不难发现，他们对学校校史的传承发扬、对大学使命的深度思考、对大学功能的殚精竭虑、对人才培养的塑造责任等，构成了当代大学校长治校和角色实践的基本主题。

研究选取了美国哈佛大学和MIT的两位著名校长案例，他们都面临大学在外部变化和内部发展中的方向性把握问题。哈佛大学的博克校长坚持不懈推进并改进哈佛大学的通识课程体系，树立了哈佛通识教育的世界品牌；并以此为抓手，将道德伦理、教学改革、院系调整、管理变革等纳入通盘考虑。MIT 的维斯特校长同样将本科生教育视为 MIT 的核心，为此他坚持人文融合与道德教化，面向国际开放 MIT 核心课程材料，与政府长期沟通以确保获得经费支持，并坚守基础研究与人才培养的治学态度。

我们回看哈佛大学的历任校长，不论是艾略特、科南特，还是洛厄尔、普西和博克，他们任职校长后，基本都放弃了自己热爱的科学或人文事业，全身心投入哈佛大学的治理。今天人们对他们的熟悉或缅怀并非由于他们在各自学科领域的研究成果，而是他们作为哈佛大学校长曾经付出的努力和诉诸的改革。同样的情况也发生在 MIT，维斯特校长本可以在学术、政治上取得更高的成就，但担任 MIT 校长后，他的杰出的外部关系处理能力反而成为他帮助 MIT 发展本科生教育和课程的重要保障。在任职最后一年的校长年度报告中，他用"卓越、坚毅、勇敢和乐观"表达了对 MIT 未来的期待，其实维斯特正是用校长个体的坚毅、勇敢和乐观维护着 MIT 整体的卓越发展。

本章结合案例，通过对训词的分析，系统回溯了我国高等教育主要发展时期的大学校长角色与实践，同时也结合了美国大学校长的角色发展案例。可以发现，古今中外，大学校长的角色发展及其大学治理，虽因历史、国情及院校差异性而有相异，但一些共性的要求或者说是原则呼之欲出：校长之于大学发展的重要性，尤其是数代校长理念与治校的传递将对一所大学的发展产生至关重要的影响；大学校长的角色定位直接影响到大学发展的轨道逻辑，大学校长在学术、政治与教育之间，需要以治校为业；大学校长的遴选、任命和考核需要建立更加符合大学校长职责所在的制度机制；大学需要在现代大学制度的框架下建立更加完善的治理结构等。相关问题会在下一章进行细致分析论述。

第四章　组织生命周期理论视阈下大学校长角色发展的问题、评价与改进

在前文文献分析、大学校长和相关利益者的双向调查访谈、大学校长训词及案例的文本分析基础上，可以总结分析当前大学校长角色发展的主要问题，揭示相关影响因素，并在此基础上，建立组织生命周期理论视阈下大学校长角色发展评价的指标体系。该指标体系对大学校长的遴选、培训、考核和职业发展评价等具有一定的参考意义。

一　组织生命周期理论视阈下大学校长角色发展的主要问题

（一）我国大学校长角色发展问题的现有研究

国内学者的诸多经典研究，对我国大学校长治校中的问题给出了较为全面而细致的解释。苏州大学周川教授是国内较早研究大学校长角色的学者，他在1996年《大学校长角色初探》一文中首先指出大学校长问题是高等教育管理研究中的一个重要中介和突破口。[①]他于世纪更替之际，结合国外大学校长身份变化，针对21世纪我国大学发展中的校长角色分享了若干自己中肯的思考，尤其是在校长

---

① 周川：《大学校长角色初探》，《上海高教研究》1996年第6期，第1~4页。

"内行"与"外行"的出身选择上,给出了颇有深度的见解。周川教授指出,西方大学校长遴选呈现对学术水平要求降低、对行政能力和社会活动能力要求提升的现象。于是人们质疑校长学术水平降低会不会导致领导水平降低？非学术出身的官员出任大学校长会不会削弱教授治校传统？在校务经营型时代的大学里,"专家校长"也就是学者型专家如果只是某个学科领域的专家而不懂得治校之道,就不能称之为"内行";反之,"校长专家"以把治校作为一个职业和学问为前提而具备较高的行政管理能力,就不能称之为"外行"。于是,周川教授认为,我国当前不论是专家校长还是校长专家,都要定位于教育家角色,具备组织能力、协调能力、社会活动和公共关系能力。

曾任江西师范大学校长的著名高等教育学研究专家眭依凡教授将大学校长治校与校长教育理念联系起来,并进行了系统研究。① 他将大学发展的若干方面统筹于大学校长治校的理念与行为之下,强调校长理念对大学治校的影响,需要重视校长理念的实践,并在这样的前提下遴选校长。后续研究立足于文化,援引蔡元培、梅贻琦等民国时期校长之于文化塑造校格的治校风范,阐释了大学校长文化治校的现实意义,指出当代大学校长应该从大学使命、大学章程和大学环境三个层面推进文化治校的实现。②

南京大学教育研究院院长王运来教授多年来从事高等教育史研究,关注如何从从后思索的视角去研究近代中国著名大学校长办学之道。他对近代中国大学校长进行了整体性和个案式的分析,认为其共性是身处无序混乱的时代,却能直面纷乱的时代困局与

---

① 眭依凡:《大学校长的办学定位理念与治校》,《高等教育研究》2001年第4期,第49~52页。
② 眭依凡:《论大学校长之文化治校》,《清华大学教育研究》2012年第6期,第16~24、35页。

第四章　组织生命周期理论视阈下大学校长角色发展的问题、评价与改进

深重的民族危机而固守教育，以一种超然的姿态冲破和摆脱各种权势与功名的羁绊，崇尚并保持一种"无所依赖与依附"的精神追求，进而捍卫了作为公共知识分子与民族知识分子具有的自在性、自为性与自由性的主体性。① 同时，这些校长的教育理念与思想体系在发展中既表现出与中国传统和西方现代的一种内在契合性和外在回应性，又表现为对国家救亡图存的积极观照，当与世界接轨的教育理念运动消解了国家权力和教育权力之间的距离时，特别是通过大学校长的"反介入精神"奠定了现代化大学发展的思维惯性之后，形成了国家权力与教育权力的共融空间，构建起大学独立自主的属性，大学主体得以确认，创建了中国一流大学。② 而他们的差异体现在办学理念与治校方略虽然不尽相同，有的观点甚至还截然相反，但都持之有据、自成一家，真实地体现出大学校长办学的自主性和思想的多元化。王运来教授将之总结为"四大道"：育人之道，重专、重通、重平衡；研究之道，重学、重术、重事功；服务之道，重用、重教、重推广；文化之道，重传、重改、重引领。③ 并就著名大学校长的孕育和产生机制做出了自主性大、多元化强、自洽度高的历史参照。

厦门大学王洪才教授对大学校长角色与选拔进行了持续性研究。他在国内较早提出应该根据学者型、管理型、协调型和经营型的角色分类来选拔大学校长④，才能使大学和校长各得其所，从而促进大学向高水平发展。他将大学的发展阶段分为五个时期，分别是初创期、适应期、转折期、机遇期和成熟期，认为大学不同发展阶段对

---

① 王运来、王飞：《自在·自为·自由——论中国近代大学校长的主体性》，《江苏高教》2015年第3期，第8~12页。
② 王运来、王飞：《论民国大学校长的"反介入精神"》，《湖南师范大学社会科学学报》2011年第5期，第138~141页。
③ 王运来：《民国著名大学校长办学之道撷要》，《现代大学教育》2015年第3期，第86~92、113页。
④ 王洪才：《大学校长的理想类型》，《江苏高教》2005年第4期，第10~12页。

何以言治

校长的要求就应该结合大学实际而进行适宜的校长选择。① 王洪才教授列举西南联大的案例，说明创造奇迹的关键在于大学校长。历史选择了梅贻琦担当这一重任，梅校长用"特殊时空需要特别校长"②的角色扮演使三所大学"异不害同"，共治一炉。因此，王洪才教授认为校长遴选是大学成功的关键，现代大学制度务必重视大学校长制度建设。

重庆工商大学副校长陈运超围绕大学校长治校发表了数篇高质量论文。他将领导与被领导③、权力与权威④、变革与稳定⑤、整合与分散⑥视为大学校长治校的几个基本矛盾并分别予以阐释。在领导与被领导的关系里，强调大学校长作为领导角色时必须承担领导者的责任，同时不能忘记被领导的义务，在大学组织运行的稳定阶段和变革时期要善于使用不同的领导方式。在权力与权威的关系中，二者相互支撑，具有权威的大学校长能够放大其权力效应，建议大学校长含蓄地使用职务权力，用治校结果彰显治校权威。在变革与稳定的关系中，变革是手段，稳定是特点，以稳定促变革是大学校长治校的主旋律，因为有追求的大学校长应该在危机与平衡之中凸显领导能力。而整合与分散的关系处理需要大学校长结合国家高等教育领导体制、文化传统、大学组织文化以及时宜去保持大学治理得整而不散与散而不乱。上述关系的

---

① 王洪才：《论大学发展阶段与校长选择》，《江苏高教》2007 年第 1 期，第 22 ~ 25 页。
② 王洪才：《西南联大的成功与大学校长角色定位》，《社会科学战线》2013 年第 11 期，第 195 ~ 201 页。
③ 陈运超：《论大学校长治校的基本矛盾之一：领导与被领导》，《现代大学教育》2007 年第 4 期，第 58 ~ 61、112 页。
④ 陈运超：《大学校长治校的基本矛盾：权力与权威》，《教育发展研究》2007 年第 11 期，第 52 ~ 55 页。
⑤ 陈运超：《大学校长治校的基本矛盾：变革与稳定》，《高教探索》2008 年第 4 期，第 28 ~ 31 页。
⑥ 陈运超：《大学校长治校的基本矛盾：整合与分散》，《江苏高教》2007 年第 5 期，第 1 ~ 5 页。

第四章　组织生命周期理论视阈下大学校长角色发展的问题、评价与改进

处理能力直接体现为大学校长的领导艺术，要求大学校长治校必须超越组织惰性、实施大学变革。[①] 陈运超副校长还在另一篇论文中，回溯了我国改革开放 30 年以来大学校长角色发展的制度变革[②]，就大学校长的角色定位、大学校长角色实现的制度保障、大学校长的治校权力与监督、大学校长的产生与退出机制提出了若干建议。

浙江外国语学院党委书记宣勇围绕大学校长管理专业化问题展开了系统研究。就概念而言，他从大学校长管理大学过程专业化的角度，提出要理顺大学内部治理结构、要完善大学遴选机制、要提升大学校长素养，让校长有负责任的权力、动力和能力。[③] 在这三种力的基础上，提出"两体三维"的概念，即大学校长和政府为双主体，大学校长有专心的事业、专长的从业、专门的职业"三专"的维度[④]，在这个理论框架下，探索大学校长管理专业化和大学治理能力提升的具体路径[⑤]。专业化管理应该作为大学校长遴选的机制支撑，要求变革一元主导的校长遴选制度，要求政府作为制度供给者建立大学校长职业化制度。[⑥]

大学校长领导力与大学校长角色是密切相关的概念。曾任广东金融学院党委副书记的马龙海就大学校长领导力问题提出了一系列看法。他在梳理大学校长与大学、市场和政府三个环境场域的关系

[①] 陈运超：《组织惰性超越与大学校长治校》，《教育发展研究》2009 年第 12 期，第 1～4 页。
[②] 陈运超：《改革开放 30 年来我国大学校长角色与制度的变迁与反思》，《复旦教育论坛》2009 年第 1 期，第 48～52 页。
[③] 宣勇、钟伟军：《论我国大学治理能力现代化进程中的校长管理专业化》，《高等教育研究》2014 年第 8 期，第 30～36 页。
[④] 宣勇：《治理视野中的我国大学校长管理专业化》，《中国高教研究》2015 年第 1 期，第 26～28 页。
[⑤] 宣勇、钟伟军：《基于治理能力提升的中国大学校长管理专业化理论建构》，《教育研究》2017 年第 10 期，第 52～58 页。
[⑥] 宣勇、郑莉：《大学校长遴选与高等教育治理能力的现代化》，《中国高教研究》2015 年第 8 期，第 23～26、44 页。

时，提出大学校长的角色要求越来越趋向综合化和多元化，大学校长需要调适环境关系与角色身份的适配性，以引领大学适应当代大学发展。①他结合知识管理理论中的 SECI 模型提出了大学校长角色转化的路径选择②：大学校长各种能力和知识的总和通过隐性—显性—隐性的相互转换，呈现角色发展和领导力的螺旋上升。同时，通过广东省 17 所本科院校和安徽省随机挑选的本科院校的问卷调查，使用探索性因素分析构建四个维度（前瞻力、执行力、培育力和开发力）的大学校长领导力评价体系③，指出大学校长领导力实现与角色发展的机制是精神文化在组织机构中的体现，是影响大学可持续发展的关键环节④。

山东女子学院王飞教授针对大学校长角色发展提出了颇为丰富且鲜明的观点。他关注大学校长主体性问题，就大学校长主体性生成的文化环境⑤、法律环境⑥，强调在共同治理视角⑦下发挥大学校长的引领和协调功能。在现代大学制度与大学校长主体性构筑实践中应促使国家主导型文化向社会主导型文化转移、促使国家权力向社会权力转移，大学校长由"特殊知识分子"向"理想知识分子"发展⑧，以

---

① 马龙海：《当代大学校长领导力实现的环境分析》，《中国高教研究》2009 年第 8 期，第 63~65 页。
② 马龙海：《大学校长领导力实现方式研究》，《国家教育行政学院学报》2009 年第 11 期，第 8~11 页。
③ 马龙海：《大学校长领导力体系构建的探索性分析》，《国家教育行政学院学报》2010 年第 11 期，第 14~20 页。
④ 马龙海、许国动：《大学校长领导力发展的分析模型：框架与方法》，《国家教育行政学院学报》2015 年第 12 期，第 8~13 页。
⑤ 王飞、王运来：《大学校长主体性生成的文化环境治理》，《江苏高教》2012 年第 5 期，第 54~55 页。
⑥ 王飞、王运来：《大学校长主体性生成的法律环境治理》，《当代教育科学》2012 年第 13 期，第 3~5、8 页。
⑦ 王飞、王运来：《共同治理视野下大学校长主体性生成的路径》，《当代教育科学》2012 年第 19 期，第 6~9 页。
⑧ 王飞、王运来：《大学校长治校作用怎样科学发挥——一项基于知识分子类型的解释学分析》，《江苏高教》2020 年第 7 期，第 1~9 页。

第四章　组织生命周期理论视阈下大学校长角色发展的问题、评价与改进

促进体制外主体性向体制内主体性转变①。最终，大学校长的主体性走向应该是教育家型的大学校长角色，王飞教授用根本路径、核心路径、基本路径和重要路径对大学校长角色走向进行了尝试性设计。②

浙江工业大学毛建青教授调查了部分"211 工程"大学的校长、党委书记、中层干部和教授，发现大学校长的教育家这一首要角色在实际层面认同度偏低，大学校长的领导者、管理者理想角色在实际中却成为学问家和政策执行者，公共知识分子的角色期待更多变为了政策执行者和行政官员，因此大学校长理想角色和实际角色相去甚远，且存在多元角色冲突。③大学校长需要在大学内外部治理关系日益复杂的背景下，在继续承担教育家、政治家、学者等角色的基础上，不断调整其角色定位，强化决策执行者角色，并承担更多的公共责任。④

另外，宣勇教授和毛建青教授都关注到了大学校长与党委书记的角色关系问题。宣勇教授团队在 2018 年对 788 所本科院校的党委书记和校长进行了问卷调查，发现党政关系不和谐现象比较集中地归因于"职责边界不清晰"，因此"党委领导下的校长负责制"是很有必要放到国家治理体系和治理能力现代化进程当中来思考的。宣勇教授提出用系统耦合来构建大学校长和大学党委书记两种角色之间相对的、动态的、差异化的平衡关系。⑤毛建青教授也认为大学

---

① 王飞、王运来：《从"体制外主体性"走向"体制内主体性"——当代中国大学校长主体性构筑之内外转移》，《现代教育管理》2012 年第 12 期，第 80~85 页。
② 王飞、王运来：《论大学校长的主体性——教育家型大学校长成长的路径设计》，《中国高教研究》2011 年第 5 期，第 28~31 页。
③ 毛建青：《当前我国大学校长多元角色及其冲突的实证分析——基于"211 工程"大学的调查》，《学术论坛》2014 年第 9 期，第 156~161 页。
④ 毛建青：《高等教育治理体系中大学校长的角色定位研究》，《高校教育管理》2016 年第 6 期，第 17~20 页。
⑤ 宣勇：《"党委领导"与"校长负责"的系统耦合》，《国家教育行政学院学报》2022 年第 4 期，第 10~12 页。

校长和党委书记两种角色存在同化问题,以至于人们对这两种角色的期待几乎一致,因此需要在坚持和完善"党委领导下的校长负责制"的前提下,进一步协调党委和行政的关系、明确党委书记的举办者身份、强化大学校长的决策执行者角色意识和加快推进大学校长的职业化进程。①

通过上述较为系统的梳理可以发现,国内学者已经围绕大学校长的角色发展问题进行了历史的、比较的、理论的、实践的多维度探究和总结,为本研究立足于组织生命周期理论来进行更为聚焦的探讨提供了积极的参考。但同时也能够察觉到,上述研究更多还是在其他视角如领导力理论、大学校长遴选、大学治理等框架下,部分涉及大学校长的角色问题。换言之,将大学校长角色视为关键主题来进行细致分析的研究成果还略显不足。因此,在前人研究和笔者前期调查、访谈和研究的基础上,以下将对组织生命周期理论视阈下大学校长角色发展的问题进行分析。

(二) 大学校长的任职期及相应的角色认知不够明确

根据组织生命周期理论,一个组织的发展要经历创业、聚合、规范化和协作四个阶段,即经历创建、发展并最终走向成熟。同样,一所大学自建校以来,会在不断发展中逐渐走向成熟,并在大学内外部关系的处理中不断取得进步。大学校长作为大学组织的核心领导者,其任职周期可分为前奏期、蜜月期、稳定期和离职期四个阶段。前奏期是大学校长初任的角色转变和调整阶段,蜜月期和稳定期是大学校长适应并在其角色表现方面呈现稳定并实现上升的阶段,离职期则是大学校长即将离任、角色发展的尾端,也是其办学思想的集大成阶段。这四个阶段之间界限比较模糊,并没有严格意义上

---

① 毛建青:《我国公立大学校长和党委书记的角色同化研究》,《现代教育管理》2017年第9期,第47~51页。

第四章　组织生命周期理论视阈下大学校长角色发展的问题、评价与改进

的时间划分，但同层次或同类型大学的校长基本会在其任职期内体现出相对突出的阶段性发展特点，因而呈现一些较为集中的维度特征。

在大学组织的创建阶段，大学校长进入了职业的前奏期：基于组织的规模较小或初始进入一个组织的孤立感，高层管理风格偏向个人主义和自主创业。但从经历候选到准备入职，团队建设和制定日常工作议程，大学治理在大学校长个体中得到实现。在组织的发展阶段，大学从聚合走向规范化，大学校长也将经历职业的蜜月期和稳定期：前期的团队建设已日趋成熟，日常工作也日趋规范，在经历了一定的发展后，高层管理者的超凡魅力得到体现，并在组织中逐渐树立威信，从而对组织发展方向起到指引作用。但在组织从创建到成熟的过程中，大学校长一方面要承担学校发展中很多的决定性决策和冒险行为，另一方面还要面对教师、学生之间可能存在的矛盾及大学外部与政府、社会之间可能存在的冲突。这一时期，大学校长须依靠组织领导，实现大学内部的有效治理和大学外部的关系协调。大学校长的离职期应该是大学组织的成熟阶段：学校内部群体目标一致，学校外部与政府、市场的关系和谐稳定，但随着组织规模不断扩张，高层管理者无法事无巨细地亲力亲为，必须实现控制下的授权，并在团队式的发展中不断摒弃行政式机构发展的弊端，带领组织走向成熟。

当然，不是每位校长都能成为大学的首任校长，但这并不影响他们参与大学组织发展的各个阶段。随着社会的发展，大学在"创建、聚合、规范化、协作"中不断得到提升，即使处在成熟阶段的大学也不会一成不变，而是因为外界的变化而产生新的创建、聚合和重新走向规范化、协作。大学校长的责任就是发挥其领导才能，使大学历久弥新。

高层管理风格在组织不同发展阶段的表现可以为大学校长任职不同阶段的角色发展提供一定的借鉴。然而，在现实中，不论是学

者研究还是实际调查，都显示出大学校长对任职期概念，尤其是对不同任职期的校长角色认知并不十分清晰，对"角色期待—角色领悟—角色实践"的角色发展过程认知也比较缺乏。调查中仅有1位校长明确选择角色发展过程的反思对其工作效果具有提升作用，其余18位校长均选择了"可能会"。王洪才教授提出的大学校长遴选应结合大学不同发展阶段对校长的要求来进行适宜的选择也正好印证了上述观点。

（三）大学校长角色发展的逻辑和轨迹不够清晰

从理想状态来看，大学校长角色发展在不同的任职期也具有较为明显的角色发展过程，在角色发展理论支持下，具体表现为"角色期待—角色领悟—角色实践"这一发展循环。在大学校长角色发展与任职期的理论作用下，将会衍生出大学校长的角色冲突、角色危机、角色认同、角色权力等一系列概念。如果大学校长对个体的角色发展没有清晰的认知，或者说不能将角色发展理论运用到治校实际中，那么一旦因为大学内外力作用而引发校长角色的冲突，就难以科学地、合理地在较短的时期内去解决冲突。如果任由这种角色冲突随意发展而不施以调控，积累之下很有可能演变为大学校长的角色危机；反过来，如果通过冲突促进反思，用理论与实践相结合的方式去尝试改变传统的科学家型（专家型）校长的治校思维，向职业化校长或者说理想化的教育家型大学校长的治校思维转变，那么大学校长在角色冲突中终将走向角色认同。当然，这里的角色危机、角色认同不完全指向大学校长自评，或者是相关利益者他评，而是主体间性下自评与他评的共同影响。当然，角色冲突或角色认同的来源也不尽一致，在角色理论中，我们将之归结为来自行政（职业）、学术（身份）、人格（个体）和情感（文化）四个层面的因素。

目前我国大学校长仍然更多出身于科学家，即周川教授提到的

第四章　组织生命周期理论视阈下大学校长角色发展的问题、评价与改进

所谓"内行"身份,调查中的19位校长无一人具备教育学专业学习背景。调查中设置的"您是否认为担任校长职务应具有教育学专业背景或进修经历"的问题选择中,仅有31.6%的校长明确选择"有",42.1%的校长选择"没有",26.3%的校长表示"不确定"。但在另一个问题"请按照您认为的重要程度,依次选择5项大学校长理想角色并排序"中,有73.7%的大学校长将教育家视为排序第一的理想角色。在这一角色的具体描述中,较多的校长选择理性、规范和创造。我们也许可以认为,就调查的样本所示,大学校长对自我的角色期待与其角色领悟、角色实践以及理想角色的认知之间还存在一定的差距,校长对大学校长外部教育培训的支持评价可能也存在不足。

（四）大学校长的自评和相关利益者的他评存在一定差异

本书第二章已经对大学校长角色发展若干问题进行了大学校长自评与相关利益者他评相结合的数据比较分析。可以发现,在大学校长角色定位、角色冲突、重要的治校行为上,自评和他评结果趋同;而在大学校长的教育学背景要求、角色权力、理想角色、角色危机、角色认同、角色支持方面,自评和他评均存在不同程度的选择和评价差异。

全部的大学校长和绝大多数相关利益者都认为大学校长角色定位于"关注未来,引起变化并谋求创新"。大学校长对角色冲突的问题有更深的体会,造成这种冲突的原因主要来自大学内部,其次是社会环境和个人因素。双方选择的重要的治校行为包括激励人心、以身作则、使众人行、共启愿景,但在行为排序上略有差异。

在"担任大学校长职务是否需要具有教育学专业背景或进修经历"的选择中,仅三分之一的大学校长认为"需要",而超过三分之二的相关利益者选择"很需要"或"需要"。

在角色权力方面也体现出较大差异,大学校长认为自己最需要的权力是强制权力、关系权力和合法权力,相关利益者的选择是关系权力、专家权力和强制权力。可以认为大学校长对治校中的来自惩罚或建议惩罚他人的强制权力表现出较高需求,相关利益者却期待大学校长能够体现出更多来自个人特征、人格魅力的关系权力,以及专业知识和技能所带来的学者型权力。

在理想角色总体认知上,大学校长呈现"教育家+管理者"的双重角色选择,相关利益者则对大学校长的教育家角色更加看重;校长也表现出对协调者角色、筹资者角色的选择,而相关利益者更期待校长的服务者角色。在理想角色的具体描述中,大学校长首选规范,显示出其对于大学管理以及服务国家的制度性选择;相关利益者首选理性,表现出社会对大学校长治校的价值理性的期待。

相关利益者对大学校长角色危机、角色认同出现的可能性判断,均高于大学校长自身。造成角色危机或者角色认同出现的因素来源于大学内外部,而非仅仅是大学环境,这与上述角色冲突的来源选择存在差异。可以认为,在大学校长和相关利益者的共同认知中,大学校长的角色冲突更多取决于大学内部治理中的问题及其复杂程度,而上升为角色危机或者角色认同就不只是大学环境内循环的问题了,而是涉及政治、经济、文化、社会等多重环境的制约或作用。关于大学校长角色认同实现,双方首选的因素均是人格魅力;在次选的因素方面,大学校长期待情感认同,而相关利益者表现出对行政和学术引发认同的倾向。

在角色支持上,大学校长和相关利益者的选择差异主要体现在:大学校长认为来自实际工作的经验积累比校长职务的培训和支持计划更加重要,而相关利益者的选择反之,这也与上述关于大学校长是否需要教育学背景经历的选择一致;大学校长对来自下属的认可和追随程度表现出较高的支持需求,而相关利益者更强调校长个人在学术与行政之间的平衡能力,这在一定程度上可以说明不同视角

第四章　组织生命周期理论视阈下大学校长角色发展的问题、评价与改进

下的身份期待存在"天然"的差异。

因此，我们关注到大学校长角色发展中的理想、权力、危机、认同、支持问题，大学校长自评和相关利益者他评之间存在差异，有助于更好地在主体间性中找到大学校长角色发展的优化路径，在多方期待下构建大学校长自评与他评相结合的角色发展模型和体系。

二　组织生命周期理论视阈下大学校长角色发展的影响因素

在分析上述问题的基础上，我们基本可以从组织生命周期理论出发，将影响大学校长角色发展的因素分为个体—环境因素、政策—社会因素两大类。其中，个体—环境因素主要指大学校长角色发展性认知的内外部循环关系及影响；政策—社会因素指的是政府和各级教育管理部门对待大学发展、大学校长治校的整体导向，以及来自政治、经济、文化、传统等多方的社会作用力。

（一）个体—环境因素

我们将大学校长角色发展的概念视为指导大学校长治校实践的重要理论，并认为大学校长对角色发展理论的认知及其治校中理论与实际的结合程度，会对大学校长角色发展评价、大学治理效能产生重要影响。如图4-1所示，大学校长角色发展分为大学内循环与社会外循环两个系统，内外循环之间相互作用。

其中，内循环主要聚焦大学组织内部，强调大学校长在任职期的不同阶段，都需要关注到"角色期待—角色领悟—角色实践"的发展性角色认知，并尝试结合自己所处的任职阶段进行角色描述和角色反思，这将有助于提升大学校长治校行为的针对性和亲和力。在本书第二章的表2-9中，我们列举了不同任职阶段的发展性角色描述供被调查的大学校长选择，发现大多数大学校长对职业前奏期

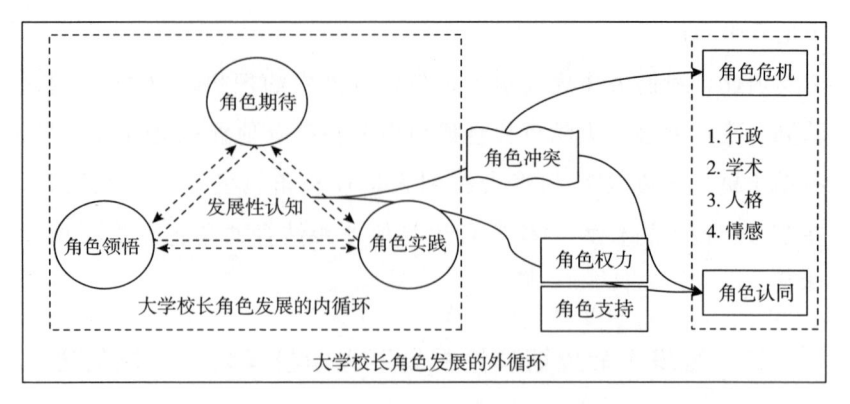

图 4-1 大学校长角色发展的内外循环模型

的角色发展性描述分别为：理想化、基于院校客观实际的主观思考、持续摸索着实践。对职业稳定期的角色发展性描述分别为：明确与个性、逐步走向客观和成熟，当然一些校长出于谨慎和保守，故未选择成熟的描述。对职业离职期的角色发展性描述分别为：理性治校、顶峰体验、趋向保守。对应的高层管理风格依次为基于个人主义的创业、控制下的授权、团队式以及抨击行政机构。可见，不同任职阶段的校长治校，应该具有不同的侧重点和管理风格。如果大学校长不立足于院校不同发展时期的实际、自己任职校长不同任职阶段的实际，就有可能在大学治理中难言治校、只能管理，且这种管理容易陷入主观盲目，难以形成关注未来、引起变化、情感认同、文化塑造的大学校长领导力。

当然，大学校长的角色认知并不是一个闭环的自我活动，而是既立足自我发展，也需要多方参与的开放性发展系统。大学校长在不断的角色期待、角色领悟和角色实践中，必然会在某些时空境遇下使用自觉或不自觉的角色权力，也有可能产生性质多变的角色冲突。前文所述的合法权力、报酬权力、强制权力、专家权力、关系权力等角色权力，其中既有大学校长普遍认为比较缺乏的惩罚或建议惩罚他人的强制权力，也有社会期待大学校长更加具备的专家权力和关系权力（如人格魅力等）。这种角色权力的使用不仅与大学校

第四章　组织生命周期理论视阈下大学校长角色发展的问题、评价与改进

长角色认知密切相关，也将对走向角色发展外循环的方向产生直接影响。与此同时，角色冲突既可能源于大学校长内生，也可能根植于大学环境，还可能源自外部环境压力，因而这种角色冲突及其表现是错综复杂的。可以肯定的是，角色冲突必然是大学校长角色发展内外部循环中重要的中介反应，因为角色的持续冲突极可能引发大学校长的角色危机。

因此，一方面，对大学校长角色权力的赋予，尤其是扩大强制权力、合法权力、报酬权力等职务性权力，应该成为现代大学治理中急迫需要解决的问题。大学校长在具有较为自主的办学权力下，将角色认知与角色权力相结合，会有效促进大学校长角色认同与大学治理效能的协同发展。另一方面，角色支持包括校长职务的相关培训和支持计划、较长时间的任职经历和经验积累、个人在学术与行政之间的平衡能力、内在驱动力、下属的认可和追随程度、师生的认同和期待等，这些因素指向大学校长任职期限、大学校长遴选培训、大学校长角色自知三大方面。如果校长治校过程中遭遇到角色冲突，上述因素的支持帮助也能较好地化解冲突，甚至重新走向角色认同。

角色危机或角色认同的本质主要涉及行政、学术、人格、情感四个维度。行政维度主要指向大学校长职业性的危机或认同；学术维度是指大学校长作为科学家、专家的学术身份及相应可能产生的危机或认同；人格维度是指大学校长个体所具备的个性化、特色化的特征，及由此产生的危机或认同；情感维度是指大学校长作为大学组织引领者所代表和传承的文化要素，及相应可能带来的危机或认同。根据角色理论和前期研究，我们认为，来自行政和学术的角色冲突有可能引发大学校长主体性的角色危机，大学校长较难在职业和学科之间游刃有余，甚至会顾此失彼；且仅仅基于行政角色的权力难以获得较好的社会认同，调查中的相关利益者对大学校长的身份认同相较于行政因素，更多来自学术身

份因素；而来自人格、情感的因素，在调查中成为大学校长和相关利益者高度认同的共性选择。在大学校长自评中，人格魅力、文化情感是其期待最高的角色认同和支持来源；在相关利益者他评中，对大学校长角色认同的最高期待也是来自人格、情感维度的肯定和评价。

（二）政策—社会因素

除了个体—环境的内外循环之外，大学校长角色发展还会在以大学校长为中心点的政府、社会、大学三方互动中形成角色关系。如图 4-2 所示，处于政策—社会因素制约下的大学往往难以控制好自身发展与服务国家、服务社会之间的边界，大学校长处于政府、社会和大学三方关系的互动之中，承担着受政府聘任、须服务社会和掌大学之舵的三重责任。

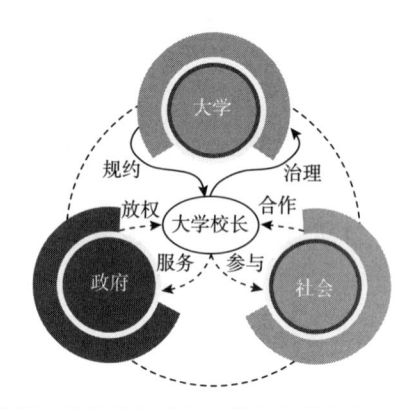

图 4-2　我国大学校长与政府、社会大学内外部关系互动模型

根据《高等教育法》相关条文规定：高等学校自批准设立之日起取得法人资格；高等学校的校长为高等学校的法定代表人。因此，大学校长对大学承担有第一责任和主要责任。角色论中，大学校长与大学的理想关系是大学校长治理大学，大学用制度和章程规约大学校长治校，并且大学校长有责任和义务推进大学制度和章程的形成与革新。我们综观中外著名大学校长的治校经验，以"人治"推

第四章 组织生命周期理论视阈下大学校长角色发展的问题、评价与改进

动"法治"是众多大学校长的治校态度。这一做法在近代大学发展中尤为凸显,宏观的如《大学令》、评议会制度[①]、董事会制度[②]和各类大学章程[③]等,微观的如教授制度[④]、教师制度[⑤]、教学制度[⑥]、学位制度[⑦]、图书馆制度[⑧]、师范教育制度[⑨]、留学生制度[⑩]等。蔡元培担任国立北京大学校长前曾任中华民国第一任教育总长,这种兼具官员与大学校长的双重身份及角色选择,尤其是他主导颁布的中国近代高等教育第一个法令《大学令》、他执掌北大持续推崇"学术自由,兼容并包"等举动,无一不反映出他被北大师生誉为"永远的校长"的角色归宿。以史为鉴,大学校长在我国建设世界一流大学的新局面下,既需要用合乎理性和人性的"人治"加强并推进现代大学制度建设,还应具备在现代大学治理规则下用"法治"来约束自己的角色自知的能力。在前文中,我们也论述到大学校长自任职前奏期至稳定期和离职期,其管理风格将呈现从个人主义到团

[①] 郭强、胡金平:《近代中国大学评议会制度的实践考察与实证探析》,《高等教育研究》2020年第11期,第90~98页。

[②] 任小燕:《试论民国时期大学董事会制度的多重来源》,《河北师范大学学报》(教育科学版)2019年第5期,第44~50页。

[③] 马洪正:《我国近代大学章程的历史存在及其价值目标》,《江苏高教》2017年第11期,第48~52页。

[④] 吴春苗:《民国教授制度形成考略》,《高教探索》2018年第9期,第105~110页。

[⑤] 刘超、田正平:《中国近代大学教师评聘制度的历史考察——以国立名校为中心》,《浙江大学学报》(人文社会科学版)2020年第2期,第54~69页。

[⑥] 张亚群:《中国大学通识教育传统的现代价值》,《华中师范大学学报》(人文社会科学版)2014年第1期,第146~154页。

[⑦] 周谷平、应方淦:《近代中国教会大学的学位制度》,《浙江大学学报》(人文社会科学版)2004年第1期,第14~22页。

[⑧] 李玉宝:《论〈万国公报〉对我国近代大学图书馆制度体系构建的启发意义》,《图书馆》2012年第3期,第46~48页。

[⑨] 张军、李涛:《师范教育与经济发展:来自近代中国的证据》,《学术月刊》2022年第5期,第46~59页。

[⑩] 李亚明、朱俊鹏、杨舰:《我国近代首次中外交换留学生制度的考察——国立清华大学与德国交换留学生制度的缘起、实施经过及成果》,《清华大学教育研究》2011年第3期,第104~111页。

队式、从主观趋向客观、从创业走向授权的变化。这样的高层管理风格是经过实践检验并提炼而成的，应该成为当代大学校长推进治校理念和实践建设的重要角色发展参考。

首先，就大学而言，大学校长应该成为现代大学制度的捍卫者，也就是说大学校长治理大学、大学规约大学校长。如果从大学校长遴选开始，就能考虑到人选在高等教育管理方面的理念和经验，那么之后的校长治校和角色实践就可以在螺旋上升中调整和发展，从源头上控制角色冲突、角色危机的发生。因此，不少研究对"大学校长遴选"进行持续的研究，美国教育理事会（America Council on Education, ACE）的官方数据表明，具有教育学、人文学科、社会学科学术背景的学术精英成为美国大学校长最主要的身份来源。[1] 2017年的调查数据显示，美国大学校长获得的最后学位类别排序中排名第一位的是教育或高等教育，占到调查对象总数的41.10%。[2] 我国1920年至1949年间的76所高等院校共计有266人（330人次）担任校长，其中教育学科出身的大学校长人数最多（56人，73人次），即便从当中排除师范类大学的校长人数，在综合性大学和非师范的独立学院任职校长的，仍然是教育学科出身的校长人数最多（35人，46人次）。[3]

将教育家身份引入现代大学治理，就是要面对大学校长职业化问题。大学校长职业化可以促进教育家角色发展，而定位于教育家身份则必然要求大学校长将全部精力投入大学治理。一方面，发达国家尤其是美国大学校长职业化发展为我国提供了可参考的成功经验。回看美国历史上的著名大学校长，在任职大学校长后几乎不约而同地放弃了自己的专业发展，将全部精力投入大学治理，成就了

---

[1] 郭俊、马万华：《美国大学校长群体特征的实证研究——基于履历背景的视角》，《比较教育研究》2013年第1期，第17~21页。

[2] 姜朝晖、黄凌梅、巫云燕：《谁在做美国大学校长——基于〈美国大学校长报告2017〉的分析》，《教育研究》2018年第10期，第121~129页。

[3] 黄国庭：《民国时期教育学者出任大学校长考论（1920~1949）》，《教育学报》2009年第3期，第110~120页。

第四章　组织生命周期理论视阈下大学校长角色发展的问题、评价与改进

美国的诸多名校。哈佛大学的历任校长不论是艾略特、科南特，还是洛厄尔、普西和博克，他们在成为校长之后基本都放弃了自己热爱的科学或人文事业，今天人们对他们的熟悉或缅怀并非由于他们在各自学科领域的研究成果，而是他们作为哈佛大学校长曾经付出的努力和诉诸的改革。另一方面，更重要的是，大学校长作为中国特色现代大学制度建设中的关键人物[1]，他们在专家和大学校长的双重角色身份中难以兼顾、顾此失彼的弊端已然呈现。有学者通过调查指出，中国大学校长集多元角色于一身，面临多元角色的冲突，角色扮演与角色期待相去甚远。[2]

其次，就政府而言，大学校长应该成为教育强国目标的驱动者，即校长服务于国家、政府放权于校长。2012年以来，我国高等教育结构进一步优化、质量进一步提升、总体实力进一步增强，目前已有一批大学和一批学科跻身世界先进行列。在规模扩张与内涵建设并举、世界范式与中国特色并重的建设进程中，现代大学治理和现代大学制度的建设、完善，将是我国高等教育强国、创新人才强国的重要支持和应有之义。换句话说，中国大学强有特色的发展范式，依靠的是全社会与高等教育整体性的互动发展，而处于这一互动关系中心的人物角色，必然是大学校长。以一所大学的微观发展脉络为依照，是否协同于国家各阶段发展之所需，是否串联起服务国家各阶段发展之所想，是否印证着国家各阶段发展之所得，是否引领于国家各阶段发展之前路，不仅是高等教育服务社会、造福民族的功能体现，也是一校之长的角色认知与定位的客观反映。当前我国高等教育高质量发展既需要立足我国基本国情，以中华民族伟大复兴为目标，在高水平落实立德树人根本任务之下，全力提升高等教

---

[1] 宣勇：《现代大学制度建设中的"中国特色"与大学校长的角色选择》，《探索与争鸣》2013年第6期，第10~11页。
[2] 毛建青：《当前我国大学校长多元角色及其冲突的实证分析——基于"211工程"大学的调查》，《学术论坛》2014年第9期，第156~161页。

育的根本质量和整体质量，着力培养基础学科拔尖人才；也需要扎根中国大地办大学，增强服务国家重大战略需求能力，引领解决"卡脖子"问题，全力打造高等教育的中国范式。如何将这些系统目标糅合在大学育人、科研、服务和文化方面的具体行为实践中，既考验当代大学校长的家国使命感、教育责任感、学术敬畏感，更考验其作为大学这一松散学术组织运行管理负责人的角色发展与实践能力。

考虑到高等教育越来越庞大的规模和复杂的使命，高等教育更好服务国家的前提是大学按照自身的规律和逻辑来发展。政府进一步扩大大学办学自主权，赋予大学完整的自主性是必要的。如关于大学校长的任职期限和职责评价，有没有可能做到具体问题具体分析。从这个意义上来说，给予大学一定的办学自主权可以更好地促进大学服务。但这种自主不是脱离政治的自主，而应该是追求政治认同的自主，是在价值层面寻求政府政治论与大学认识论的中和，是在契约层面将政府的附属需求与大学的平等要求相调和，从而在权力层面实现政府控制与大学自治的共赢。①

最后，就社会而言，大学校长应该成为社会发展需求的代言人，即校长通过引领大学参与社会发展，而社会将大学作为子系统赋予其更有效的合作空间。我们在谈论大学的第三职能时，通常将社会服务视为权威概念，但实际上，自20世纪90年代以来，强调包括所有公民社会在内的多元主体作为主要利益相关者、以双向交流与合作来推动参与的价值取向②，已经成为对大学与社会关系的新的诠释。因此"参与"相较于服务，更加符合系统论下大学与社会的结构耦合关系。在这一诠释下，大学的自我指涉使大学拥有应对复杂

---

① 杨婕：《价值、权力、契约：政府与大学关系张力研究》，《江苏高教》2018年第4期，第11~16页。
② 李瑞琳、Hamish Coates：《从服务到参与：大学与社会关系概念的升级与重构》，《高教探索》2021年第11期，第13~18页。

第四章　组织生命周期理论视阈下大学校长角色发展的问题、评价与改进

环境的能力，如同马图拉纳和瓦雷拉的"自创生理论"[①] 中用细胞来解释生命有机体的概念一样，大学的这层细胞膜起到吸收有利因素如物质、文化、符号等社会资本，同时过滤工具主义、功利主义、虚无主义等不利因素，从而保持大学开放与封闭的动态边界的作用，一方面贴近社会，另一方面保持理想。有学者将之总结为"基于封闭的开放"[②]。

我国自改革开放以来，随着政府对社会的放权，社会和政府的关系经历了新中国成立以来规模最大、层次最深的调整和重塑，至今政府和社会逐渐形成了趋于一体的统合，而大学与政府、社会的复杂关系始终是牵引我国大学发展的关键。考虑到我国政府力量相较于社会力量过于强大的历史现实，需要积极厘清政府、社会与大学三者之间的权力边界和限度。大学作为一个"小社会"，有时候承载了经济、政治、社会等多维综合的，本该由"大社会"来共同分担的责任和使命，这时候大学与社会的边界就是模糊的。那么就要给大学"减负"，除去大学额外的功能承载，将大学职能回归到人才培养、知识传承和创新的学术共同体使命。而有时候社会的组织程度过低导致很多事务须经由国家权力干预才能完成，一方面分散了国家力量、弱化了社会自治力，另一方面也导致大学处于其中难以分辨其与政府、与社会关系的应然与实然。实际上不论是政府强—社会弱、政府弱—社会强，还是政府弱—社会弱，都是基于政府与社会二者对立的关系判断，而在未来可预见的时间内，中国国家与社会关系似乎更加呈现基于合作主义精神之"强国家—强社会"的逻辑走向。[③]

[①] 〔智〕F. 瓦雷拉、〔加〕E. 汤普森、〔美〕E. 罗施:《具身心智:认知科学和人类经验》，李恒威等译，浙江大学出版社，2010，第289页。

[②] 肖文明:《观察现代性——卢曼社会系统理论的新视野》，《社会学研究》2008年第5期，第57~80、243~244页。

[③] 蒋达勇:《现代大学治理:政府、大学与社会关系的厘定与重塑》，《国家教育行政学院学报》2016年第3期，第60~64页。

在这一逻辑下，大学校长如何保护和运用好大学的"细胞膜"，既领导大学走向社会，参与到现代国家和社会的发展中，并提供符合大学学术规律的服务；又引领大学走向理想，在与社会的互动交换中保持学术的初心，维护大学区别于其他社会组织的学术共同体使命。我们不得不回归到大学校长的教育家身份和职业化道路上来。反过来，恰恰也只有遵循大学校长角色发展这一道路，才能形成"校长—大学—社会"的辐射效应和"社会—大学—校长"的支持机制。

三　组织生命周期理论视阈下大学校长角色发展的评价体系

在组织生命周期理论视阈下，本书总结了当前我国大学校长角色发展中的主要问题，包括大学校长的任职期及相应的角色认知不够明确、大学校长角色发展的逻辑和轨迹不够清晰、大学校长的角色自评和相关利益者的他评存在一定差异，认为可以从个体—环境、政策—社会两个维度去分析相关影响因素及其相互之间的关系，并构建了大学校长角色发展的内外循环模型和我国大学校长与大学内外部关系互动模型。继而，研究进一步将相关因素细化形成我国大学校长角色发展评价的指标体系。该指标体系可用于大学校长岗位胜任力分析、大学校长遴选参考、大学校长和高校领导干部培训、大学校长考核评价等，更加有助于大学校长自身对标去发现和思考个体角色发展的过程，并尝试进行自我评价和改进。

（一）大学校长角色发展评价的指标体系

我国大学校长任职内角色发展评价的一级指标分别为角色期待、角色领悟、角色实践和管理风格，二级指标分别指向校长不同任职期的角色特点，经过专家修正后与公共因子比较略有调整。

第四章 组织生命周期理论视阈下大学校长角色发展的问题、评价与改进

继而,仍然由上述专家以 1~9 标度形式对各级指标进行打分,对打分结果做如下处理。一是构造判断矩阵。由专家对同一层次指标进行两两比较,给出它们相对重要性的判断值,全部指标经过两两比较之后,形成比较判断矩阵 $D = (d_{ij}) n \times n$。二是层次单排序及其一致性检验。求解出判断矩阵 D 的最大特征值 λ_{max},利用公式 $D_v = \lambda_{max} v$ 解出 λ_{max} 所对应的特征向量 v,v 经过归一化后即为同一层次相应指标对于上一层次某指标相对重要性的排序权值,再进行层次单排序的一致性检验。三是层次总排序及其一致性检验。把经过层次单排序获得的权重向量综合起来,得到各指标对总目标的相对权重,并逐层进行一致性检验。我国大学校长任职内角色发展的评价体系如表 4-1 所示。

表 4-1 我国大学校长任职内角色发展的评价体系 (A)

一级指标 (B)	权重 (W_i)	二级指标 (C)	权重 (X_i)
角色期待 (B1)	0.184	处于任职前奏期的大学校长对理想角色期待的追求程度 (C1)	0.073
		处于任职蜜月期的大学校长角色期待的适应程度 (C2)	0.059
		处于任职稳定期的大学校长角色期待的稳定程度 (C3)	0.030
		处于任职离职期的大学校长角色期待的理性程度 (C4)	0.022
角色领悟 (B2)	0.259	处于任职前奏期的大学校长角色领悟的客观程度 (C5)	0.073
		处于任职蜜月期的大学校长角色领悟的客观程度 (C6)	0.032
		处于任职稳定期的大学校长角色领悟的客观程度 (C7)	0.032
		处于任职离职期的大学校长角色领悟的顶峰体验程度 (C8)	0.122

续表

一级指标（B）	权重（W_i）	二级指标（C）	权重（X_i）
角色实践（B3）	0.495	处于任职前奏期的大学校长角色期待至角色实践的转化程度（C9）	0.248
		处于任职蜜月期的大学校长角色实践的务实程度（C10）	0.079
		处于任职稳定期的大学校长角色实践的成熟程度（C11）	0.038
		处于任职离职期的大学校长角色实践的成熟度与传递性（C12）	0.130
管理风格（B4）	0.062	处于任职前奏期的大学校长创业能力程度（C13）	0.025
		处于任职蜜月期的大学校长超凡魅力展现程度（C14）	0.016
		处于任职稳定期的大学校长合理授权程度（C15）	0.012
		处于任职离职期的大学校长团队式管理程度（C16）	0.009

如表4-1所示，任职期与角色进程通过纵横交错的指标权重显示出我国大学校长任职内角色发展过程中的特点，具体包括以下四点特征。（1）角色期待、角色领悟至角色实践的一级指标权重值不断增加，角色实践权重值为0.495，超过了角色期待、角色领悟权重值的叠加，即将达到一级指标权重值总和的50%，显示出大学校长角色发展的最终落脚点在实践环节；管理风格的权重最低（权重值为0.062），说明大学校长管理风格是其角色发展不断进阶的最终状态延伸，大学校长自身的角色期待内容、角色领悟内涵、角色实践协同直至形成管理风格，其内在包含着一致性和连贯性。（2）具体到二级指标，发现处于任职前奏期的大学校长在角色发展和管理风格上的特征要求基本居于一级指标内的最高权重位置（权重值分别为C1 = 0.073，C5 = 0.073，C9 = 0.248，C13 = 0.025），显示出校长初任职

务阶段是其进入角色、角色转换和指导实践的关键时期,大学校长的初任角色状态对任职蜜月期、稳定期和离职期的校长角色发展均具有直接的影响。(3)二级指标中,位于权重值前三位的依次为处于任职前奏期的大学校长角色期待至角色实践的转化程度($C9 = 0.248$)、处于任职离职期的大学校长角色实践的成熟度与传递性($C12 = 0.130$)、处于任职离职期的大学校长角色领悟的顶峰体验程度($C8 = 0.122$),前两个指标归属角色实践,第三个指标归属角色领悟,涉及大学校长任职的前奏期和离职期,其中前奏期的指标内涵在上文已有解释,而对离职期的大学校长角色领悟是否出现顶峰体验、角色实践成熟度和传递性的考量将大学校长角色发展的评价指向角色顶端,指向了校长对任职大学文化的传承、发扬和创造。(4)二级指标中,位于权重值末三位的依次为处于任职蜜月期的大学校长超凡魅力展现程度($C14 = 0.016$)、处于任职稳定期的大学校长合理授权程度($C15 = 0.012$)、处于任职离职期的大学校长团队式管理程度($C16 = 0.009$),均归属管理风格,涉及大学校长任职的蜜月期、稳定期和离职期,由于管理风格一级指标在指标体系中排序靠后,故其下级指标的权重值均比较低。

(二)大学校长角色发展评价的结果分析

我国大学校长任职内角色发展评价旨在借鉴国外任职期与角色论的基础上,通过两轮专家意见反馈来完成对指标体系的适当调整,并请国内从事高等教育研究的资深教授和处于任期内的"双一流"大学校长以专家身份对指标进行权重打分,既保证了研究的科学性,也考虑到了指标体系的本土适切性。通过比较分级指标权重值的大小,分析大学校长任职内角色发展过程中的重点阶段和关键时期,从而得出相应的结论。

首先,角色期待和角色领悟作为角色发展的前期内容,其意义在于大学校长在大学治理中是否建立了理想角色并促成其内在转化,而角色发展评价的最终落脚点在角色实践,换言之,即衡量大学校长任职内角色发展程度的关键是其角色认知的转化状态和实践效果及其在管理风格上的呼应,这种追求必然对大学校长职业化提出明确要求。普遍所见的是大学校长一面眷恋学术、一面应对管理的现象,导致其职业发展在"教授"与"校长"的"双肩挑"中分身乏术,得过且过,就是这样"一种反常态的'常态'、反常识的'常识',已成为我国大学管理中甚至经常出现于正式文件中的一个专用名词"[①]。大学校长管理专业化也是建设高等教育强国的必然要求。[②]

其次,分析显示任职前奏期是大学校长初入角色的起始环节,也是关键环节,这一阶段大学校长对理想角色的追求程度、对角色领悟的客观程度、角色理论至实践的转化程度及管理风格上的创业能力,将对后续任职期的角色提升产生直接且深远的影响。这就为大学校长的选聘机制改革提供了一定的思路,如在校长人选考察中是否考虑其学科背景和工作经历,尤其是是否具有教育学相关学科的专业背景或研修经历,如是否可以通过增设校长支持专项计划等方式来帮助任职内校长提升大学治理能力与角色认知水平。同时,校长治理的大学区别于一般意义上的社会组织,大学自诞生以来就具备独特的学术自由与自治传统,而现代大学又处于国家利益与社会关系的中心地带,因此,现代大学校长在"学校代表者"和"国家代表者"角色的权衡中,需要根据具体情况有所侧重。从这一角度出发,给予大学校长一定的办学自主权是很有必要的。有学者认为,大学校长应承诺以治校为天职或使命,而不是兼职或副业,国家须在大学校长选拔、任用及评价制度设计等方面"去行政化"[③];

[①] 吴康宁:《角色困扰:影响大学校长领导力的重要原因》,《探索与争鸣》2015年第7期,第51~53页。

[②] 凌健、张鹏:《国家治理转型背景下的大学校长管理之道——"大学校长管理专业化国际学术研讨会"综述》,《复旦教育论坛》2016年第3期,第95~98页。

[③] 龚放:《以治校为志业:大学治理的新常态》,《高等教育研究》2015年第10期,第30~36页。

第四章 组织生命周期理论视阈下大学校长角色发展的问题、评价与改进

也有学者直接提出应该改变现行大学校长的产生方式，由委任制改为选举制产生，可由竞聘者阐明自己的办学理念与办学设想，由学校全体教师或教师代表选举产生大学校长，考虑到中国国情，选举结果可由组织部门审定①。

最后，大学校长职业化、大学校长任用制度改革归属于国家教育管理部门的政治选择，但从大学内部治理要求出发，大学校长对自身的角色选择和角色认同是塑造其管理风格、提升其领导力水平的核心内容。指标中离职期大学校长角色领悟的顶峰体验要求和角色实践的成熟度与传递性，指向了校长对大学历史与文化的使命和责任，《哈佛规则——捍卫大学之魂》一书提出大学校长的主要角色不是筹资者而是大学的掌舵人②，《新京报》有文直接以《梅贻琦：西南联大的"船长"》③ 为题介绍全面抗战时期梅贻琦在西南联大的治校思想和行为。这就需要大学校长区分开本源性角色和附加性角色，我国大学实行的"党委领导下的校长负责制"已很明确提出大学党委书记的政治家角色和大学校长教育家角色的分工，大学校长主要职责是通过引领大学教学、研究发展服务于政治和国家，并不意味着大学校长就要成为政治家。相反，坚持中国共产党对大学的领导、坚持党委领导下的校长负责制正是中国现代大学制度建设过程中的"中国特色"，大学校长也理应成为大学通向国家的桥梁。

任职期与角色论实际上对大学校长治校提出了更高的要求，大学校长要在大学治理过程中建立内向而生的角色自觉与教育信仰，更多地以内生动力，而非外在规约作为其治理能力和领导力提升的内源力量，其角色也将在这一过程中逐渐嬗变直至丰满。"在教育革

---

① 吴康宁：《角色困扰：影响大学校长领导力的重要原因》，《探索与争鸣》2015年第7期，第51~53页。
② 《大学校长，维系大学使命的精神领袖——评〈哈佛规则——捍卫大学之魂〉》，《中国教育报》2009年7月9日，第07版。
③ 陈远：《梅贻琦：西南联大的"船长"》，《新京报》（西南联大特刊）2007年11月23日。

新和学校改进中，校长是成功的政策变革的关键。"①

四 组织生命周期理论视阈下大学校长角色发展的思路分析

我国汉代赵晔所著的《吴越春秋·阖闾内传》中首次提到"因地制宜"四字，表述为"夫筑城郭，立仓库，因地制宜，岂有天气之数以威邻国者乎？"之后"因地制宜"被提炼为成语，解释为根据不同环境的实际情况制定相应的妥善办法。至今，"因地制宜"已然成为我们做人做事的重要准则。笔者以为，在前文若干自理论、历史至实践、现实层面的解读之后，尤其是在本章对我国大学校长角色发展的主要问题、影响因素、评价体系的论析后，那么，如何在组织生命周期理论视阈下，提出具有建设性的大学校长角色发展的思路，也需要在因地制宜的准则下进行思考和改进。我们把大学校长角色发展的因地制宜含义拓展为三点，分别是因校长之责制宜、因大学之问制宜、因国家之需制宜。

（一）因校长之责制宜

因校长之责制宜直指我国大学校长职业化发展问题。"大学校长职业化"命题的初衷，是强调必须直面当前大学校长在难以舍弃的"科学事业"与无法推卸的"行政责任"之间，无法两全的发展困境。本研究调查中的大学校长几乎都是在两难之间奋力拼搏、以求尽力。然而，这种仅靠校长一己之力想要达成平衡的局面难以实现。发达国家尤其是美国大学校长职业化发展的成功经验，可以为我国大学校长角色发展提供一定的借鉴。美国历史上的著名大学校长，在任职大学校长后基本都放弃了自己热爱的科学或人文事业，将全

---

① P. Hallinger, R. Heck, *Understanding the Principal's Contribution to School Improvement*, in Mike Wallace and Louise Poulson, eds., *Learning to Read Critically in Teaching and Learning*, London: Sage Publications Ltd, 2003, pp. 194–212.

部精力投入大学治理，从而成就了美国的诸多名校。我国现代大学治理进程中，大学校长的定位问题显然是必须面对和解决的重要命题。是选择大学校长职业化发展道路，还是在现行的制度体系下略有调整、渐进式的改革，抑或是出台相应制度改革大学校长的职责要求，还需要在政府、社会、大学以及相关利益群体的多方参与下，形成符合我国高等教育发展实际的制度方案。

因校长之责制宜还指向大学校长教育家角色的发展问题。这个问题与大学校长职业化密切相关，或者说二者相辅相成：大学校长职业化可以促进大学校长教育家角色的发展，大学校长定位于教育家身份则必然要求大学校长将全部精力投入大学治理。我们回顾古今中外的大学发展，基本可以得到这样的共识：教育家型大学校长是各国大学校长的理想角色，这一理想既来自外部评价，也来自大学校长对自身的角色期待。只是，在分身乏术的状态下，一些大学校长因精力有限而无法更好地践行教育家的使命，一些大学校长因缺乏有效的内外部支持而延长了职业适应期和磨合期，一些大学校长因年限问题而难以将更好的理念和经验继续付诸实践，等等。

因此，在面对大学校长职业化命题的同时，我们需要回应大学校长角色定位和发展的实际。教育家型大学校长不应该仅仅依靠大学校长群体自己的努力，也不应该仅仅停留在社会对大学校长理想角色的期待，而是应该在大学内外部协同支持的局面下，形成校长—大学—社会的辐射效应、社会—大学—校长的支持机制，前文已经对这组双向关系进行了分析解释，这里不再赘述。

（二）因大学之问制宜

因大学之问制宜既强调不同层次、不同类型大学的办学责任，也包括不同发展时期的大学所需校长的职业匹配性。《高等教育法》第十一条中明确指出：高等学校应当面向社会，依法自主办学，实行民主管理。这句话的内在含义包括以下三点：第一，高等学校的职能履行应该以服务社会为导向；第二，高等学校在符合国家法律规范的前提下，具有自主的办学权力；第三，高等学校的管理制度应该符合民主要求，保证师生员工的应有权利。该法律在第三十一条至第三十八条，对高等学校的办学自主权做了较为详细的说明，具体包括人才培养、招生规模、学科和专业调整、教学活动、科学研究、社会服务、国际合作、机构设置和人员配备、经费使用等方面的权力。

在国家法律共同规定前提下，不同层次和类型的大学不论在人才培养、科学研究、社会服务或文化引领、国际合作等方面的发展目标，显然具有差异。著名的"钱学森之问"与"李约瑟难题"一脉相传。2005年，温家宝总理在看望钱学森先生的时候，钱老感慨道："这么多年培养的学生，还没有哪一个的学术成就，能够跟民国时期培养的大师相比。"之后又问道"为什么我们的学校总是培养不出杰出的人才？""钱学森之问"指向的是我国一流大学发展中的艰深命题。2009年，由教育部联合中共中央组织部、财政部启动实施了"基础学科拔尖学生培养试验计划"（以下简称"珠峰计划"），入选的高校包括北京大学、清华大学、复旦大学、西安交通大学、中国科学技术大学、南京大学、上海交通大学、浙江大学、南开大学、吉林大学、四川大学、兰州大学、武汉大学、山东大学、中山大学、北京师范大学、厦门大学这17所国内著名学府，试验从数学、物理、化学、生物、计算机学科开始。从"钱学森之问"到2009年开启的试验计划为我国高水平大学的发展奠定了方向，之后在2017年开始的世界一流大学和世界一流学科（First-class Universities and Disciplines of the World，简称"双一流"）建设、2019年4月教育部启动的"六卓越一拔尖"计划2.0、2020年1月出台的《教育部关于在部分高校开展基础学科招生改革试点工作的意见》并在部分高校开展的基础学科招生改革试点（"强基计划"），都立足于一流大学、一流学科建设和拔尖创新人才培养的目标定位。尤其是2009年的"珠峰计划"和2020年的"强基计划"，都直指服务国

第四章　组织生命周期理论视阈下大学校长角色发展的问题、评价与改进

家重大战略需求且综合素质优秀或基础学科拔尖的人才培养问题。但是，显然直面这一问题的高校大多为综合性大学、"双一流"大学。

作为另一个发展维度的高等职业教育，则有着完全不同的发展方向。2006年11月，教育部印发的《关于全面提高高等职业教育教学质量的若干意见》第一次提出"高等职业教育作为高等教育发展中的一个类型"。2014年6月，国务院印发的《关于加快发展现代职业教育的决定》中第一次提出"产教融合"，提出"加快构建现代职业教育体系"。2017年12月，国务院办公厅印发的《关于深化产教融合的若干意见》进一步提出将产教融合的要求扩展至基础教育和高等教育，上升为国家战略。2019年1月，国务院印发的《国家职业教育改革实施方案》又一次指出"职业教育与普通教育是两种不同教育类型"。2019年4月，教育部、财政部印发《关于实施中国特色高水平高职学校和专业建设计划的意见》，在坚持效率优先的前提下更加注重机会公平。2021年4月中共中央办公厅、国务院办公厅联合印发的《关于推动现代职业教育高质量发展的意见》明确"产教融合、校企合作"的办学要求。新修订的《中华人民共和国职业教育法》第十四条对现代职业教育体系的描述再次强调了"产教深度融合"。"工学结合、校企合作、产教融合"虽起于普通本科，但成于职业教育。

回溯若干政策制度，可以发现普通高等教育和职业高等教育的发展要求有着明确清晰的差别，尤其是高等院校中的综合性大学、"双一流"建设高校，在人才培养和科学研究与高职教育的人才培养定位上有明显差别。教学和研究等高等教育功能的背后，蕴含着不同层次、不同类型高等院校所应具备的差异化的现代大学治理和管理体系，而面对这一差异的首先就是大学校长。如果一位校长把管理综合性大学的经验简单移植到高职院校，必然会出现"水土不服"；反之，高职院校、地方普通高等院校的校长调任至高水平大学担任领导职务，如果不能着眼于高水平人才培养、研究发展和社会

服务等的全盘要求，也容易导致创新困难。在另一个维度上，大学的不同发展阶段也对大学校长的能力提出更加具体的内涵要求：如处于初创期的大学，对大学校长个人主义创业、连续化目标建设、大学客观发展与校长主观认知等的能力要求相对较高，如果校长的高层管理风格偏于保守，则很难在大学组织的初创发展中取得较好成绩；而如果大学处于较为稳定的发展期，虽存在一些发展中积累的瓶颈问题，但校长不宜轻易采取过于冒进的改革做法，尤其是使用如强制权力、报酬权力等，极易造成大学内部师生员工的不满，这个时候多采用主客观相结合、控制下的授权、专家权力和关系权力，则更加有益于改革的顺利开展。另外一个重要的问题是，大学的发展期与大学校长的任职期常常不容易重叠，甚至一个大学的成熟期时常伴随着多位大学校长的任职始末，那么在大学发展的历史长河中，每位校长如何在组织生命周期理论下，适当缩短任职适应期、延长任职蜜月期和稳定期，就需要在治校行为中不断升华为治校理念，并在理论与实践的结合中，实现大学校长治校能力的稳步提高。

当然，上述问题也涉及大学校长任期制的改革与改进。《中国共产党章程》《高等教育法》《党政领导干部职务任期暂行规定》中，校长和副校长均实行任期制，我国现行的大学校长职务任职期限一般为4~5年，任期届满后，根据工作需要和本人条件，经上级任免机关批准后，可以连任。最新权威数据来自浙江工业大学现代大学制度研究中心公布的《中国大学校长报告（2020）》。该报告以我国公办本科大学校长为研究对象，利用大学网站、中国知网、Web of Science、百度百科等网站进行51个单项数据的网络信息跟踪调查，取得115235项数据，最终对我国788所公办本科大学校长的基本特征、学习经历、职业经历、履职行为、学术素养与管理素养进行了数据统计与分析，形成中国大学校长的群体"画像"。其中，与本书研究主题相关的数据有二：一是这些校长任职的平均年龄为52岁，平均任职年限为5年，且64.34%的大学校长任职年限不足5年；二

第四章　组织生命周期理论视阈下大学校长角色发展的问题、评价与改进

是 788 位校长中，学科归属为工学的有 251 人（31.85%）、理学 120 人（15.23%）、医学 81 人（10.28%），而学科归属为教育学的仅有 36 人（4.57%）、哲学的仅有 18 人（2.28%）。

校长任职到底多长时间最合适，最有利于其治校理念的形成并影响大学的科学发展，是高等教育学术界和大学治理实践中难以解释的难题之一。但是从组织生命周期理论出发，校长频繁更替并不利于大学组织发展的稳定性和变革力，更加不利于大学先进文化的持续建设。哈佛大学原校长劳伦斯·H. 萨莫斯（Lawrence H. Summers）就曾指出哈佛大学之所以成为世界上最优秀大学的重要原因就是校长长期任期制，由颇具魄力的领导长期任职，能使学校为适应变化的新时代的需要而在现有体制的基础上不断更新和改进，更重要的是对教育风格起到潜移默化的作用。[①]

在《中外大学校长任期比较研究及其启示》一文中列举了一些著名大学及校长的任职情况[②]，如表 4-2、表 4-3 所示，国外著名大学校长普遍任职期较长，我国民国时期和新中国成立时期的校长任职期也较长，相较于此，我国目前大学校长任职期明显过短。

表 4-2　国外部分著名大学及校长任职情况

单位：年

学校名称	任职期最长的校长	任期	历任校长平均任期
哈佛大学	埃利奥特	40	13.6
哥伦比亚大学	巴特勒	43	13.2
麻省理工学院	康普顿	18	9.5
耶鲁大学	杰里迈亚·戴	29	13.7
斯坦福大学	韦伯	27	11.3
牛津大学	丹尼斯	40	2.8
早稻田大学	大隈重信	15	8.1

---

① 杜维明、李若虹：《人文学和高等教育》，《清华大学教育研究》2003 年第 4 期，第 1~10 页。
② 刘秀丽、张君辉：《中外大学校长任期比较研究及其启示》，《外国教育研究》2007 年第 12 期，第 72~76 页。

表4-3 我国部分著名大学及校长任职情况

单位：年

学校名称	任职期最长的校长	任期	历任校长平均任期
北京大学	蒋梦麟	15	3.8
清华大学	梅贻琦	17	4.9
北京师范大学	陈垣	19	5.1
西安交通大学	彭康	16	2.8
华中科技大学	朱九思	24	8.5
南京大学	曲钦岳	15	3.6
天津大学	张国藩、李岷琛	9	3.9

关于大学校长学科背景的比较结果则更加鲜明。《美国大学校长群体特征的实证研究——基于履历背景的视角》一文在参考美国教育理事会（America Council on Education）官方数据和亲身访谈的基础上，指出在校长的最高学位中，2011年比例最高的依次为教育学（37.7%）、人文学科（14.2%）、社会学科（11.9%），比例次之的是宗教或神学、商学、法学，物理学或自然科学、生物、生命科学、工学、医学、数学、农学等的比例相对较低。[①]《谁在做美国大学校长——基于〈美国大学校长报告2017〉的分析》一文曾经基于美国教育理事会2017年发布的全美1546名大学校长的调查数据，其中关于这些校长的学科背景的分析显示，大学校长大多具有博士学位，且以人文社科背景的学术精英为主，美国大学校长获得的最后学位类别排序前5位的分别是教育或高等教育（41.10%）、社会科学（14.20%）、人文/艺术学科（11.30%）、商学（6.70%）和法律（6.40%）。[②] 而在另一篇发表于2004年的调查研究中，美国大学校长来自人文社会科学学科和理工医学科背景的比例约为1∶1。可见，

[①] 郭俊、马万华：《美国大学校长群体特征的实证研究——基于履历背景的视角》，《比较教育研究》2013年第1期，第17~21页。

[②] 姜朝晖、黄凌梅、巫云燕：《谁在做美国大学校长——基于〈美国大学校长报告2017〉的分析》，《教育研究》2018年第10期，第121~129页。

第四章　组织生命周期理论视阈下大学校长角色发展的问题、评价与改进

美国近年来大学校长人选的学科背景越来越倾向于人文社会科学。对此，有校长给出了这样的解释："自然科学研究有客观评价标准，比较容易客观地量化和国际比较；人文社会科学研究虽然短期内实在效果不够显现，但是其影响力一旦显现，其持续时间将比较长。"①

还有研究针对我国民国时期自 1920~1949 年的 76 所高等院校的校长任职情况进行分析，统计共有 266 人（330 人次）担任校长。其中，教育学科出身的大学校长人数最多，达到 56 人（73 人次），是排在第 2 位的法学学科出身的校长人数（16 人、18 人次）的 3~4 倍。即使从当中排除掉师范类大学的校长人数，在综合性大学和非师范的独立学院任职校长的，仍然是教育学科出身的校长人数最多，为 35 人（46 人次）。②

虽然我国大学由于早期受到苏联模式影响，理工科院校和学科占据绝对的比例，之后又因为经济发展之需而造就目前高校中仍是经济效应比较明显的理工医学类占比最大，但在新时代、全球化的高等教育发展趋势下，我国高校势必要正视人文社会科学学科的发展问题，特别是与此相关的大学校长角色发展和学科来源问题。逐步构建多元知识结构的校长群体，增加以教育学科为主的人文社会科学学科背景的大学校长比例，将会是缓解这一问题的积极举措。

（三）因国家之需制宜

因国家之需制宜强调高等教育要将自身发展与职能发挥相协同，共同服务于国家发展需要。1949 年新中国成立，在校大学生人数约为 11.7 万人，高等教育规模虽小，但体系混乱、科系庞杂，水平不

---

① 郭俊、马万华：《美国大学校长群体特征的实证研究——基于履历背景的视角》，《比较教育研究》2013 年第 1 期，第 17~21 页。
② 黄国庭：《民国时期教育学者出任大学校长考论（1920~1949）》，《教育学报》2009 年第 3 期，第 110~120 页。

高。1952年，周恩来总理主抓院系调整，全国绝大多数大学都进行了不同程度的改革，形成了最早的4批共计68所重点高校，加强了工科院校的集中发展，塑造了区域化的高等院校布局，设立了中央直属高校、行业部委所属高校、地方高校的条块格局。这些举措使高等教育成为国民计划经济的重要组成部分，对当时国家经济建设、文化发展、打破封锁、奠定国家高等教育系统格局起到了积极的作用。改革开放推动了高等教育与社会的共同繁荣，高等院校设立研究生院、实施"211工程"和"985工程"、建设综合性大学、发展地方类院校、学科目录和专业的动态调整等建设举措带动了我国高等教育的整体发展，高等教育服务国家的能力大幅提升。

教育部2022年发布的数据显示，我国接受高等教育的人口已达2.4亿人，新增劳动力平均受教育年限达13.8年。我国已建成世界最大规模的高等教育体系，在学总人数超过4430万人，高等教育毛入学率从2012年的30%，提高至2021年的57.8%，实现了历史性跨越，高等教育进入世界公认的普及化阶段。高等教育扩招极大地改善了教育公平，优化了我国就业人口的文化结构。虽然也有学者针对扩招引发的新的不公平现象提出批评，但总体而言，这一举措的初衷和效果是得到公认的。

与高等教育规模扩大共进的是我国高等教育结构进一步优化、质量进一步提升、总体实力进一步增强。2012年以来，高校学科专业与课程结构等得到进一步调整与优化，人才培养范式进行全方位改革，高等教育人才培养对新技术、新产业、新业态的适应度明显增强；新工科、新医科、新农科、新文科以及一流专业建设等，正在成为教育优先发展和创新人才成长的新平台，通过不断探索基础学科拔尖人才培养的"中国范式"，高等教育主动将自身发展"小逻辑"服从服务国家经济社会发展"大逻辑"，中国的高等教育正在成为国家创新发展战略的重要支撑力量；质量标准、评价办法等不断完善，高等教育办学水平与人才培养质量不断提高。通过"211

第四章　组织生命周期理论视阈下大学校长角色发展的问题、评价与改进

工程"、"985 工程"和"双一流"建设计划，目前已有一批大学和一大批学科跻身世界先进水平，中国高等教育整体水平进入世界第一方阵，国际竞争力持续增强。至此，我国高等教育已经从以往的增量改革转变为存量改革，开始了内涵式的高质量发展，从高等教育大国向高等教育强国迈进。

在规模扩张与内涵建设并举、中国范式与中国特色并重的建设进程中，现代大学治理和现代大学制度的建设与完善，将是我国建设高等教育强国、创新人才强国的重要支持和应有之义。换句话说，中国大学强有特色的发展范式，依靠的是全社会与高等教育整体性的互动发展。但处于这一互动关系的角色中心的人物，必然是大学校长。因此，大学校长治校就成为我国现代大学治理推进的关键人物，成为我国现代大学制度建设的中心角色。高等教育的育人方式、办学模式、管理体制、保障机制等各方面的创新，都有赖于校长在大学层面予以具体的实践和实施。

五　研究局限与后续研究

这一选题的研究，在很大程度上是来自个人的学术志趣和初心，虽然前期有一些研究基础，课题立项后进展也还算顺利，但出于各种主客观原因，本书的进展较晚，也存在一些研究上的局限之处，当然这也将成为后续研究的重要方向。

(一) 研究局限

研究局限之一是多元理论的整合仍显不足。研究在组织生命周期理论视阈下探究大学校长的角色发展问题，因此在前期理论中，也会涉及角色论、组织管理理论和领导力理论等。那么，如何在主体理论之下，合理联系起相关理论，将其纳入形成较为科学合理的理论框架和理论因子，本身其实存在一定的困难。虽然笔者尝试将相关理论整合于将大学视为具有学术主体属性的组织定义之下，将

大学各发展阶段、大学校长各任职期及相应的角色特征、高层管理风格等建立在大学主体属性前提下，来进行了一定的理论整合和思辨。但显然，多理论的弥合及其适用性程度，仍然是需要继续斟酌的话题。

　　研究局限之二是定量方法与思辨研究的结合仍有困惑。研究之初，期待用定量的方法来提升大学校长角色发展研究的科学性和客观性，但又考虑到纯粹定量研究可能的弊端，故而将质性的访谈和文本的编码及处理分析，作为思辨研究的基础。但是，在研究尤其是本书撰写过程中，时而产生对某一个子问题定量分析后到底是否可以产生适合的思辨结论，而产生的困惑。当然，一方面，由于个人在研究方法和内容的结合上还是缺乏经验；另一方面，也存在研究问题本身可能存在的"天然的鸿沟"，而导致某些方法和内容难以有效结合的怀疑。因此，这也将是自己在学术生涯中，需要不断努力修炼的硬本领。

　　研究局限之三是研究的调查样本在取样中存在天然的难度。课题立项开题时，就曾经获得一位专家的谆谆提醒：你研究的对象是大学校长，这对于一个年轻的普通大学老师来说，是多么难实现的调查和研究啊。虽然在导师和同行的帮助之下，研究调查到19位"双一流"建设大学或综合性大学的校长，并获得了国内多所院校和相关社会机构人群的调查数据，但调查对象的代表性仍然不够，尤其是针对大学校长的调查无法覆盖到更多地区。

　　研究局限之四是评价体系的建构还存在一些不确定性的边界。研究在前期的文献分析、比较研究、历史研究基础上，形成了大学校长角色发展调查的自评版问卷和他评版问卷。在调查中，一些校长给出了他们关于尝试建立大学校长角色发展评价指标的建议。为了提升研究成果的现实意义，研究在本书第四章纳入了部分关于组织生命周期理论视阈下大学校长角色评价体系建构的内容，虽然相关的论文也已发表于CSSCI期刊上，但仍然感觉指标体系的设计和

第四章　组织生命周期理论视阈下大学校长角色发展的问题、评价与改进

实施评价，还存在一定的不确定性边界。比如是否有未曾被考虑的因素和指标，目前的因素与指标的紧密程度是否经得起考量，等等。因此，尝试建立这样的指标体系只是开始，后续还应该有更多的实证研究。

（二）后续研究

一是大学校长角色发展的核心观点及其延伸性的内容还需要深入研究。研究是站在组织生命周期理论的视角下，去看待大学校长的角色发展问题。那么，是否还有其他适用性强的、借鉴性高的理论可以参考？比如早些年对于大学校长领导力的研究，便是将领导力视为区别于管理的核心理论，去研究分析大学校长之于大学组织的领导能力；当然还有关于大学校长决策力或胜任力、大学校长专业化和职业化、大学校长与大学党委书记的角色比较等。尤其是本研究在调查中未能访谈到大学党委书记，对大学书记和校长的角色区分缺乏来自亲历者的经验，是为遗憾。

二是大学校长角色发展的相关元素还需要进行更加整合化的探索。针对特定群体的角色研究必然烙印着这个群体所属的组织特征及个人特征，大学校长既表现着个体的卓越与追求，也蕴含着大学制度、精神、行为等文化层面的属性，并且这种个体—组织之间的流动表达着一个大学的历史与当下。如果我们将每一所大学视为一个研究的点，那么，整个中国包括世界一流大学将会形成若干个面，这样点、面结合的研究，多元素、多维度、多层次的复杂因素，将会给大学校长的角色研究提供丰富的材料和经验。从这个意义上来说，关于大学校长角色的研究，可以是个永恒的话题。

三是大学校长角色及评价的建构还需要更加多元的实证分析。上文的局限之处也提到了这个问题。原因是，量化的指标和体系对研究客观性程度的提升确实大有助益，但研究和设计、实施过程的科学性程度又决定着这一体系是否完整且合理。本研究对于大学校

长角色评价指标的设计和检验只是一个开始，后续还应该有多元方法与更多实证研究应用于大学校长角色发展的实际。

小　结

研究在角色理论、任职期理论和领导力理论基础上，系统梳理了国外和我国大学校长角色发展的历程，并在理论依据与历史比较的双向度参照和检验下，编制我国大学校长角色发展调查的理论因子，继而通过专家咨询法，完成相关理论因子的二次检验，最终形成"组织生命周期理论视域下的大学校长角色发展关键事件调查"表和"组织生命周期理论视域下的大学校长角色发展相关团体焦点访谈"表。之后又使用大学校长访谈文本或训词材料，进行了偏质性的角色发展分析。本章是建立在之前所有研究过程的基础之上，形成的较为凝练的观点总结，主要包括组织生命周期理论视阈下大学校长角色发展的问题、评价与改进。当前大学校长角色发展存在任职期及相应的角色认知不够明确、角色发展的逻辑和轨迹不够清晰、角色自评和相关利益者的他评存在一定差异等问题。研究针对这些问题，从个体—环境、政策—社会两个层面探究了影响因素，并构建了"大学校长角色发展的内外循环模型"图示和"我国大学校长与大学内外部关系互动模型"图。之后又尝试性地建构了组织生命周期理论视阈下大学校长角色发展的评价体系，该指标体系可用于大学校长岗位胜任力分析、大学校长遴选参考、大学校长和高校领导干部培训、大学校长考核评价等，更加有助于大学校长自身对标去发现和思考个体角色发展的过程，并尝试进行自我评价和改进。研究最后提出了因校长之责制宜、因大学之问制宜、因国家之需制宜的"三因"原则，作为组织生命周期理论视阈下大学校长角色发展的建议思路。

参考文献

中文文献

一 著作

[1]〔德〕卡尔·雅斯贝尔斯:《什么是教育》,邹进译,生活·读书·新知三联书店,1991。

[2]〔德〕马克斯·韦伯:《学术与政治》,冯克利译,生活·读书·新知三联书店,1998。

[3]〔美〕纳哈雯蒂:《领导力》,王新译,机械工业出版社,2003。

[4]〔法〕雅克·勒戈夫:《中世纪的知识分子哲学》,张弘译,商务印书馆,1996。

[5]〔加〕许美德:《思想肖像:中国知名教育家的故事》,周勇等译,教育科学出版社,2008。

[6]〔美〕波恩鲍姆:《学术领导力》,周作宇等译,北京师范大学出版社,2008。

[7]〔美〕伯顿·R. 克拉克:《高等教育系统:学术组织的跨国研究》,王承绪等译,杭州大学出版社,1994。

[8]〔美〕查尔斯·维斯特:《一流大学 卓越校长:麻省理工学院与研究型大学的作用》,蓝劲松主译,北京大学出版社,2008。

[9]〔美〕查理德·L. 达夫特:《组织理论与设计》(第7版),王凤彬等译,清华大学出版社,2001。

[10]〔美〕戴维·波普诺:《社会学》(第10版),李强等译,中国

人民大学出版社，1999。

[11]〔美〕潘德（Pande, P. S.）、纽曼（Neuman, R. P.）、卡瓦纳（Cavanagh, R. R.）：《6Q管理法：追求卓越的阶梯》，刘合光等译，机械工业出版社，2001。

[12]〔美〕约翰·加德纳：《论领导力》，李养龙译，中信出版社，2007。

[13]〔美〕詹姆斯·J. 杜德施塔特：《舵手的视界：在变革时代领导美国大学》，郑旭东译，教育科学出版社，2010。

[14]〔日〕寺崎昌男：《日本大学自治制度的形成》，评论社，1979。

[15]〔日〕伊崎晓生：《新版大学自治的历史》，新日本出版社，1980。

[16]〔日〕长浜功：《国家与教育：近现代日本教育政策史》，明石书店，1994。

[17]〔日〕滨林正夫、畠山英高：《筑波大学——其成立与现状》，青木书店，1979。

[18]〔苏〕安德列耶娃：《西方现代社会心理学》，李翼鹏译，人民教育出版社，1987。

[19]〔英〕吉登斯：《现代性与自我认同：现代晚期的自我与社会》，赵旭东、方文译，生活·读书·新知三联书店，1998。

[20]〔英〕约翰·阿戴尔：《有效领导力开发》，翁文艳、吴敏译，上海人民出版社，2007。

[21] Clark Kerr：《大学的功用》，陈学飞等译，江西教育出版社，1993。

[22] 北京大学、清华大学、南开大学、云南师范大学编《国立西南联合大学史料（一）》（总览卷），云南教育出版社，1998。

[23] 蔡元培：《蔡孑民先生言行录》，山东人民出版社，2005。

[24] 沧浪云编著《大漠荒芜：民国文人的悲歌与苦恋》，团结出版社，2008。

[25] 陈远编《逝去的大学》，同心出版社，2005。

参考文献

[26] 程斯辉主编《新中国著名大学校长（1949—1983）》，河北人民出版社，2007。

[27] 程斯辉：《中国近代大学校长研究》，人民教育出版社，2010。

[28] 崔佳颖：《组织的管理沟通》，中国发展出版社，2007。

[29] 樊洪生、段异兵：《竺可桢文录》，浙江文艺出版社，1999。

[30] 高伟强：《民国著名大学校长》，湖北人民出版社，2007。

[31] 贺国庆等：《外国高等教育史》，人民教育出版社，2003。

[32] 惠世如主编《抗战时期内迁西南的高等院校》，贵州民族出版社，1988。

[33] 黄福涛主编《外国高等教育史》，上海教育出版社，2003。

[34] 黄俊杰主编《大学校长遴选：理念与实务》，北京大学出版社，2006。

[35] 黄延复主编《梅贻琦与清华大学》山西教育出版社，1995。

[36] 黄延复：《梅贻琦教育思想研究》，辽宁教育出版社，1994。

[37] 黄延复主编《梅贻琦先生纪念集》，吉林文史出版社，1995。

[38] 黄延复：《清华的校长们》，中国经济出版社，2003。

[39] 金以林：《近代中国大学研究：1895~1949》，中央文献出版社，2000。

[40]《匡亚明纪念文集》编委会：《匡亚明纪念文集》，南京大学出版社，1997。

[41] 刘道玉：《中国高校之殇》，湖北人民出版社，2010。

[42] 刘述礼、黄延复编《梅贻琦教育论著选》，人民教育出版社，1993。

[43] 罗家伦：《文化教育与青年》，商务印书馆，1943。

[44] 马国川：《大学名校长访谈录》，华夏出版社，2010。

[45]《马寅初全集》（第15卷），浙江人民出版社，1999。

[46] 清华大学校史研究室编《清华大学九十年》，清华大学出版社，2001。

[47] 清华校友总会：《清华校友文稿资料选编》（第6辑），清华大学出版社，2000。

[48] 曲士培主编《蒋梦麟教育论著选》，人民教育出版社，1995。

[49] 孙二军：《自我认同视域下的教师专业发展》，社会科学文献出版社，2016。

[50] 施炜、苗兆光：《企业成长导航》，机械工业出版社，2019。

[51] 苏云峰：《从清华学堂到清华大学1928~1937：近代中国高等教育研究》，生活·读书·新知三联书店，2001。

[52] 眭依凡：《大学校长的教育理念与治校》，人民教育出版社，2001。

[53] 王承绪：《英国教育》，吉林教育出版社，2000。

[54] 王昊：《近代中国大学校长的文化选择》，天津教育出版社，2010。

[55] 《吴玉章教育文集》，四川教育出版社，1989。

[56] 许迈进：《美国研究型大学研究——办学功能与要素分析》，浙江大学出版社，2005。

[57] 杨福家：《中国当代教育家文存·杨福家卷》，华东师范大学出版社，2006。

[58] 杨叔子：《育人而非制器——杨叔子口述史》，肖海涛整理，华中科技大学出版社，2020。

[59] 杨叔子主编《中国著名大学校长开学训词》，华中科技大学出版社，2014。

[60] 杨竹亭编著《求是先哲群英传》，浙江大学出版社，1997。

[62] 许小青：《诚朴雄伟　泱泱大风——中央大学校长罗家伦》，山东教育出版社，2012。

[62] 张伯苓：《张伯苓全集》，南开大学出版社，2015。

[63] 浙江大学教育研究室：《浙大教育文选》，浙江大学出版社，1987。

[64] 浙江大学校友总会、浙江大学电教新闻中心编《竺可桢诞辰百周年纪念文集》，浙江大学出版社，1990。

[65] 浙江大学校史编辑室编《浙江大学校史稿》，浙江大学校史编辑室，1982。

[66] 浙江省政协文史资料研究委员会：《浙江文史资料选集》（第40辑），浙江人民出版社，1990。

[67] 郑杭生主编《社会学概论新修》，中国人民大学出版社，1994。

[68] 中国国民党党史委员会：《罗家伦先生文存》（第一册），国史馆、中央国民党党史委员会、中央委员会党史委员会出版，1976。

[69] 中国国民党党史委员会：《罗家伦先生文存》（第五册），国史馆、中央国民党党史委员会、中央委员会党史委员会出版，1988。

[70] 中国国民党党史委员会：《罗家伦先生文存》（第六册），国史馆、中央国民党党史委员会、中央委员会党史委员会出版，1988。

[71] 钟叔河、朱纯编《过去的大学》，同心出版社，2011。

[72] 中央教育科学研究所编《成仿吾教育文选》，教育科学出版社，1984。

[73] 周晓虹：《现代西方社会心理学流派》，南京大学出版社，1990。

[74] 竺可桢：《竺可桢日记（1936—1942）》，人民出版社，1984。

[75] 竺可桢：《竺可桢日记》（第一卷），人民教育出版社，1989。

[76] 竺可桢：《竺可桢文录》，浙江文艺出版社，1999。

[77] 庄丽秀主编《世纪清华》，光明日报出版社，1998。

二 期刊论文

[1] 本刊记者：《大学校长应该有怎样的担当——访武汉大学原校

长刘道玉教授》，《领导科学论坛》2014年第4期。

[2] 陈巴特尔：《影响大学校长角色行为的因素分析》，《煤炭高等教育》2002年第3期。

[3] 陈碧祥：《我国大学教师升等制度与教师专业成长及学校发展定位关系之探究》，《台北师范学院学报》2001年第14期。

[4] 陈运超：《大学校长治校的基本矛盾：变革与稳定》，《高教探索》2008年第4期。

[5] 陈运超：《大学校长治校的基本矛盾：权力与权威》，《教育发展研究》2007年第11期。

[6] 陈运超：《大学校长治校的基本矛盾：整合与分散》，《江苏高教》2007年第5期。

[7] 陈运超：《大学校长要努力成为政治家与教育家——朱九思的实践探索》，《山东高等教育》2016年第6期。

[8] 陈运超：《改革开放30年来我国大学校长角色与制度的变迁与反思》，《复旦教育论坛》2009年第1期。

[9] 陈运超：《论大学校长治校的基本矛盾之一：领导与被领导》，《现代大学教育》2007年第4期。

[10] 陈运超：《组织惰性超越与大学校长治校》，《教育发展研究》2009年第12期。

[11] 程斯辉、李中伟：《大学校长的立场："学科型"与"学校型"校长之辩》，《清华大学教育研究》2015年第4期。

[12] 德良：《杂俎：一九三三年的中央大学》，《大学生言论》第2期，1934年。

[13] 邓朝伦：《"沙坪学灯"里的中央大学》，《重庆与世界》2000年第4期。

[14] 段宝岩：《学者、智者与战略家、CEO——中国现代大学校长的双重角色与多种能力》，《国家教育行政学院学报》2006年第1期。

[15] 鄂璠、兰燕飞：《根叔：校长的权力没有想象的那么大——独

家专访中国工程院院士、华中科技大学校长李培根》,《小康》2011年第4期。

［16］冯建军：《从主体间性、他者性到公共性——兼论教育中的主体间关系》,《南京社会科学》2016年第9期。

［17］凤翔：《高等教育如何真正做到"以人为本"——访中国工程院院士、华中科技大学校长李培根》,《理论视野》2011年第4期。

［18］冯倬琳：《大学校长角色应是职业管理者》,《教育与职业》2015年第4期。

［19］冯倬琳、尹星、刘念才：《中美研究型大学校长公众形象的特征分析》,《高等教育研究》2014年第2期。

［20］高山：《给准备投考中央大学者》,《生路》第10期,1937年6月。

［21］龚放：《以治校为志业：大学治理的新常态》,《高等教育研究》2015年第10期。

［22］郭丽：《日本国立大学校长角色的历史演变述论》,《比较教育研究》2007年第7期。

［23］郭强、胡金平：《近代中国大学评议会制度的实践考察与实证探析》,《高等教育研究》2020年第11期。

［24］哈佛大学通识教育工作组、罗旻：《哈佛大学通识教育的理念创新与改革——哈佛大学通识教育工作组报告》,《北京航空航天大学学报》（社会科学版）2015年第5期。

［25］黄国庭：《民国时期教育学者出任大学校长考论（1920～1949）》,《教育学报》2009年第3期。

［26］黄海啸：《美国大学校长的分身术——从Provost的角色与职责看美国大学治理的新特点》,《高等教育研究》2013年第12期。

［27］黄延复：《前清华大学校长梅贻琦先生》,《人物》1987年第1期。

［28］胡建华：《日本大学制度创新的重要举措——〈国立大学法人

法〉的出台及其分析》，《外国教育研究》2004 年第 10 期。

[29] 胡建华：《大学内部治理中的校院关系》，《江苏高教》2021 年第 12 期。

[30] 纪宝成：《漫谈大学校长能力建设》，《国家教育行政学院学报》2006 年第 5 期。

[31] 姜朝晖：《美国大学校长职业变迁：一种历史的视角》，《高校教育管理》2010 年第 6 期。

[32] 蒋梦麟：《北京大学开学演说词（九年九月十一日）》，《北京大学日刊》1920 年第 694 号。

[33] 柯伟林、林乐兰、谢喆平：《清华：从留美预备学校到国家旗舰大学》，《清华大学教育研究》2017 年第 1 期。

[34] 冷珊珊：《做学问先做人——访中国科学院院士饶子和》，《中国人才》2013 年第 9 期。

[35] 李春晖、何小平：《论李培根校长在华中科技大学毕业典礼上的演讲词汇风格》，《新西部》（下旬·理论版）2011 年第 13 期。

[36] 李福杰：《大学校长的角色定位及其体制保障》，《大学教育科学》2005 年第 2 期。

[37] 李国良：《英国大学校长角色演进的研究》，《黑龙江高教研究》2014 年第 6 期。

[38] 李开复：《什么是领导力》，《东方企业文化》2012 年第 5 期。

[39] 李培根：《李培根谈理性——在剑桥大学的演讲（节选）》，《民主与科学》2016 年第 5 期。

[40] 李晓霞：《李蒸的战时教育思想》，《河北师范大学学报》（教育科学版）2017 年第 1 期。

[41] 李亚明、朱俊鹏、杨舰：《我国近代首次中外交换留学生制度的考察——国立清华大学与德国交换留学生制度的缘起、实施经过及成果》，《清华大学教育研究》2011 年第 3 期。

[42] 李延成：《美国大学校长的角色变迁》，《中国高等教育》2001年第Z1期。

[43] 李玉宝：《论〈万国公报〉对我国近代大学图书馆制度体系构建的启发意义》，《图书馆》2012年第3期。

[44] 李钟善：《关于"大学校长应当努力成为社会主义教育家"的几个问题》，《辽宁高等教育研究》1988年第2期。

[45] 凌健、张鹏：《国家治理转型背景下的大学校长管理之道——"大学校长管理专业化国际学术研讨会"综述》，《复旦教育论坛》2016年第3期。

[46] 林挺进、储妍：《我国大学校长与书记角色差异的实证分析》，《复旦教育论坛》2011年第3期。

[47] 刘畅、陈守明：《校长任期对一流大学绩效的影响——基于1999～2018年面板数据的实证研究》，《科研管理》2019年第5期。

[48] 刘超、田正平：《中国近代大学教师评聘制度的历史考察——以国立名校为中心》，《浙江大学学报》（人文社会科学版）2020年第2期。

[49] 刘诚龙：《"五四健将"罗家伦因何被逐出清华》，《同舟共进》2013年第12期。

[50] 刘敬坤：《八年抗战中的中央大学》，《炎黄春秋》2002年第5期。

[51] 柳亮：《领导力理论视野下的大学内部管理变革研究》，《国家教育行政学院学报》2010年第1期。

[52] 刘要悟、柴楠：《从主体性、主体间性到他者性——教学交往的范式转型》，《教育研究》2015年第2期。

[53] 刘育奇：《现代大学校长的角色定位》，《湖南广播电视大学学报》2007年第4期。

[54] 栾兆云：《中美大学校长队伍建设比较及其启示》，《大学教育

科学》2008年第1期。

[55] 马洪正：《我国近代大学章程的历史存在及其价值目标》，《江苏高教》2017年第11期。

[56] 马龙海：《大学校长领导力实现方式研究》，《国家教育行政学院学报》2009年第11期。

[57] 马龙海：《大学校长领导力体系构建的探索性分析》，《国家教育行政学院学报》2010年第11期。

[58] 马龙海：《当代大学校长领导力实现的环境分析》，《中国高教研究》2009年第8期。

[59] 马龙海、许国动：《大学校长领导力发展的分析模型：框架与方法》，《国家教育行政学院学报》2015年第12期。

[60] 毛建青：《当前我国大学校长多元角色及其冲突的实证分析——基于"211工程"大学的调查》，《学术论坛》2014年第9期。

[61] 毛建青：《高等教育治理体系中大学校长的角色定位研究》，《高校教育管理》2016年第11期。

[62] 毛建青、侯春笑、张凤娟、宣勇：《中美大学校长职业特征的比较研究》，《江苏高教》2020年第7期。

[63] 毛建青、邢丽娜：《美国大学校长的角色定位》，《高教发展与评估》2018年第3期。

[64] 毛建青：《我国公立大学校长和党委书记的角色同化研究》，《现代教育管理》2017年第9期。

[65] 梅贻琦：《大学一解》，《清华大学学报》第13卷第1期，1941年4月。

[66] 欧阳光华：《美国大学治理结构中的校长角色分析》，《教育研究与实验》2011年第3期。

[67] 裴恒涛：《抗战时期浙江大学西迁办学及其启示》，《温州大学学报》（自然科学版）2010年第3期。

[68] 曲铭峰、龚放：《哈佛大学与当代高等教育——德里克·博克访谈录》，《高等教育研究》2011 年第 10 期。

[69] 全守杰、王运来：《美国大学校长角色的嬗变及其动力——兼论中国大学校长领导制度建设》，《现代教育管理》2011 年第 8 期。

[70] 任小燕：《试论民国时期大学董事会制度的多重来源》，《河北师范大学学报》（教育科学版）2019 年第 5 期。

[71] 眭依凡：《大学校长的办学定位理念与治校》，《高等教育研究》2001 年第 4 期。

[72] 眭依凡：《改造大学：大学校长不能放弃的责任》，《教育研究》2003 年第 11 期。

[73] 眭依凡：《论大学校长之文化治校》，《清华大学教育研究》2012 年第 6 期。

[74] 眭依凡：《世界一流大学建设：呼唤教育家型校长崛起》，《高校教育管理》2016 年第 5 期。

[75] 眭依凡：《一流大学校长必须是教育家》，《求是》2001 年第 20 期。

[76] 孙冬梅、孙蕊林：《大学校长理想角色的定位及其思考》，《黑龙江教育》（高教研究与评估）2008 年第 5 期。

[77] 孙家明、廖益、赵三银：《大学校长的角色冲突与角色定位：管理者还是领导者——基于权变理论的视角》，《领导科学》2019 年第 16 期。

[78] 王飞、王运来：《从"官场主体性"到"学场主体性"——教育家办学语境下大学校长主体性生成场域的转向》，《学术探索》2012 年第 3 期。

[79] 王飞、王运来：《从"体制外主体性"走向"体制内主体性"——当代中国大学校长主体性构筑之内外转移》，《现代教育管理》2012 年第 12 期。

[80] 王飞、王运来：《大学校长主体性生成的法律环境治理》，《当

代教育科学》2012 年第 13 期。

[81] 王飞、王运来：《大学校长主体性生成的文化环境治理》，《江苏高教》2012 年第 5 期。

[82] 王飞、王运来：《大学校长治校作用怎样科学发挥——一项基于知识分子类型的解释学分析》，《江苏高教》2020 年第 7 期。

[83] 王飞、王运来：《共同治理视野下大学校长主体性生成的路径》，《当代教育科学》2012 年第 19 期。

[84] 王飞、王运来：《论大学校长的主体性——教育家型大学校长成长的路径设计》，《中国高教研究》2011 年第 5 期。

[85] 王福友、段君莉：《美国高等教育发展历程中的校长研究》，《清华大学教育研究》2005 年第 2 期。

[86] 王洪才：《大学校长的理想类型》，《江苏高教》2005 年第 4 期。

[87] 王洪才：《论大学发展阶段与校长选择》，《江苏高教》2007 年第 1 期。

[88] 王洪才：《论现代大学校长的社会角色》，《大学教育科学》2006 年第 1 期。

[89] 王洪才：《西南联大的成功与大学校长角色定位》，《社会科学战线》2013 年第 11 期。

[90] 王俊义：《我所认识和了解的郭影秋》，《纵横》2003 年第 6 期。

[91] 王开林：《北大"功狗"蒋梦麟》，《同舟共进》2012 年第 3 期。

[92] 王运来：《民国著名大学校长办学之道撷要》，《现代大学教育》2015 年第 3 期。

[93] 王运来、王飞：《论民国大学校长的"反介入精神"》，《湖南师范大学社会科学学报》2011 年第 5 期。

[94] 王运来、王飞：《自在·自为·自由——论中国近代大学校长

的主体性》,《江苏高教》2015 年第 3 期。

[95] 王增藩:《苏步青高等教育理论与实践》,《中国高教研究》2001 年第 6 期。

[96] 吴春苗:《民国教授制度形成考略》,《高教探索》2018 年第 9 期。

[97] 吴康宁:《角色困扰:影响大学校长领导力的重要原因》,《探索与争鸣》2015 年第 7 期。

[98] 吴英杰、张钢:《抗日战争时期浙江大学的科学研究》,《自然辩证法通讯》1996 年第 2 期。

[99] 伍寅:《让〈记忆〉成为永远的记忆——李培根的讲话〈记忆〉赏析》,《写作》2010 年第 23 期。

[100] 吴志功、徐蕾:《英国大学校长角色和职能考察及启示》,《比较教育研究》2005 年第 10 期。

[101] 奚学瑶:《科学与民主的时代跫音——周培源科教思想寻踪》,《甘肃社会科学》2002 年第 5 期。

[102] 晓明:《卢鹤绂:世界上第一个揭开原子弹秘密的人》,《各界》2011 年第 2 期。

[103] 肖卫兵、顾海良、周川:《中国近代国立大学校长结构及其角色研究》,《高等教育研究》2014 年第 3 期。

[104] 谢安邦、周巧玲:《大学战略管理中的领导:角色、挑战及对策》,《高等教育研究》2006 年第 9 期。

[105] 谢鑫、王世岳、张红霞:《哈佛大学通识教育课程实施:历史、现状与启示》,《高等教育研究》2021 年第 3 期。

[106] 邢晓辉、耿景海:《法人化后日本大学内部治理结构研究——以东京大学为例》,《广东教育学院学报》2009 年第 4 期。

[107] 宣勇:《"党委领导"与"校长负责"的系统耦合》,《国家教育行政学院学报》2022 年第 4 期。

[108] 宣勇:《治理视野中的我国大学校长管理专业化》,《中国高

教研究》2015年第1期。

[109] 宣勇、郑莉：《大学校长遴选与高等教育治理能力的现代化》，《中国高教研究》2015年第8期。

[110] 宣勇、钟伟军：《论我国大学治理能力现代化进程中的校长管理专业化》，《高等教育研究》2014年第8期。

[111] 宣勇、钟伟军：《基于治理能力提升的中国大学校长管理专业化理论建构》，《教育研究》2017年第10期。

[112] 阎凤桥：《对英美大学校长一些情况的比较》，《教育管理研究》1995年第1期。

[113] 闫拓时：《当代中国大学校长领导力研究初探》，《国家教育行政学院学报》2010年第3期。

[114] 雅言：《学生的风气》，《大学生言论》1934年第1期。

[115] 杨叔子：《面向二十一世纪的大学素质教育》，《江南学院学报》1999年第2期。

[116] 杨叔子：《素质·文化·教育》，《高等教育研究》2012年第10期。

[117] 杨卫：《创建一流大学的执着追求与不懈探索——竺可桢教育思想与浙江大学勃兴》，《中国高等教育》2010年第10期。

[118] 杨延东：《大学校长在高校战略管理中的角色定位和角色转换》，《高等教育研究》2007年第6期。

[119] 俞婷婕：《澳大利亚大学校长的角色定位与个人特征——基于"八校联盟"的分析》，《复旦教育论坛》2014年第3期。

[120] 张军、李涛：《师范教育与经济发展：来自近代中国的证据》，《学术月刊》2022年第5期。

[121] 章开沅：《高校"跨越"发展之我见》，《学习月刊》2010年第1期。

[122] 章开沅：《着眼于培养二十一世纪的新人——在保加利亚索菲亚大学百年校庆大会上的讲话》，《华中师范大学学报》（哲

学社会科学版）1988年第6期。

[123] 张晓唯：《"同途殊归"的两位大学校长——话说蒋梦麟和梅贻琦》，《书屋》2009年第8期。

[124] 张欣、张萌：《美国研究型大学校长任期分析》，《黑龙江教育》（高教研究与评估）2017年第6期。

[125] 张雅晶：《清华"终身校长"梅贻琦》，《北京观察》2011年第6期。

[126] 张亚群：《中国大学通识教育传统的现代价值》，《华中师范大学学报》（人文社会科学版）2014年第1期。

[127] 张玥：《大学校长的任职期与领导力实现》，《国家教育行政学院学报》2011年第4期。

[128] 张玥、王运来：《大学校长任职内的角色发展》，《现代教育管理》2011年第3期。

[129] 张玥、王运来：《抗战时期国立大学校长的治校方略研究》，《高等教育研究》2014年第8期。

[130] 赵映川：《我国大学校长角色冲突研究——基于涂又光先生的社会领域理论》，《湖北社会科学》2013年第6期。

[131] 浙江大学高等教育研究室：《竺可桢的教育思想与实践》，《高等工程教育研究》1984年第1期。

[132] 周川：《大学校长角色初探》，《上海高教研究》1996年第6期。

[133] 周川：《大学校长角色的演变》，《高等教育研究》2002年第7期。

[134] 周谷平、应方淦：《近代中国教会大学的学位制度》，《浙江大学学报》（人文社会科学版）2004年第1期。

[135] 周洪宇、郑媛：《回归大学主体，回归教育本性——章开沅高等教育改革思想管窥》，《现代大学教育》2021年第2期。

[136] 朱镜人：《80年代以来英国高等教育政策背景及其走向》，

《教育与现代化》2004年第3期。

[137] 朱镜人:《英国大学校长的角色演变、特点及职业阶梯》,《外国教育研究》2006年第2期。

[138] 朱九思:《大学生命的真谛》,《高等教育研究》2000年第5期。

[139] 陈运超:《大学校长治校之道:一个个案的分析》,博士学位论文,华中科技大学,2002。

[140] 陈志伟:《中国大学校长角色演变研究——以北京大学为例》,硕士学位论文,中南大学,2008。

[141] 冯倬琳:《研究型大学校长职业研究》,博士学位论文,上海交通大学,2009。

[142] 王英:《美国研究型大学早期发展研究——以约翰·霍普金斯大学的创建为中心》,博士学位论文,河北大学,2006。

三 报纸、网站

[1] 陈远:《梅贻琦:西南联大的"船长"》,《新京报》(西南联大特刊)2007年11月23日。

[2] 东北地区国立大学法人等职员采用试验实施委员会:《关于国立大学法人东北大学校长候选人选考及校长解职申请的规程》,2006年10月10日,http://www.bureau.tohoku.ac.jp/shiken/032%20enq.html。

[3] 《各界人士深情送别朱九思同志》,华中科技大学新闻网,2015年6月17日,http://news.hustonline.net/article/94409.htm。

[4] 郭少陵:《大教育时代》,《中国青年报》2000年6月28日。

[5] 胡适:《在北平的北京大学开学典礼上的讲话》,《浙江日报》1946年11月1日、2日、3日连载。

[6] 李俊兰:《周培源生命因科学精彩》,《北京青年报》2002年8月28日,第25版。

[7] 梅贻琦:《欢迎新同学的几句话》,《清华暑期周刊》1934年9

月7日。

[8]《努力建设中国特色世界一流大学》,《人民日报》2018年5月4日。

[9] 王石川:《校长搬椅子和处长训教授》,《新民晚报》2012年8月17日,第A04版。

[10] 王世杰:《我对罗先生三点特别的感想》,《传记文学》(台北)1977年第1期。

[11] 徐斌、周炜:《两个问题怎样影响浙大数代人》,《杭州日报》2010年5月21日。

[12] 竺可桢:《我国大学教育之前途》,《大公报》1945年9月23日。

英文文献

[1] Anthony Kenny, *A New History of Western Philosophy (volume 11): Medieval Philosophy*, Oxford: Oxford University Press, 2005.

[2] B. M. Bass, "Evolving Perspectives on Charismatic Leadership," in J. A. Conger and R. N. Kanungo, eds., *Charismatic Leadership: The Elusive Factor in Organizational Effectiveness*, San Francisco: Jossey-Bass, 1988.

[3] Brian Simon, *Education and the Social Order: 1940-1990*, St. Martin's Press, 1991.

[4] Catherine Bargh, Jean Bocock, Peter Scott, David Smith, *Uuniversity Leadership: The Role of the Chife Executive*, The Society for Research into Higher Education & Open University Press, 2000.

[5] M. D. Cohen, J. G. March, *Leadership and Ambiguity: the American College President*, Harvard Business School Press, 1986.

[6] W. H. Cowley, D. T. Williams, *Presidents, Professors, and Trustees: The Evolution of American Academic Government*, Jossey-Bass, 1980.

[7] M. H. Curtis, *Oxford and Cambridge in Transition: 1558 – 1642*, Oxford Clarendon Press, 1959.

[8] J. P. Davis, *Corporations: A Study of the Origin and Development of Great Business*, Beard Books Press, 2000.

[9] DuBrin, J. Andrew, *Leadership: Re – search Findings, Practice, and Skills*, Boston: Houghton Mifflin, 1995.

[10] E. D. Duryea, *The Academic Corporation: A History of College and University Governing Boards*, Falmer Press, 2000.

[11] Ferrel Heady, "The Role of the President Today," *Public Administration Review* 2(1970).

[12] P. Hallinger, R. H. Heck, "Exploring the Principal's Contribution to School Effectiveness: 1980 – 1995," *School Effectiveness and School Improvement* 2(1998).

[13] J. I. Gilderbloom, "The Urban University in the Community: The Roles of Board Sand Presidents," *Metropolitan Universities* 2(2002).

[14] A. Hargteaves, "Development and Desire: a Postmodern Perspective," in R. Guskey and M. Huberman, eds, *Professional Development in Education: New Paradigms and Practice*, 1995.

[15] Hastings Rashdall, *The Universities of Europe in the Middle Ages 2 Volume Set in 3 Paperback Parts*, Cambridge University Press, 2010.

[16] J. B. Hodson, "Leading the Way: The Role of Presidents and Academic Deans in Fund Raising," *New Directions for Higher Education* 149(2010).

[17] L. F. James, V. K. James, *The Entrepreneurial College President*, America Council on education and Praeger Publishers, 2004.

[18] A. R. Judith, "The Changing Role of the President in Higher Education," http://www.newfoundations.com/OrgTheory/Rile721.html, 2008 – 03 – 22.

[19] Kezar, Adrianna, "The Research University Presidency in the Late 20th Century: A Life Cycle/Case History Approach," *The Journal of Higher Education* 78(2007).

[20] C. Kerr, M. Gade, *The Many Lives of Academic Presidents: Time, Place and Character*, Washington D. C: Association of Governing Board of Universities and Colleges, 1986.

[21] E. R. Lilly, "The American College President: The Changing Roles," *Planning & Changing* 18(1987).

[22] Maurice Kogan, Stephen Hanney, *Reforming Higher Education*, Jessica Kingsley Publishers, 2000.

[23] R. R. Newton, "Tensions and Models in General Education Planning," *Journal of General Education* 3(2000).

[24] F. Rudolph, *The American College and University: A History*, New York: John Wiley, 1962.

[25] H. T. Shapiro, "The Functions and Resources of the American University of the Twenty – first Century," *Minerva* 2(1992).

[26] H. W. Stoke, *Viewpoints for the Study of the Administation of Higher Education*, Administrative Problems, 1966.

[27] D. G. Terry, "Videoconference Examines Changing Role of Today's College President," *Black Issues in Higher Education* 19(1996).

[28] University of South Florida St. Petersburg. Office of the Campus Dean, K. Spear, "Revisions in St. Petersburg Campus Governance," *University of South Florida St. Petersburg. Office of the Campus Dean*, 1990.

[29] G. B. William, T. S. Harold, *Universities and Their Leadership*, Princeton University Press, 1998.

[30] S. K. Williams, et al. "One President's Take on Partnerships: An Interview with James M. Rosser," *Educational Record* 1997.

附 录

基于多重角色概念的大学校长"知情意"治校逻辑[*]

张 玥 于智恒 卢晓中[**]

(1. 南京医科大学马克思主义学院,南京 211166;
2. 河海大学社会科学研究院,南京 210024;
3. 华南师范大学粤港澳大湾区教育发展高等研究院,广州 510631)

【摘要】在以中国式现代化全面推进中华民族伟大复兴中,大学校长作为大学、政府、社会三方关系的中心人物,要成为办学治校的"大先生",就必须面对其角色发展问题。在回溯国内外关于大学校长角色研究的基础上,研究使用多重角色概念对大学校长角色及治校进行"知情意"的逻辑解读,分别从事实、情感、行为层面厘清了角色领悟、角色期待、角色实践、角色冲突、角色权力、角色支持、角色危机、角色认同概念间的联系,构建了中国大学校长角色与大学内外部关系的互动关系模型。强调大学校长应该成为现代

---

[*] 本文系江苏省社科基金2023年度一般项目"新医科背景下医学拔尖创新人才学科核心素养的培养与构建";南京医科大学党的二十大精神研究专项项目;南京医科大学公共卫生学院"双一流"建设科研创新项目。

[**] 张玥(1983~),女,江苏扬州人,南京医科大学马克思主义学院副教授、硕士生导师、博士;于智恒(1981~),男,辽宁丹东人,河海大学社会科学研究院助理研究员、博士;卢晓中(1962~),男,江西余干人,华南师范大学粤港澳大湾区教育发展高等研究院院长、博士生导师、博士。

大学制度的捍卫者、教育强国目标的驱动者和社会发展需求的代言人,从而进一步阐释了大学校长教育家身份和职业化发展的理论和现实依据。

【关键词】 大学校长;多重角色;知情意;治校

大学与政府、社会的三方关系在以伯顿·克拉克"三角协调模式"、克拉克·克尔"现代研究型大学之用"为代表的经典教育家那里已有精辟阐述,我国高等教育学科奠基者潘懋元教授也曾用"大学内外部关系规律"解释了我国高等教育发展的历史演变。有具备"校长+专家"双重身份的学者提出将"大学校长学"作为新时代高等教育治理体系现代化水平提升的新兴学科,科学回答当前在中国特色社会主义高等教育发展道路上"什么样的人能成为大学校长,大学校长应该致力于发展什么样的大学,怎样发展大学"的问题①。可见,在未来高等教育承载更多强国使命的大势之下,大学如何控制好"政策-社会"因素制约下大学自身发展与服务国家、服务社会之间的边界,实现高质量、内涵式的发展变革,将会是大学尤其是掌舵大学发展之校长的中心任务。在这一背景下去探讨大学校长的角色发展问题,就具有极强的现实需求和理论意蕴。

一 研究概述

围绕大学校长角色与治校开展的国内外研究已经呈现了较为集中的主题发展趋势。我国在"晚发"的研究发展轨迹下,一方面参照发达国家尤其是美国大学校长相关研究,另一方面也形成了具有我国特色的大学校长内生型研究成果。前者如针对大学校长

---

① 孟东方:《大学校长学:新时代高等教育发展下的新学科》,《中国教育科学》(中英文) 2022 年第 3 期,第 93~105 页。

角色进行的群体或个体的定量①②与定性③④研究，美国教育理事会（Amer-icanCouncilon Education，ACE）曾先后对美国大学校长进行了八次大规模的调查。其中，也有一批经典译著对我国大学校长的角色与治校研究产生了积极的影响。后者如针对我国民国时期大学校长治校角色与实践开展的丰富研究⑤⑥、针对抗日战争时期我国高等教育的特色化发展研究⑦、针对我国具有特色的大学"党委领导下的校长负责制"的研究⑧⑨等。总体而言，我国大学校长角色发展研究已经在角色历史、角色理想、角色冲突、近代校长角色、中国特色的大学校长与书记定位、他国大学校长角色六个方面呈现较为突出的研究成果。虽然近十年的大学校长角色研究涉及了角色定位⑩⑪、角色认同⑫、角色冲突⑬、角色同化⑭、

---

① Kerr C, Gade M. *The Many Lives of Academic Presidents: Time, Placeand Character*, Washington D. C: Associa-tion of Governing Board of Universities and Colleges, 1986.
② James L. Fisher, James V. Koch. *The Entrepreneurial College President*, West-port: America Councilon Education and Preggers Publishers, 2004.
③ Kezar, Adrianna. "The Research University Presidency in the Late 20th Century: A Life Cycle/Case History Approach," *The Journal of Higher Education*, 2007, 78(01): 119-121.
④ 〔加〕许美德：《思想肖像：中国知名教育家的故事》，周勇等译，教育科学出版社，2008。
⑤ 章开沅、徐子侠主编《中国著名大学校长书系》，山东教育出版社，2004。
⑥ 程斯辉：《中国近代大学校长研究》，人民教育出版社，2012。
⑦ 王运来、张玥等：《战时高校内迁与教育改革》，江苏人民出版社，2022。
⑧ 毛建青：《我国公立大学校长和党委书记的角色同化研究》，《现代教育管理》2017年第期，第47~51页。
⑨ 林挺进、储妍：《我国大学校长与书记角色差异的实证分析》，《复旦教育论坛》2011年第3期，第38~43页。
⑩ 缪文卿：《大学校长在大学协同治理中的角色定位》，《西南交通大学学报》（社会科学版）2018年第3期，第1~8页。
⑪ 毛建青：《高等教育治理体系中大学校长的角色定位研究》，《高校教育管理》2016年第6期，第17~20页。
⑫ 张玥、卢晓中：《主体间性视角下我国大学校长角色的自我认同与他者认同》，《江苏高教》2020年第7期，第10~15页。
⑬ 孙家明、廖益、赵三银：《大学校长的角色冲突与角色定位：管理者还是领导者——基于权变理论的视角》，《领导科学》2019年第16期，第109~112页。
⑭ 毛建青：《我国公立大学校长和党委书记的角色同化研究》，《现代教育管理》2017年第9期，第47~51页。

角色困扰①、理想角色②、角色选择③等，但是，当代大学校长治校研究仍然缺乏基于角色论基础上的多重角色概念整合的解读和分析。

角色一词最早诞生于戏剧，但作为一种角色理论（role theory）最早是应用于社会心理学，认为人处于社会关系之中的地位和作用就如同演员处于脚本中的角色与行为，突出人的角色及与之相应的行为会产生的社会影响。而心理学中的"知情意"概念从事实、价值和行为三个辩证又递进的关系层次，解释了某种社会角色的采择、扮演和实践过程。从"知"的角度，关注的是"人对于客观事物的感觉、知觉和表象"，主要解决"是如何"的事实问题，也就是说大学校长角色发展的多重概念需要有来自事实层面的整合解读；从"情"的角度，强调的是"人对于客观事物是否符合人的需要而产生的态度的体验"，主要解决"应如何"的价值问题，也就是说大学校长的自我价值和他者评价应该上升为大学校长角色发展的情感归属；从"意"的角度，定义的是"人根据自己的主观愿望自觉地调节行动去克服困难以实现预定目的的心理活动"，主要解决"怎么办"的行为问题，也就是说大学校长角色发展的认知和价值，应该对其治校的理念和行为产生实际的影响。

当然，从广义来说，知情意都是一种认知活动，只是情感侧重从角色发展的价值层面去认知，意志侧重从角色发展的行为层面去认知。但如果把大学校长角色发展的价值判断与概念解读割裂开来，就会跳过事实阶段，造成大学校长仅仅依据所处学科和先前经验而变为"公说公有理，婆说婆有理"的治校局面；如果把价值判断和概念解读混淆起来，就会使大学校长角色发展的价值归属失去客观

---

① 吴康宁：《角色困扰：影响大学校长领导力的重要原因》，《探索与争鸣》2015年第7期，第51~53页。
② 陈燃进：《现代大学校长的现实困境与理想角色探究》，《高教探索》2015年第5期，第26~29页。
③ 宣勇：《现代大学制度建设中的"中国特色"与大学校长的角色选择》，《探索与争鸣》2013年第6期，第10~11页。

依据而变为完全根据当下的输赢论成败,即所谓短视的"成者为王,败者为寇";如果价值判断和行为意志出现割裂,就会使大学校长角色发展仅停留在空洞的价值归属上,而缺乏行为层面的检验;如果价值判断和行为意志出现混淆,又会因为情感跳跃导致行为缺乏价值支持,甚至变为"糊涂"的价值判断指导下的混乱的行为实践。我国高等教育发展中的"重科研、轻教学"、大学"去行政化"、"大学校长职业化"等问题,甚至是"钱学森之问""钱理群之忧"等现象,一定程度上都可以从上述大学校长角色发展的"知情意"逻辑中找到症结所在。虽然上述现象和问题必然是要在大学、政府与社会的三角关系中去看待,但大学校长作为三角关系的中心人物,其角色认知、情感价值和行为意志可以成为我们研究大学校长治校和现代大学治理的重要方面。

二 "知":大学校长角色发展的概念解读

大学校长角色发展的相关概念包括角色认知、角色领悟、角色实践、角色冲突、角色危机、角色认同、角色实践、角色发展、角色支持、理想角色等,这些概念间的逻辑关联似乎还并未有清晰的解释。本研究在2020年设计了"大学校长角色发展的关键事件访谈表"和"大学校长角色发展的相关利益者访谈表",对国内19位来自"双一流"大学(含学科)或设置有研究生院的大学的校长,98位包括全国不同地区和省份的高校师生及管理人员、教育研究专家、学生家长、校友、媒体及出版社等社会组织人员在内的相关利益者进行了调查和访谈。除人口学基本情况外,问卷设有"大学校长角色确认表"和"关键事件描述表"。其中,"大学校长角色确认表"共有21题与大学校长角色相关的描述,"关键事件描述表"则是大学校长对自我角色体察,或是相关利益者在与大学校长交往中的校长角色评价的反思性描述。将上述调查所得数据和文本系统分析后,对上述大学校长角色发展的相关概念进行了理论整合,如图1所示。

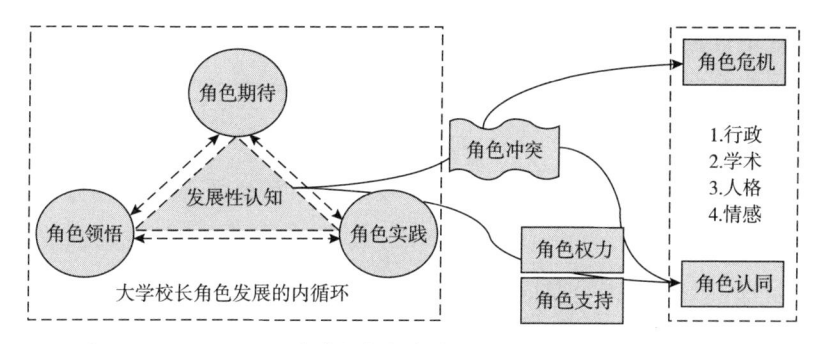

图 1 大学校长角色发展的内外循环

大学校长角色发展分为大学内循环与社会外循环两个系统，内外循环之间存在相互的作用影响。其中，内循环主要聚焦大学组织内部，强调大学校长在任职期的不同阶段，都需要关注到"角色期待 - 角色领悟 - 角色实践"的发展性角色认知，并尝试结合自己所处的任职阶段进行角色描述和角色反思，这将有助于提升大学校长治校行为的针对性和亲和力。

在调查中，我们列举了不同任职阶段的发展性角色描述供被调查的大学校长选择，发现大多数校长对职业前奏期的角色发展性描述分别为：理想化、基于院校客观实际的主观思考、实践摸索；对职业稳定期的角色发展性描述分别为：明确与个性、逐步走向客观和成熟，当然一些校长出于谨慎和保守，故未选择成熟的描述；对职业离职期的角色发展性描述分别为：理性治校、顶峰体验、趋向保守。对应的高层管理风格依次为基于个人主义的创业、控制下的授权、团队式以及抨击行政机构。可见，不同任职阶段的校长治校应该具有不同的侧重点和管理风格。如果校长不能立足于院校不同发展时期的实际、自己担任校长所处的不同任职阶段实际，就有可能在大学治理中难以言治（治校）、最多以理（管理），且这种管理还容易陷入主观盲目之中，难以形成关注未来、引起变化、情感认同、文化塑造的大学校长领导力。

当然，大学校长的角色认知并不是一个闭环的自我活动，而是既立足自我发展又需要多方参与的开放性发展系统。大学校长在不断的角色期待、领悟和实践中，必然会在某些时空境遇下使用自觉或不自觉的角色权力，也有可能产生性质多变的角色冲突。调查中列举的合法权力、报酬权力、强制权力、专家权力、关系权力等角色权力，既有大学校长普遍认为比较缺乏的惩罚或建议惩罚他人的强制权力，又有社会期待大学校长具备的专家权力和关系权力（如人格魅力等），那么这种角色权力的使用不仅与大学校长角色认知密切相关，也将对走向角色发展外循环的方向产生直接影响。与此同时，角色冲突既有可能源于大学校长的角色内生，也可能根植于大学环境，还可能源自外部环境压力，因而这种角色冲突及其表现是错综复杂的；但可以肯定的是，角色冲突必然是大学校长角色发展内外部循环中重要的中介反应，因为角色的持续冲突极可能引发大学校长的角色危机。

因此，一方面，对大学校长角色权力的赋予，尤其是强制权力、合法权力、报酬权力等职务性权力的扩大，应该成为现代大学治理中急迫解决的问题。大学校长在较为自主的办学氛围中，将角色认知与角色权力相结合，会有效促进大学校长角色认同与大学治理效能的协同发展。另一方面，角色支持包括校长职务的相关培训和支持计划、较长时间的任职经历和经验积累、个人在学术与行政之间的平衡能力、内在驱动力、下属的认可和追随程度、师生的认同和期待等，这些因素指向大学校长任职期限、大学校长遴选培训、大学校长角色自知三大方面。如果校长治校过程中遭遇到角色冲突，在上述因素的支持帮助下，也能较好地化解冲突，甚至是重新走向角色认同。

三 "情"：大学校长角色发展的价值归属

上述多重概念解读是对大学校长角色发展逻辑"是如何"的阐释，如何在事实依据基础上探究大学校长角色发展的价值归属和情感走向，就是"应如何"的问题，这同样需要来自大学校长自身和相关利益者的双方评价。表1汇总了前期调查中涉及情感价值层面的内容，包括大学校长的角色危机、角色认同、角色权力、角色支持和理想角色的相关选择和描述。

表1 大学校长角色发展的情感与价值认知描述

理想角色	角色危机	角色认同	角色权力	角色支持
教育家	自我否定	行政权力	合法权力	校长职务的相关培训和支持计划
科学家	他者否定	学术地位	报酬权力	较长时间的任职经历和经验积累
领导者	内外兼有	人格魅力	强制权力	个人在学术与行政之间的平衡能力
管理者		情感认同	专家权力	师生的认同和期待程度
协调者			关系权力	下属的认可和追随程度
服务者				内在驱动力
政府代言人				
筹资者				

如表1所示，关于理想角色的选择中，教育家、领导者、管理者角色成为大学校长相关利益者的前三位选择，选择差异主要集中在协调者、服务者和筹资者三种角色的选择倾向上，自评选择的第四、第五分别是协调者和筹资者，他评选择的第四、第五分别是管理者和服务者。可以认为，大学校长对协调者、筹资者角色更为认同，而相关利益者认为服务者角色更加重要。

在角色危机中，大学校长和相关利益者的选择趋于一致，认为大学校长的角色危机更可能来自大学内外部，其次是大学外部，来自大学内部的可能性最小，这也印证了图1中大学校长角色发展的内外循环关系。

在角色认同中，大学校长的期待选择依次是人格魅力、情感认同、行政权力和学术地位，相关利益者的选择依次是人格魅力、行政权力、学术地位和情感认同，可见大学校长期待的情感性角色认同与社会实然选择中的行政性角色认同之间，还存在一定的角色认知和评价差距，但基于大学校长个体性的人格魅力属性成为内外部一致的认同来源。

在角色权力中，调查中大学校长对强制权力表现出强烈需求，之后是关系权力和合法权力，专家权力和报酬权力靠后；相关利益者首选为关系权力，之后依次为专家权力、强制权力、合法权力和报酬权力。可见，在角色权力选择上，二者的区别在于大学校长强制权力和关系权力的评价。

在角色支持中，多数大学校长认为个体的内在驱动力最重要，之后依次是师生的认同和期待程度、较长时间的任职经历和经验积累、校长职务的相关培训和支持计划、下属的认可和追随程度、个人在学术与行政之间的平衡能力；相关利益者的选择依次为内在驱动力、师生的认同和期待程度、校长职务的相关培训和支持计划、个人在学术与行政之间的平衡能力、较长时间的任职经历和经验积累、下属的认可和追随程度。上述数据再次突出了校长个人品质以及能够引起的师生认同成为内外部评价中的首要选择，校长对经验和培训的需求更为明确，相关利益者则认为校长个人能力所能形成的个体支持更为重要。同时需要指出的是在内外部评价中，相较于师生的认同，对来自行政属性的下属追随的重要性认知都偏低。

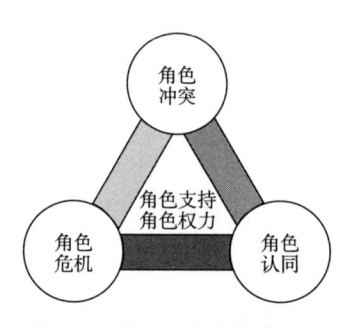

图 2　大学校长角色转化关系

图2是在表1的数据和图1的宏观关系基础上，针对大学校长角色转化构建的价值逻辑分析框架。如上所述，当自我和他者对大学校长的理想角色产生分歧时，势必容易引发大学校长自身的角色

冲突。也许某些角色冲突可以通过大学校长角色的"期待—领悟—实践"内循环得以化解，但遗传与环境决定了多数的角色冲突不会仅仅生发于大学校长自身或者大学环境内部。那么，大学、政府和社会赋予大学校长的角色权力，以及政府和外部环境能够提供的角色支持，将成为大学校长角色冲突最终是回顾角色认同、还是走向角色危机的关键因素。

角色危机或角色认同的本质主要涉及行政、学术、人格、情感四个维度。行政维度主要指向大学校长职业性的危机或认同；学术维度指大学校长作为科学家、专家的学术身份及相应可能产生的危机或认同；人格维度指的是大学校长个体所具备的个性化、特色化的特征，及由此产生的危机或认同；情感维度指的是大学校长作为大学组织引领者所代表和传承的文化性要素，及相应可能带来的危机和认同。根据角色理论和前期研究，我们认为，来自行政和学术的角色冲突有可能引发大学校长主体性的角色危机，大学校长较难在职业和学科之间游刃有余，甚至会顾此失彼；且仅仅基于行政角色的权力难以获得较好的社会认同，调查中的相关利益者对大学校长的身份认同相较于行政因素，更多的是来自学术身份因素；而来自人格、情感的因素，在调查中成为大学校长和相关利益者高度认同的共性选择。大学校长自评中，人格魅力、文化情感是其期待最高的角色认同和支持来源；相关利益者他评中，对大学校长角色认同的最高期待也是来自人格、情感维度的肯定和评价。

四 "意"：大学校长角色发展的行为走向

从"是如何"到"应如何"，大学校长多重角色发展已经从治校事实认知走向了情感价值追求，接下来的行为意志可以视为对大学校长治校事实、经验、情感的综合检验，是大学校长将多重角色概念运用于治校实际、并将主体性且特色化的具身治校感受上升为大学治理理论的重要过程。因此，"怎么办"不仅指向当代大学校长治校中的角色实现，也同样指向以大学校长为中心的"大学—政府—社会"三角协调关系如何衍生符合时代所需、教育所需、政治所需的新型互动模式。

1979 年苏步青等大学校长和书记共同在《人民日报》发文呼吁"给高等学校一点自主权"。1985 年出台的《中共中央关于教育体制改革的决定》正式提出要扩大大学办学自主权，大学与政府的关系渐渐呈现互动的状态。自《中华人民共和国高等教育法》颁布以来，高等学校取得了独立法人资格，大学在学科专业设置、学生招生就业、教师评聘奖惩、内部机构调整、处级以下干部任用、研究和服务开展、经费筹措使用、资源配置使用等方面，已经拥有了较大的自主权。但是，考虑到国家大学发展的历史传统、国家治理理念和方式、高等教育管理体制、治理结构的性质和特点等，目前在我国府学关系的基础是行政性，政府在府学关系运行中起主导作用[①]。一方面，作为发展中国家，国家经济等各方面的发展急需教育优先，因此政府的教育干预和教育嵌入便具有丰富的合法性；另一方面，随着高等教育进入普及化阶段，政府已经无法主导如此庞大规模和量级的高等教育的具体事务，大学"去行政化"的呼声便是大学与政府、学术与行政的一次典型博弈。站在国家建设世界一流大学的历史档口，我们更加有必要去重新审视大学与政府、与社会的新型关系。大学校长作为大学法律意义上的代表、行政意义上的中心，他的角色选择与治校行为将会是构建新型三方关系的重要支点。图 3 将大学校长置于大学、政府、社会三角关系中心，梳理大学校长新的权利、义务和责任。

首先，就大学而言，大学校长应该成为现代大学制度的捍卫者，也就是校长治理大学、大学规约校长。如果从校长遴选开始，就能

---

① 胡建华：《大学外部治理中的府学关系》，《高等教育研究》2022 年第 5 期，第 19~25 页。

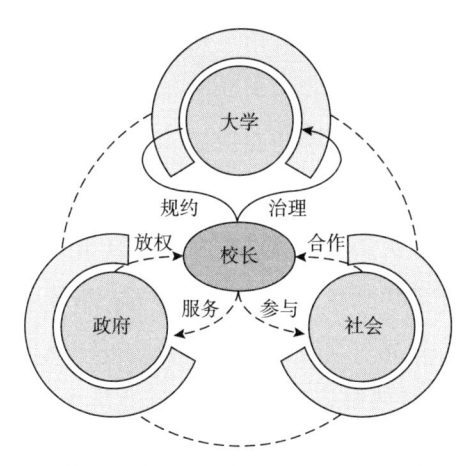

图3 我国大学校长与大学内外部关系互动模型

考虑到人选在高等教育管理方面的理念和经验，那么之后的校长治校和角色实践就可以在螺旋上升中调整和发展，从源头上控制角色冲突、角色危机的发生。因此，不少研究对"大学校长遴选"进行着持续的研究，美国教育理事会的官方数据表明，具有教育学、人文学科、社会学科学术背景的学术精英成为美国大学校长最主要的身份来源[1]。2017年的调查数据显示，美国大学校长获得的最后学位类别排序中第一位的是教育或高等教育，占调查对象总数的41.10%[2]。我国1920～1949年间的76所高等院校共计有266人（330人次）担任校长，其中教育学科出身的大学校长人数最多（56人，73人次），即便从当中排除师范类大学的校长人数，在综合性大学和非师范的独立学院任职校长的，仍然是教育学科出身的校长人数最多（35人，46人次）[3]。

教育家身份引入现代大学治理，就是要面对大学校长职业化问题。

---

[1] 郭俊、马万华：《美国大学校长群体特征的实证研究——基于履历背景的视角》，《比较教育研究》2013年第1期，第17～21页。

[2] 姜朝晖、黄凌梅、巫云燕：《谁在做美国大学校长——基于〈美国大学校长报告2017〉的分析》，《教育研究》2018年第10期，第121～129页。

[3] 黄国庭：《民国时期教育学者出任大学校长考论（1920～1949）》，《教育学报》2009年第3期，第110～120页。

大学校长职业化可以促进教育家角色发展，而定位于教育家身份则必然要求大学校长将全部精力投入大学治理。一方面是发达国家尤其是美国大学校长职业化发展已经为我国提供了可参考的成功经验，回看美国历史上的著名大学校长，在登上校长之位后几乎不约而同地放弃了自己的专业发展，将全部精力投入到大学治理中，成就了美国的诸多名校。哈佛大学的历任校长不论是艾略特、科南特，还是洛厄尔、普西和博克，他们在成为校长之后基本都放弃了自己热爱的科学或人文事业，今天人们对他们的熟悉或缅怀并非由于他们在各自学科领域的研究成果，而是他们作为哈佛校长曾经付出的努力和诉诸的改革。另一方面，更重要的是，大学校长作为中国特色现代大学制度建设中的关键人物[1]，他们在专家和校长的双重角色身份中难以兼顾、顾此失彼的弊端已然呈现。有学者通过调查指出中国大学校长集多元角色于一身，面临着多元角色的冲突，角色扮演与角色期待相距甚远[2]。虽然我国大学早期受到苏联模式影响，理工科院校和学科占据绝对的比例，之后又因为经济发展之需而造就目前高校中仍是经济效应比较明显的理工医学类占最大的比例，但在新时代、全球化的高等教育发展趋势下，我国高校势必要正视人文社科的发展问题，特别是与此相关的大学校长角色发展和学科来源问题。逐步构建多元知识结构的校长群体，增加以教育学科为主的人文社会科学学科背景的大学校长比例，将会是缓解这一问题的积极举措。

其次，就政府而言，大学校长应该成为教育强国目标的驱动者，即校长服务于国家，政府放权于校长。十年来，我国高等教育结构进一步优化，质量进一步提升，总体实力进一步增强，目前已有一批大学和学科跻身世界先进水平。在这规模扩张与内涵建设并举、世界范

---

[1] 宣勇：《现代大学制度建设中的"中国特色"与大学校长的角色选择》，《探索与争鸣》2013年第6期，第10~11页。
[2] 毛建青：《当前我国大学校长多元角色及其冲突的实证分析——基于"211工程"大学的调查》，《学术论坛》2014年第9期，第156~161页。

式与中国特色并重的建设进程中,现代大学治理和现代大学制度的建设和完善,将是我国高等教育强国、创新人才强国的重要支持和应有之义。换句话说,中国大学强有特色的发展范式,依靠的是全社会与高等教育整体性的互动发展,而处于这一互动关系的角色中心的人物,必然是大学校长。以一所大学的微观发展脉络为依照,是否协同于国家各阶段发展之所需,是否串联起服务国家各阶段发展之所想,是否印证着国家各阶段发展之所得,是否引领国家各阶段发展之前路,不仅是高等教育服务社会、造福民族的功能体现,也能客观反映出一校之长的角色认知与定位。当前我国大学校长面临着高等教育高质量发展的走向,既需要立足我国基本国情,以中华民族伟大复兴为目标,在高水平落实立德树人根本任务之下,全力提升高等教育的根本质量和整体质量,着力培养基础学科拔尖人才;又需要扎根中国大地办大学,强化服务国家重大战略需求能力,引领解决"卡脖子"问题,全力打造高等教育的中国范式。如何将这些系统目标糅合在大学育人、科研、服务和文化方面的具体行为实践中,既考验当代大学校长的家国使命感、教育责任感、学术敬畏感,更考验其作为大学这一松散学术组织运行管理负责人的角色发展与实践能力。

考虑到高等教育越来越庞大的规模和复杂的使命,高等教育更好地服务国家的前提是大学按照自身的规律和逻辑来发展。政府进一步扩大大学办学自主权,赋予大学完整的自主性是必要的。如关于大学校长的任职期限和职责评价,有没有可能做到具体问题具体分析。因为在分身乏术的状态下,一些大学校长因精力有限无法更好地践行教育家的使命,一些大学校长因缺乏有效的内外部支持而延长了职业适应期和磨合期,一些大学校长因年限问题而难以将更好的理念和经验继续付诸实践,等等。从这个意义上来说,大学自主可以促进大学服务。但这种自主不是脱离政治的自主,反而应该是追求政治认同的自主,是在价值层面寻求政府政治论与大学认识论的中和、在契约层面将政府的附属需求与大学的平等要求相调和,从而在权力层面实现政府控制与大学自治的共赢①。是选择大学校长职业化发展道路，还是在现行的制度体系下略有调整、渐进式地改革，抑或是出台相应制度完善大学校长的职责要求，还需要在政府、社会、大学以及相关利益群体的多方参与下，形成符合我国高等教育发展实际的制度方案。

最后，就社会而言，大学校长应该成为社会发展需求的代言人，即校长通过引领大学参与社会发展，而社会将大学作为子系统赋予其更有效的合作空间。我们在谈论大学的第三职能时，通常将社会服务视为权威概念，但实际上，自20世纪90年代以来，强调包括所有公民社会在内的多元主体作为主要利益相关者、以双向交流与合作来推动参与的价值取向②，已经成为描述大学与社会关系新的诠释。因此"参与"相较于服务，更加符合系统论下大学与社会的结构耦合关系。在这一诠释下，大学的自我指涉使大学拥有应对复杂环境的能力，如同马图拉纳和瓦列拉"自创生"理论③中用细胞来解释生命有机体的概念一样，大学的这层细胞膜可以吸收有利因素如物质、文化、符号等社会资本，同时过滤工具主义、功利主义、虚无主义等不利因素，从而保持大学开放与封闭的动态边界，一方面贴近社会，一方面又保持理想。有学者将之总结为"基于封闭的开放"④。

我国自改革开放以来，随着政府对社会的放权，社会和政府的关系经历了中华人民共和国成立以来规模最大、层次最深的调整和

---

① 杨婕：《价值、权力、契约：政府与大学关系张力研究》，《江苏高教》2018年第4期，第11~16页。
② 李瑞琳、Hamish Coates：《从服务到参与：大学与社会关系概念的升级与重构》，《高教探索》2021年第11期，第13~18页。
③ 〔智〕F. 瓦雷拉、〔加〕E. 汤普森、〔美〕E. 罗施：《具身心智：认知科学和人类经验》，李恒威、李恒熙、王球等译，浙江大学出版社，2010。
④ 肖文明：《观察现代性：卢曼社会系统理论的新视野》，《社会学研究》2008年第5期，第57~80页。

重塑，至今政府和社会逐渐形成了趋于一体的统合，而大学与政府和社会的复杂关系始终成为牵引我国大学发展的根本问题。考虑到我国政府力量相较于社会力量过于强大的历史现实，需要积极厘清政府、社会与大学三者之间的权力边界和限度。大学作为一个"小社会"，有时承载了本该"大社会"来共同分担的经济、政治、社会等多维综合的责任和使命，这时候大学与社会的边界就是模糊的。那么就要给大学"减负"，除去大学额外的功能承载，将大学职能回归人才培养、知识传承和创新的学术共同体使命。而有时社会的组织程度过低导致很多事务须经由国家权力干预才能完成，一方面分散了国家力量，弱化了社会自治力，另一方面也导致大学处于其中难以分辨其与政府、社会关系的应然实然。实际上不论是政府强—社会弱、政府弱—社会强，还是政府弱—社会弱，都是基于政府与社会二者对立的关系判断，而在未来可预见的时间内，中国国家与社会关系似乎更加呈现出基于合作主义精神之"强国家—强社会"的逻辑走向[1]。

在这一逻辑下，大学校长如何保护和运用好大学的"细胞膜"，既领导大学走向社会，参与到现代国家和社会的发展中，并提供符合大学学术规律的服务；又引领大学走向理想，在与社会的互动交换中保持学术的初心，维护大学区别于其他社会组织的学术共同体使命？为此，我们不得不回归到大学校长的教育家身份和职业化道路上来。反过来，恰恰只有遵循大学校长角色发展的这一道路，才能形成"校长—大学—社会"的辐射效应和"社会—大学—校长"的支持机制。

本文原载《江苏高教》2023 年第 9 期

---

[1] 蒋达勇：《现代大学治理：政府、大学与社会关系的厘定与重塑》，《国家教育行政学院学报》2016 年第 3 期，第 60~64 页。

我国大学校长角色发展的影响因子及评价研究*

张 玥 卢晓中**

【摘要】 在高等教育治理体系和治理能力的现代化进程中，大学校长作为联结内外部治理主体的关键人物，其角色定位和管理风格体现出建设新时代高等教育强国的价值共鸣。研究在回溯国内外相关研究基础上，采用组织生命周期相关理论，通过建立公共因子和因子检验，构建大学校长角色发展的指标体系。认为一级指标中角色实践是大学校长角色发展的最终落脚点；二级指标中，处于任职前奏期校长的角色期待、领悟和实践其角色发展的关键阶段，离职期校长角色领悟的顶峰体验、角色实践的成熟度和传递性体现出中国大学校长角色发展的时代要求和国家使命。

【关键词】 大学校长；角色；任职期；评价

《国家教育事业发展"十三五"规划》指出："出台高等学校领导人员管理暂行办法，造就一批国内外知名的大学校长和教育家。"这句话的直接含义是，大学发展的好坏，大学校长起到关键性作用。

---

* 本文系全国教育科学规划办"十三五"规划 2018 年度青年项目"组织生命周期理论视域下的大学校长角色发展研究"（CIA180270）的研究成果之一。
** 张玥，南京医科大学马克思主义学院副教授，教育学博士；卢晓中，华南师范大学粤港澳大湾区教育发展高等研究院院长，博士生导师，教育学博士。

大学校长的角色定位和"高层管理风格"体现出建设新时代高等教育强国的价值共鸣。为更好地以科学理论框架分析归纳大学校长的治校实践，提升当代大学校长治校方略，研究在回溯国内外相关研究基础上，采用组织生命周期相关理论，通过建立公共因子和因子检验，构建大学校长角色发展的指标体系，并形成《大学校长任职内角色发展的关键事件访谈表》，通过比较分析当代大学校长的角色发展目标和过程问题，以诠释高等教育治理与时代背景、国家要求的正向关系。

一 研究概述

角色最初是"传统戏曲中根据剧中人不同的性别、年龄、身份、性格等而划分的人物类型"[①]。社会学中的角色是指"个人在社会关系中处于特定的社会地位，并符合社会期待的一套行为模式"[②]，校长角色则是指"一个人在被任命为校长之后所具有的身份和地位，以及社会和校长本人对校长行为的期待"[③]。大学校长角色研究起步于20世纪20年代的美国，相关研究呈现出持久的热度和系统的深度，至今仍然是炙手可热的学术话题。现有研究较为集中于大学校长角色演变的历史、大学校长的角色冲突与融合、大学校长角色认知、大学校长角色与任职、角色与大学发展的关系等方面。如主流观点认为美国大学校长经历了从牧师到管理者、改革者、协调者、游说员、学生招募者、经理等[④]角色，大学校长角色应根据大学发展的不同时期和使命而定。有学者对大学校长领导风格进行了实证研究，还有学者将大学校长任职期分为前奏期（prelude）、蜜月期

---

① 辞海编纂委员会编纂《辞海》，上海辞书出版社，2002，第889页。
② 奚从清：《角色论：个人与社会的互动》，浙江大学出版社，2010，第6页。
③ 陈孝彬：《教育管理学》，北京师范大学出版社，1999，第212页。
④ Judjth A. R. The Changing Role of the President in Higher Education[EB/OL]. 2018 - 11 - 19. http://www.newfoundations.com/OrgTheory/Rile721.html.

(honeymoon)、稳定期（plateau）、离职期（exit）四个阶段[①]。

我国大学校长研究发端于20世纪90年代，伴随高等教育大众化和高等教育发展的强国使命，学术界对大学校长的研究不断升温。具体来看，国内对大学校长角色的研究呈现逐步上升并渐趋平稳的趋势，2006年、2007年和2011年左右出现两次研究热点。相关研究集中于我国大学校长角色梳理、角色冲突、校长与书记角色关系、近代大学校长角色和他国大学校长角色研究：如周川提出校长角色可分为学者型、行政领导型和校务经营型[②]；王洪才认为大学校长应在学术利益代言人、国家政策执行者、学术组织领导人、社会利益主动反映者四种角色冲突中调整定位[③]；吴康宁从教育家的使命与政治家的要求、代表者的身份与服从者的选择、领导人的职责与学术人的念想三个维度解释当代大学校长的角色问题[④]；有学者针对我国大学校长与书记角色关系进行实证调查，认为大学校长与大学书记角色存在同化现象，需要进一步明确党委与行政的关系[⑤]，大学校长需要具备更高的教育要求；高伟强、程斯辉、王运来、肖卫兵、王昊等学者围绕民国大学校长角色进行了较为系统的研究。

诸多文献通过文献综述、比较研究、个案研究、调查分析等方式对大学校长角色进行了不同层面的研究，学者们对大学校长角色的持续性研究表明，校长角色定位对大学发展、国家发展意义重大。当代大学校长的角色发展已然成为一个研究趋势，但不难发现，现

[①] Keith H. B, Leslie B. *The Research University Presidency in the Late Twentieth Century: A Life Cycle/Case History Approach*, American Council on Education and Praeger Publishers, 2005, p. 11.

[②] 周川：《大学校长角色初探》，《上海高教研究》1996年第6期，第1~4页。

[③] 王洪才：《现代大学校长的四种基本角色》，《大学教育科学》2006年第1期，第8~13页。

[④] 吴康宁：《角色困扰：影响大学校长领导力的重要原因》，《探索与争鸣》2015年第7期，第51~53页。

[⑤] 毛建青：《我国公立大学校长和党委书记的角色同化研究》，《现代教育管理》2017年第9期，第47~51页。

有系统性研究较少、定量研究的成果仍然不够，尤其是大学校长任职期与角色论的理论研究进展较为缓慢。

二 我国大学校长任职内角色发展的影响因子

在高等教育治理体系和治理能力的现代化进程中，大学内外部治理关系日益复杂，大学校长作为联结内外部治理主体的关键人物[①]，需要在科学家、教育家、政治家等角色定位中不断调试自身的角色发展，但若要更为深入具体地探讨新时代大学校长角色发展的问题，必须建立新的研究维度。根据组织生命周期理论，伴随着大学组织经历的不同发展阶段，大学校长在其任职期内的角色也会呈现出相应的特征，将任职期作为讨论大学校长角色发展的划分维度，可以探求不同任职时期大学校长的角色要求[②]。由于自治传统的差异、校长产生方式不同以及内部领导体制的区别[③]，相较于"泰晤士报世界大学排名"前200名高校中美国43所研究型大学校长的平均任期22.4年[④]，我国大学校长的任期总体来说都不长，但这并不妨碍我们从时间维度来反思任职期对中国大学校长角色特点的影响。

在前期研究中，已经形成我国大学校长任职内角色发展的不同特征[⑤]。伴随大学组织的不同发展阶段，任期内的校长管理风格和角色发展呈现一定的差异，以此为基本依据，建立我国大学校长任职内角色发展的公共因子（见表1）。如处于任职前奏期的大学校长在

[①] 毛建青：《高等教育治理体系中大学校长的角色定位研究》，《高校教育管理》2016年第11期，第17~20页。

[②] 张玥：《大学校长的任职期与领导力实现》，《国家教育行政学院学报》2011年第4期，第36~39页。

[③] 刘畅、陈守明：《校长任期对一流大学绩效的影响：基于1999~2018年面板数据的实证研究》，《科研管理》2019年第5期，第275~281页。

[④] 张欣、张萌：《美国研究型大学校长任期分析》，《黑龙江教育》（高教研究与评估）2017年第6期，第80~83页。

[⑤] 张玥、王运来：《大学校长任职内的角色发展》，《现代教育管理》2011年第3期，第36~38页。

管理风格上易呈现初入环境的个人主义倾向，对角色存在理想化的期待、一定的主观领悟和摸索中的实践；而蜜月期的校长开始展现管理魅力和方向指引，通过角色反思、客观领悟和务实实践完成角色升华；稳定期的校长则倾向于授权领导，充满角色自信，在角色期待、领悟和实践中走向成熟；离职期的校长体现抨击行政权力的管理风格，对角色认知充满理性、角色领悟抵达顶峰，但在角色实践上趋于保守，体现出离任前的特殊状态。

表1 大学校长任职内角色发展的公共因子

大学发展阶段	创业（创建）	聚合（发展）	规范化（发展）	协作（成熟）	再发展/再衰退
大学校长任职期	前奏期 prelude	蜜月期 honeymoon	稳定期 plateau	离职期 exit	重复任职期四阶段
自我角色期待	理想化	疑惑、反思、适应	明确与个性	理性	
自我角色领悟	基于客观的主观	趋于客观	客观	顶峰	回归、创新、突破、妥协
自我角色实践	持续摸索	务实	成熟	保守	
高层管理风格	个人主义的创业	超凡魅力的方向指引	控制下的授权	团队式抨击行政机构	

考虑到上述因子在中国高等教育实际下的适切性问题，因此需要进行公共因子的检验与修正，研究制定"大学校长任职内角色发展评价表"，通过德尔菲法将评价表发送给来自南京大学、华南师范大学和广西师范大学从事高等教育研究的5名资深教授和来自北京、上海、南京、武汉"双一流"大学的8位校长，以背对背的方式完成两轮的信息反馈与指标修正，修正的因子主要涉及：（1）处于稳定期的大学校长角色期待由"明确与个性"修正为"稳定"；（2）处于前奏期的大学校长角色实践由"持续摸索"修正为"角色期待至角色实践的转化程度"；（3）处于离职期的大学校长角色实

践由"保守"修正为"角色实践的成熟度与传递性";(4)处于离职期的大学校长管理风格去除"抨击行政机构"。最终建立大学校长任职内角色发展的评价体系,确定4个一级指标、16个二级指标。

三 我国大学校长任职内角色发展的评价体系

我国大学校长任职内角色发展评价的一级指标分别为角色期待、角色领悟、角色实践和管理风格,二级指标分别指向校长不同任职期的角色特点,经过专家修正后与公共因子比较略有调整。继而,仍然由上述专家以1~9标度形式对各级指标进行打分,对打分结果做如下处理。(1)构造判断矩阵。由专家对同一层次指标进行两两比较给出它们相对重要性的判断值,全部指标经过两两判定之后,形成比较判断矩阵$D = (d_{ij}) n \times n$。(2)层次单排序及其一致性检验。求解出判断矩阵D的最大特征值λ_{max},利用公式$D_v = \lambda_{max} v$解出λ_{max}所对应的特征向量v,v经过归一化后即为同一层次相应指标对于上一层次某指标相对重要性的排序权值,再进行层次单排序的一致性检验。(3)层次总排序及其一致性检验。把经过层次单排序获得的权重向量进行综合,得到各指标对总目标的相对权重,并逐层进行一致性检验。指标体系及权重如表2所示。

表2 我国大学校长任职内角色发展的评价体系(A)

一级指标(B)	权重(Wi)	二级指标(C)	权重(Xi)
角色期待(B1)	0.184	处于任职前奏期的大学校长对理想角色期待的追求程度(C1)	0.073
		处于任职蜜月期的大学校长角色期待的适应程度(C2)	0.059
		处于任职稳定期的大学校长角色期待的稳定程度(C3)	0.030
		处于任职离职期的大学校长角色期待的理性程度(C4)	0.022
角色领悟(B2)	0.259	处于任职前奏期的大学校长角色领悟的客观程度(C5)	0.073
		处于任职蜜月期的大学校长角色领悟的客观程度(C6)	0.032
		处于任职稳定期的大学校长角色领悟的客观程度(C7)	0.032
		处于任职离职期的大学校长角色领悟的顶峰体验程度(C8)	0.122

续表

一级指标（B）	权重（W_i）	二级指标（C）	权重（X_i）
角色实践（B3）	0.495	处于任职前奏期的大学校长角色期待至角色实践的转化程度（C9）	0.248
		处于任职蜜月期的大学校长角色实践的务实程度（C10）	0.079
		处于任职稳定期的大学校长角色实践的成熟程度（C11）	0.038
		处于任职离职期的大学校长角色实践的成熟度与传递性（C12）	0.130
管理风格（B4）	0.062	处于任职前奏期的大学校长创业能力程度（C13）	0.025
		处于任职蜜月期的大学校长超凡魅力展现程度（C14）	0.016
		处于任职稳定期的大学校长合理授权程度（C15）	0.012
		处于任职离职期的大学校长团队式管理程度（C16）	0.009

如上表所示，任职期与角色进程通过纵横交错的指标权重显示出我国大学校长任职内角色发展过程中的特点，具体包括以下四点特征。（1）角色期待、角色领悟至角色实践的一级指标权重数值不断增加，角色实践权重为0.495，超过了前两者数值的叠加，即将达到一级指标权重总数的50%，显示出大学校长角色发展的最终落脚点为实践环节；管理风格权重最低（权重值0.062），说明校长管理风格是其角色发展不断进阶的最终状态延伸，大学校长自身的角色期待内容、角色领悟内涵、角色实践协同直至形成管理风格，其内在包含着一致性和连贯性。（2）具体到二级指标，发现处于任职前奏期的大学校长在角色发展和管理风格上的特征要求基本居于一级指标内的最高权重位置（权重值分别为 C1 = 0.073，C5 = 0.073，C9 = 0.248，C13 = 0.025），显示出校长初任职务阶段是其进入角色、角色转换和指导实践的关键时期，大学校长的初任角色状态对任职蜜月期、稳定期和离职期的校长角色发展均具有直接的影响。（3）二级指标中，位于权重值前三位的依次为处于任职前奏期的大学校长角色期待至角色实践的转化程度（C9 = 0.248）、处于任职离职期的大学校长角色实践的成熟度与传递性（C12 = 0.130）、处于任职离职

期的大学校长角色领悟的顶峰体验程度（C8 = 0.122），前两个指标归属角色实践，第三个指标归属角色领悟，涉及大学校长任职的前奏期和离职期，其中前奏期的指标内涵在上文已有解释，而对离职期的大学校长角色领悟是否出现顶峰体验、角色实践成熟度和传递性的考量将大学校长角色发展的评价指向角色顶端，指向了校长对任职大学文化的传承、发扬和创造。（4）二级指标中，位于权重值末位的依次为处于任职蜜月期的大学校长超凡魅力展现程度（C14 = 0.016）、处于任职稳定期的大学校长合理授权程度（C15 = 0.012）、处于任职离职期的大学校长团队式管理程度（C16 = 0.009），均归属于管理风格，涉及大学校长任职的蜜月期、稳定期和离职期，由于管理风格一级指标在指标体系中排序靠后，故其下级指标均权重值较低。

四　结论和建议

我国大学校长任职内角色发展评价旨在借鉴国外任职期与角色论的基础上，通过两轮专家意见反馈来完成指标体系的适当调整，并请国内从事高等教育研究的资深教授和处于任期内的"双一流"大学校长以专家身份进行指标的权重打分，既保证了研究的科学性，也考虑到了指标体系的本土适切性。通过分级指标权重值的大小，分析大学校长任职内角色发展过程中的重点阶段和关键时期，从而得出相应的结论。

首先，角色期待和角色领悟作为角色发展的前期，其意义在于校长在大学治理中是否建立了理想角色并促成内在转化，而角色发展评价的最终落脚点在角色实践，即衡量大学校长任职内角色发展程度的关键是其角色认知的转化状态和实践效果及其在管理风格上的呼应，这种追求必然对大学校长职业化提出了明确要求。普遍所见的大学校长一面眷恋学术、一面应对管理的现象，导致其职业发展在"教授"与"校长"的"双肩挑"中分身乏术，得过且过，就是这样"一种反常态的'常态'、反常识的'常识'，已成为我国大学管理中、甚至经常出现于正式文件中的一个专用名词"①。大学校长管理专业化也是建设高等教育强国的必然要求②。

其次,分析显示任职前奏期是大学校长初入角色的起始环节,也是关键环节,这一阶段大学校长对理想角色的追求程度、对角色领悟的客观程度、角色理论至实践的转化程度及管理风格上的创业能力,将对后续任职期的角色提升产生直接且深远的影响。这就为大学校长的选聘机制改革提供了一定的思路,如在校长人选考查中是否考虑其学科背景和工作经历,尤其是是否具有教育学相关学科的专业背景或研修经历,如是否可以通过增设校长支持专项计划等方式来帮助任职内校长提升大学治理能力与角色认知水平。同时,校长治理的大学区别于一般意义上的社会组织,大学自诞生以来就具备独特的学术自由与自治传统,而现代大学又处于国家利益与社会关系的中心地带,因此,现代大学校长在"学校代表者"和"国家代表者"角色的权衡中,需要根据具体情况有所侧重,从这一角度出发,给予大学校长一定的办学自主权很有必要。有学者认为大学校长应承诺以治校为天职和使命,而不是兼职或副业,国家须在大学校长选拔、任用及评价制度设计等方面"去行政化"③;也有学者直接提出应该改变现行大学校长的产生方式,由委任制改为选举制产生,可由竞聘者阐明自己的办学理念与办学设想,由学校全体教师或教师代表选举产生大学校长,考虑到中国国情,选举结果可由组织部门审定④。

---

① 吴康宁:《角色困扰:影响大学校长领导力的重要原因》,《探索与争鸣》2015年第7期,第51~53页。
② 凌健、张鹏:《国家治理转型背景下的大学校长管理之道:大学校长管理专业化国际学术研讨会综述》,《复旦教育论坛》2016年第3期,第95~98页。
③ 龚放:《以治校为志业:大学治理的新常态》,《高等教育研究》2015年第10期,第30~36页。
④ 吴康宁:《角色困扰:影响大学校长领导力的重要原因》,《探索与争鸣》2015年第7期,第51~53页。

最后，大学校长职业化、大学校长选任制改革归属于国家教育管理部门的政治选择，但从大学内部治理要求出发，大学校长对自身的角色选择和角色认同是塑造其管理风格、提升其领导力水平的核心内容。指标中离职期大学校长角色领悟的顶峰体验要求和角色实践的成熟度与传递性，指向了校长对大学历史与文化的使命和责任，《哈佛规则——捍卫大学之魂》一书提出大学校长的主要职责不是筹资者而是大学的掌舵人①，《新京报》有文直接以《梅贻琦：西南联大的"船长"》②为题介绍全面抗战时期梅贻琦在西南联大的治校思想和行为。这就需要大学校长区分开本源性角色和附加性角色，我国大学实行的"党委领导下的校长负责制"已很明确提出大学党委书记的政治家角色和大学校长教育家角色的分工，大学校长主要职责是通过引领大学教学、研究发展服务于政治和国家，并不意味着大学校长就要成为政治家。相反，坚持中国共产党对大学的领导、坚持党委领导下的校长负责制正是中国现代大学制度建设过程中的"中国特色"，大学校长也理应成为大学通向国家的一座桥梁。

任职期与角色论实际上对大学校长治校提出了更高的要求，大学校长要在大学治理过程中建立内向而生的角色自觉与教育信仰，更多地以内生动力、而非外在规约作为其治理能力和领导力提升的内源力量，其角色也将在这一过程中逐渐嬗变直至丰满。研究还将编制大学校长任职内角色发展的关键事件访谈表，对国内部分大学的任职校长开展质性调查和访谈，以期形成我国大学校长任职内角色发展的更多具体研究结果。

本文原载《高教探索》2020年第12期

---

① 《大学校长，维系大学使命的精神领袖——评〈哈佛规则——捍卫大学之魂〉》，《中国教育报》2009年7月9日，第07版。
② 陈远：《梅贻琦：西南联大的"船长"》，《新京报》（西南联大特刊）2007年11月23日。

主体间性视角下我国大学校长角色的自我认同与他者认同*

张 玥 卢晓中**

(1. 南京医科大学马克思主义学院，南京 211166；
2. 华南师范大学粤港澳大湾区教育发展高等研究院，广州 510631)

【摘要】当前中国大学校长角色评价存在着诸多问题，尤其是党委领导下的校长负责制如何在现代大学治理中发挥中国特色，既需要扎根本土，也需要放眼世界。从实践层面，当前大学校长角色评价存在外部评价不够全面、自评实现困难、特色评价不足，尤其缺乏来自道德和情感等维度评价的现实问题；从理论层面，主体间性视角与认同理论在内在学理上的一致性允许研究者借鉴相关因素进行大学校长内外部角色认同评价。该研究制定了"大学校长角色发展的关键事件访谈表"和"大学校长角色发展的相关利益者访谈表"，通过德尔菲法进行理论因子的检验与修正。调查数据显示，角色冲突、角色危机、角色认同为共同认可的客观存在，尤其是对教育家校长角色的追求及相应角色表征的选择呈现一致，但在大学校长的权力类型和角色支持上具有差异性选择。研究继而

---

* 本文系全国教育科学规划办"十三五"规划 2018 年度青年项目"组织生命周期理论视域下的大学校长角色发展研究"

** 张玥 (1983~)，女，江苏扬州人，南京医科大学马克思主义学院副教授、博士，江苏省青蓝工程优秀青年骨干教师；卢晓中 (1962~)，男，江西余干人，华南师范大学粤港澳大湾区教育发展高等研究院院长、博士生导师、"长江学者"特聘教授、博士。

主体间性视角下我国大学校长角色的自我认同与他者认同

提出应深度关注大学校长角色发展的自我认同、辩证看待大学校长角色发展的他者认同、找寻大学校长角色自我认同与他者认同的动态平衡。

【关键词】 大学校长；角色认同；主体间性；自我认同；他者认同

现代大学在"贴近社会"以获取更多发展资源与"保持独立"以尊重学术自由的根本属性之间始终处于一种矛盾的状态。中国大学区别于西方大学的重要特征是，在学术权力与行政权力的博弈中，还存在着第三种力量即政党权力，伯顿·R. 克拉克在《高等教育系统：学术组织的跨国研究》中将之称为党和政府的双重控制是共产主义模式的一个特征，是实施强有力政治权力的突出例子①，因此中国特色的现代大学制度是党委领导下的校长负责制。近年来，随着我国社会发展转型中出现的一些社会问题及其在高等教育中的投射，导致民众期待着中国大学校长能够像西方大学校长那样独具个性、彰显光彩，或是像民国时期大学校长那样"有良大学斯有良社会"。然而，当下的中国大学校长处在与上述校长完全不同的历史时期与制度环境之中②，无法进行绝对意义上的比较，但并不妨碍我们站在一个开放的视角下，借鉴西方大学校长角色发展中的积极因素，转化为探讨当代中国大学校长角色评价中的有利条件，尝试寻找中国特色的大学校长角色认同及实现路径。

一 多主体视角下的大学校长角色认同解读

雅斯贝尔斯认为，人类交往从低到高有四种具体形态关系，分别为"共体主体性"、"交互客体性"、"外在的主体间性"和"内在

---

① 〔美〕伯顿·R. 克拉克：《高等教育系统：学术组织的跨国研究》，王承绪等译，杭州大学出版社，1994，第35页。
② 宣勇：《现代大学制度建设中的"中国特色"与大学校长的角色选择》，《探索与争鸣》2013年第6期，第10~11页。

的主体间性"①。第一种交往关系将个人作为共同体的工具,服务于共同体需要,因此是一种原始的共体主体性;第二种交往关系中个人是主体,他人是交往、利用的手段存在,因此发展的是个人主体性;第三种交往关系是主体与客体之间的平等关系,主体在发展自我主体性的同时也发展了他人的主体性,但这种交往关系需要一定的外在规范予以制约,以防止个人对他人利益的占用;第四种交往关系中每个人都是共同体的一分子,成员之间是基于内在个人尊重、公共利益和爱的交往,即存在性交往关系。因此,其中第三种和第四种交往关系才是基于主体间的平等交往,存在性交往可以实现个人与他人、与社会的利益统一,是交往的理想状态。"外在的主体间性"和"内在的主体间性"都强调交往中主体间性的要求,即在不消灭个体主体性的前提下,强调从个体主体性走向主体间性和他者性,直至理想状态的公共性②。在不同环节中,教育中主体间的关系也呈现为不同的形式,但从主体性到主体间性的交往及评价已经成为我国学者的基本共识③。

大学校长作为现代大学治理进程中的关键角色,必然与大学内外部成员发生密切而复杂的交往关系,但目前我国大学校长评价仍然以"不完全的外部评价"为主,这主要体现在五个方面:(1)我国大学校长评价依据党政干部的考核标准进行,一般涉及德、能、勤、绩、廉五方面,体现出较强的行政性评价特色,并未考虑到大学的具体需要及校长职务的特殊性;(2)将大学评价与大学校长评价混为一谈,过多强调大学校长的业绩表现,校长品德、能力等方面的社会期待和评价难以体现;(3)大学校长评价基本局限于外部

---

① 〔德〕卡尔·雅斯贝尔斯:《什么是教育》,邹进译.生活·读书·新知三联书店,1991,第2~3页。
② 刘要悟、柴楠:《从主体性、主体间性到他者性——教学交往的范式转型》,《教育研究》2015年第2期,第102~109页。
③ 冯建军:《从主体间性、他者性到公共性——兼论教育中的主体间关系》,《南京社会科学》2016年第9期,第123~130页。

评价，且这种外部评价缺乏来自大学内外部相关利益者尤其是教师、学生及家长、校友、用人单位等方面的评价，并未包括所有相关利益者；（4）仅有的内部评价以校长年度末的总结性评价为主，评价标准过于简单笼统，难以起到角色反思性评价的效果；（5）我国大学党委领导下的校长负责制具有中国特色，无法完全照搬国外董事会制度下的校长评价模式。这些现实问题的应对，需要我们参考西方大学校长评价中的积极因素，在先进理论与中国实际中寻找大学校长角色评价新的契合点。

西方学术界不同学科对认同的认识存在一定差异。北美学术界关注角色认同，即个体对自己在社会结构中所处的一定位置的意识；欧洲学术界关注个人认同和社会认同，个人认同强调个体在时空上确定自己是同一个人而不是其他人，社会认同倾向于个体对自己处于一定社会样态、社会类别或社会范畴的意识①。可以理解为，自我认同首先是对"我是谁"的叩问，是个人依据个人经历形成的、作为反思性理解的自我②，其次是对自我道德根源的思索，是在内在化过程中形成的内在深度感，直至自我认同的社会范畴提升，形成社会性的我；社会认同的对象是人的行为的普遍的、客观的社会意义，直接指向社会价值观、社会身份与角色规约及其功能发挥。以"我"为边界，可将大学校长角色分为"自我"和"他我"，"自我"是大学校长对"我是谁"的追问、确认及反思，是大学校长意义感、身份感、归属感的自我获得；"他我"是他者即上文提到的相关利益者眼中的我，是大学校长处于群体及其成员资格与角色联结的社会反应。正是因为主体评价与他者评价、自我认同与他我认同之间存在着同一性与差异性，因此，内外部相关利益者们能够对大学校长角色形成一定的接受、认可和欣赏，又因为"界限"与差异的存在而

---

① 孙二军：《自我认同视域下的教师专业发展》，社会科学文献出版社，2016，第60页。
② 〔英〕吉登斯：《现代性与自我认同：现代晚期的自我与社会》，赵旭东、方文译，生活·读书·新知三联书店，1998，第58、37、13页。

保持一定的独立性与个体性，从而形成对大学校长角色发展的建设性评价意见。其逻辑关系如图1所示。

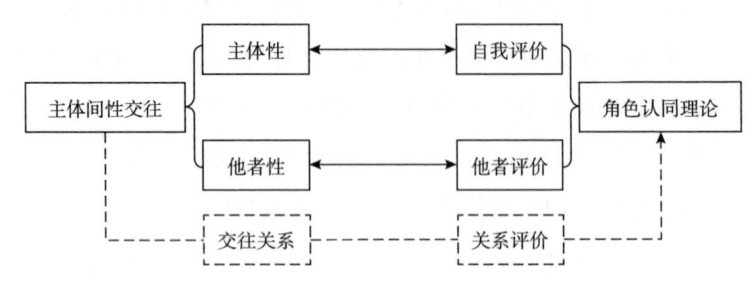

图1 主体间性交往与角色认同理论的逻辑关系

二 多主体视角下大学校长角色认同的调查设计与实施

从理论层面，主体间性视角与认同理论在内在学理上的一致性允许我们借鉴相关因素进行大学校长内外部角色认同评价；从实践层面，当前大学校长评价中，外部评价不够全面、自评实现困难、特色评价不足，尤其是考虑到评价不能只包括知识、技能等技术性维度，还应广泛考虑道德、政治、情感维度[1]的现实要求。本研究制定了"大学校长角色发展的关键事件访谈表"和"大学校长角色发展的相关利益者访谈表"，考虑到理论因子[2]在中国高等教育实际下的适切性问题，因此需要进行因子检验与修正，通过德尔菲法将访谈表发送给来自南京大学、华南师范大学和广西师范大学从事高等教育研究的5名资深教授和来自北京、上海、南京、武汉"双一流"大学的8位校长，以背对背的方式完成两轮的信息反馈与问题修正。

在这一过程中，研究以"角色认同"为核心关键词，关联至

---

[1] Hargteaves, A., "Development and Desire: A Postmodern Perspective," in R. Guskey and M. Huberman, eds., Professional Development in Education: New Paradigms and Practice, 1995, pp. 9-34.

[2] 张玥：《大学校长的任职期与领导力实现》，《国家教育行政学院学报》2011年第4期，第36~39页。

"角色冲突""角色危机""角色发展""角色支持""理想角色""角色体验"等一系列问题，修正后的"大学校长角色发展的关键事件访谈表"包括：（1）校长基本信息，覆盖性别、年龄、学历、学科、任职年限、任职所在地、是否发表教学管理论文等；（2）角色确认表，包括角色冲突、角色危机、角色认同、角色发展、理想角色、角色支持的相关选择；（3）关键事件描述表，要求以校长角色感受与反思的角度描述一次印象深刻的具体工作及处理方式。修正后的"大学校长角色发展的相关利益者访谈表"包括：（1）基本信息，包括相关利益者的性别、年龄、学历、职称/职务、工作/就读年限、所在地；（2）角色类别表，包括他者视角下的大学校长角色冲突、角色危机、角色认同、角色发展、理想角色、角色支持的相关选择。

研究于2019年3~8月陆续访谈19位来自"双一流"大学（含学科）或设置有研究生院的大学的校长，98位包括全国不同地区和省份的高校师生及管理人员、教育研究专家、学生家长、校友、媒体及出版社等社会组织人员在内的相关利益者，所有问卷采取匿名方式回收，问卷附有填写说明，以保证问卷填写的完整性和有效性。最终共计回收117份问卷，校长访谈问卷有效率100%，相关利益者访谈问卷有效率99.0%。参与调查访谈的校长基本信息如表1所示，共计6位正职校长（包括2位已退休的大学校长）、13位分管人事、教学或科研的副校长，考虑到表述方便，统一进行编号，以President首字母P代替，依次进行编号。调查中的大学校长均不具备教育学专业学习背景，但26.3%的校长表示曾经参加过教育管理的相关研修班；42.1%的大学校长在"是否应具有教育学学习背景"的选择上呈现"是"的态度，21.0%的校长对此表示"不确定"，36.9%的校长选择"否"的态度；63.2%的校长曾以第一作者的身份发表过教育管理类论文。访谈中的相关利益者覆盖华北、东北、华中、华东、西北、西南地区，分别来自北京、天津、河北、山西、辽宁、吉林、黑龙江、上海、江苏、浙江、安徽、河南、湖南、广东、广西、福建、四川、重庆、贵州、青海、甘肃等省（区、市）；其中高校师生30人（30.6%）、高校管理人员25人（25.5%）、教育研究专家5人（5.1%）、学生家长15人（15.3%）、校友15人（15.3%）、媒体及出版社等社会组织人员7人（7.1%）。

表1 参与角色发展关键事件访谈的大学校长基本信息

编号	性别	任职地	职务	职称	是否具有教育学学习/研修背景	是否认为校长应具有教育学学习背景	是否以第一作者发表过教育管理论文
P1	男	北京	校长	教授	否	否	否
P2	男	北京	副校长	副教授	否	否	否
P3	男	北京	副校长	副研究员	否	是	是
P4	男	河北	副校长	教授	否	否	否
P5	男	湖北	副校长	副研究员	是	不确定	是
P6	男	湖北	校长	教授	否	是	是
P7	男	上海	校长	研究员	是	是	是
P8	女	上海	副校长	副研究员	否	否	否
P9	男	江苏	校长	教授	是	是	是
P10	男	江苏	副校长	教授	不确定	否	是
P11	女	江苏	副校长	教授	否	不确定	是
P12	男	江苏	副校长	研究员	是	是	是
P13	男	江苏	校长	教授	否	不确定	否
P14	男	江苏	副校长	研究员	是	是	是
P15	男	浙江	副校长	教授	不确定	不确定	否
P16	男	浙江	校长	教授	否	否	否
P17	男	安徽	副校长	讲师	否	否	否
P18	男	江西	副校长	教授	否	否	否
P19	女	四川	副校长	教授	否	是	是

三 大学校长角色自我认同与他者认同的比较分析

对大学校长角色自评与他者评价的共性选项结果进行比对，数据分析显示：84.2%的大学校长和73.2%的相关利益者认为校长在行政与学术之间存在角色冲突，但在冲突的来源上，校长和相关利益者们的选择呈现一定差异（见表2），47.4%的大学校长认为大学内部环境是造成其角色冲突的第一因素，37.8%的相关利益者们将社会外部环境视为大学校长角色冲突的最大影响。68.4%的大学校长和84.5%的相关利益者认为大学校长存在角色危机，63.2%的大学校长和57.8%的相关利益者认为危机来自大学内外部共同的压力。73.7%的大学校长和85.6%的相关利益者选择大学校长能够实现角色认同，并且68.4%的校长和61.9%的相关利益者认为认同同样来自大学内外部的认可。

大学校长角色发展权力构成。校长对大学校长角色发展权力构成按照重要性大小依次排序为强制权力（36.8%）、关系权力（26.3%）、合法权力（21.0%）、专家权力（10.6%）、报酬权力（5.3%），相关利益者的选择依次为关系权力（33.0%）、专家权力（21.6%）、强制权力（19.6%）、合法权力（16.5%）、报酬权力（9.3%）。

表2 大学校长角色冲突来源的选择差异

单位：人，%

大学校长角色冲突来源	校长 人数	校长 百分比	相关利益者 人数	相关利益者 百分比
社会环境	5	26.3	37	37.8
大学环境	9	47.4	33	33.7
个人	5	26.3	22	22.4
其他	0	0	6	6.1

理想角色选择中，校长的理想角色排序位于前三的分别为教育家（57.9%）、管理者（31.6%）和领导者（31.6%），相关利益者的角色选择排序为教育家（81.4%）、管理者（34.0%）、领导者（26.8%）。大学校长角色支持选择，校长认为支持度高的选项依次

为相关培训和支持计划（94.7%）、内在驱动力（78.9%）、师生的期待和认同（68.4%）、较长时间的任职经历和经验积累（57.9%）、下属（管理人员）的认可和追随（36.8%）、个人在学术与行政之间的平衡能力（26.3%）；相关利益者选择为内在驱动力（80.4%）、师生的期待和认同（58.9%）、个人在学术与行政之间的平衡能力（53.6%）、下属的认可和追随（51.5%）、校长职务的相关培训和支持计划（49.5%）、较长时间的任职经历和经验积累（44.3%）。

四 研究结论

基于主体间性的视角，厘清大学校长角色发展中的自我状态及需求，了解相关利益者对大学校长的角色期待及表现，有助于深入解读大学校长角色内外部评价中的差异点，以期找寻新的平衡，这对建设中国特色的大学党委领导下的校长负责制度和现代大学治理体系有着丰富的参考意义。结合上文的数据分析结果，认为应从以下三个方面予以重视。

（一）对大学校长角色发展的自我认同形成深度关注

角色冲突、角色危机与角色认同并存是大学校长自评与他评的共性观点，但校长自身的角色认知具有深度感和内向感，其中角色危机是一种严重的无意义感和无方向感，可以被看作是"对他们站在何处"的极端的不确定性[1]，危机之后获得新的认同是重新发现自己的过程[2]。从这个意义出发，大学校长的自我认同是来自自我体察的反思性评价，他者认同是对他评状态的一种考量，自我认同超

---

[1] 〔英〕吉登斯：《现代性与自我认同：现代晚期的自我与社会》，赵旭东、方文译，生活·读书·新知三联书店，1998，第58、37、13页。

[2] 〔英〕吉登斯：《现代性与自我认同：现代晚期的自我与社会》，赵旭东、方文译，生活·读书·新知三联书店，1998，第58、37、13页。

越了他者认同的存在。然而当前，大学校长虽具备行政职务赋予的诸多权力，但这种权力特征呈现出外在的社会价值取向，社会习惯于通过责任和义务来规约大学校长的权力范畴，在大学校长的权力类型、角色支持和理想角色上显示出对校长自身约束的过多期待，如对大学校长关系权力和专家权力的高需求、对内在驱动力和校长个人学术与行政间平衡能力的要求、81.4%相关利益者对校长教育家理想角色的期待等。恰恰相反的是，调查中的校长对惩罚或建议惩罚他人的强制性权力，如降级和批评显示出最高需求，同时对行政职位赋予的合法权力也感到不足，在校长角色发展支持的来源中相关培训和支持计划是第一选择。如在校长关键事件描述中，有校长表达对多次涉及考试考题泄露、教学责任感缺失的教师处理只能停留在教学事故的通报批评，而不能将其调离教师岗位的现实感到无力。

另一个层面，大学校长对自身身份的确认，即"理想的我"和"现实的我"的追问在调查中也有所体现：大学校长对关系权力如个人特征和人格魅力的自我发展需求较高，内在驱动力显示出角色发展中的自我支持，超过一半的校长将教育家视为第一理想角色。有校长在关键事件反思中提到，该校一知名学者因个人感情纠纷申请离职，校方深度介入后，未因涉及个人家庭私事而回避，反而通过积极有效的沟通，起到了稳定人才、维护家庭的效果，该校长也因此收获了成就感。可以发现大学校长对内在的价值取向、成就动机以及自我实现的价值目标均有考虑，而这种考虑还未引起应有的重视，缺乏来自政府和社会深度关注，大学校长往往只有被高尚与奉献精神掩抑着的工具性的主体性，缺乏自在、自为和自由[1]。

---

[1] 王运来、王飞：《自在·自为·自由——论中国近代大学校长的主体性》，《江苏高教》2015年第3期，第8~12页。

（二）对大学校长角色发展的他者认同实现辩证看待

强调对大学校长自我认同的深度关注并不意味着对他者评价的全盘否定，一方面相关利益者的认同评价制约着大学校长角色发展的外部空间，另一方面也显示出社会对大学校长角色的外部期待与能力需求。他者评价与校长自评在某些方面形成一致，如均视角色冲突、角色危机、角色认同为客观存在，尤其是对教育家校长角色的追求及相应角色表征的选择呈现一致：调查中的相关利益者和大学校长均视教育家为校长的第一理想角色，对应的角色要求排序依次为激励人心（73.2%，73.7%）、使众人行（49.5%，63.2%）和以身作则（43.3%，57.9%）。因此，相关利益者一方面对当前大学校长角色评价表现出接受、认可和欣赏，另一方面在校长角色冲突、角色发展、角色支持等方面呈现差异性的选择及评价，尤其表现出对大学校长角色内在要求过高、外部支持较为忽视、对大学环境特殊性认识不足等情况，这些界限性的利益者评价需要我们辩证看待。

（三）找寻大学校长角色自我认同与他者认同的动态平衡

在合理认同的语境下，要求大学校长角色的自我认同不是自顾自的随意行为，否则大学校长的角色认同将会止步在自发性认同，难以得到持续化、螺旋式提升。故而需要在自我认同与他者认同之间实现合理的沟通协商，帮助大学校长从自发性认同走向理性认同、批判性认同和反思性认同。简而言之，即是在合目的性与合规律性的关系中，在不同时空维度下，不同情境中，社会包括校长自身帮助大学校长实现自我的合理辨识，使校长们在自我的角色认知、认同和反思中实现职业化发展。

正如大学校长关键事件描述中所述，3位校长不约而同地以单位干部换届选举为例，说明其角色存在的困惑。描述1是学校干部换届调整中，一位56岁的正处级干部因学校调整将转为非领导职务的组织员而情绪激动，A校长在处理过程中反思该干部情绪激动的根本原因是在工作开展前未实现充分的交流沟通，前期铺垫工作未做好，导致该干部缺少思想准备，继而认为自己过于依赖校长角色的合法权力、强制权力，而对角色的关系权力缺乏应有的重视。描述2是B校长主持二级学院行政班子换届时，一名教授主动要求发言，表达对现任行政班子的不满，该校长当即制止了该教授发言，告知其行政班子换届的工作流程，表示有意见可会后交流，但会议中只推荐你认为合适的人选即可，不可称赞或批评其他同志，该校长认为在高校管理中的应急时刻，尤其需要注意讲清政策，以理服人而不以权压人。描述3是C校长认为学校近期的中层干部换届，需要解决年龄老化、年龄结构不合理的问题，于是在工作开展前制订了三条工作思路：一是明确退出政策，政策的制定必须要有实际数据的支撑，要有说服力；二是明确退出后的待遇保障，解决干部退出后顾之忧；三是逐个与退出干部沟通交流，做好思想工作，争取干部理解。该校长对角色的反思第一是必须履行组织对校长角色的职责要求；第二是要根据实际情况，具体问题具体分析和处理；第三是获得各方的肯定才是实现角色认同。

　　具体说来，在大学校长角色冲突中到底是大学环境影响更大，还是社会环境投射更强？大学校长角色发展的权力构成中，到底是更应该加强校长群体所渴求的惩罚权力、合法权力，还是利益者们所坚持的关系权力、专家权力？大学校长的角色支持中，到底是校长群体所期待的职业发展培训计划等外部来源保障最为匮乏，还是利益者们认同的校长自身的职业道德和能力素质更为关键？这些问题需要在具体的情境中进行回答，但可以判断的是，大学校长自身的角色期待、领悟和实践，与社会对大学校长角色的期待、认知、认同之间存在着一定的差异，这些差异涉及当前大学校长的成长与培养、遴选与选拔、任职与管理、考核与评价机制，这也是政府和教育管理部门不得不面对的问题。

认同是哈佛大学埃里克·H.埃里克森教授"心理社会性发展理论"中的重要概念,他认为"在某些用法中,'认同'是'人格'和'自我性'这些术语的继承者;在其他用法中,它又被视作一种文化、一个国家甚至一个社会的质"①。从这个意义上说,大学校长角色于大学的意义和国家的意义非常重要。另一个层面,根据上文中对角色冲突、角色危机、角色认同、角色支持等概念的逻辑解释,可以得知大学校长的自我认同与认同危机相伴而生,大学校长的角色认同与他者认同互为存在,如若不对大学校长角色认同问题引起足够的重视,并渐进式地落实于现代大学治理建设中,校长的角色危机有可能转化为大学的信仰危机,甚至是表现为对教育本身的信仰危机。

本文原载《江苏高教》2020年第7期

---

① Joseph, E., Davis (edited). *Identity and Social Change*, Transaction Publishers, New Brunswick, 2000, pp. 53–54.

后 记

本书是笔者主持的国家社科基金教育学专项"组织生命周期理论视阈下大学校长角色发展研究"的最终成果，行文至此，百感交集。

一感自己硕博士毕业于高等教育学专业，在毕业以后进入医科大学工作，于是在个人专业背景和所在院校专业特色的"琢磨"之中，找到适合自己个人学术发展之路并不容易。将高等教育与医学教育相结合的教学实践、工作实践和与之相随的学术思考建立学术联系，形成研究问题，是本书于我个人最大的意义。或者说，正是在本书相关调查、访谈和撰写的过程中，逐渐体悟出自己对医学教育发展的若干思考，这将成为自己申报下一次国家社科基金的重要选题来源。

二感自己成长中收获了许多老师和前辈的引导和帮助。我的硕士生导师、华南师范大学粤港澳大湾区教育发展高等研究院院长卢晓中教授，始终对我关怀备至，在我课题申报、理论建构、论文撰写中，给予了多次悉心的指导。我的博士生导师、南京大学教育研究院院长王运来教授，一直在学术上引领我成长，并带领我完成南京大学"抗日战争专题研究"丛书之一的《战时高校内迁与教育改革》专著，该书已于2022年4月由江苏人民出版社出版。感谢在课题开题和中期检查过程中，南京大学余秀兰教授、吕林海教授、宗晓华教授，苏州大学教育学院许庆豫教授，江苏省教育科学规划办彭钢主任，《江苏高教》杂志主编沈广斌老师、常务副主编肖地生老师给我提出的宝贵指导意见和建议。当然,工作以来也收获了所在学校、学院多位领导和教授的指导和帮助。先后被借调至学校临床医学专业认证办公室、学科评估办公室等从事大学管理工作的经历经验,对我研究现代大学治理和大学校长治校,具有非常重要的实践启示。

三感调查访谈大学校长之路困难但幸运。在导师、同行、同事的帮助下,通过面对面、线上、参加学术会议等各种方式完成了19位"双一流"大学(含学科)或设置有研究生院的大学校长和百余位相关利益者的调查访谈,这对研究的顺利完成具有非常关键的意义。特别感谢所在学校的多位校长和职能部门领导,他们都极具耐心地帮助我完成了调查,并给出了他们具有建设性的意见及评价,这让我深深地感受到了学术与行政这两种属性在大学发展中的共生共存。国家疾控局副局长、中国疾控中心主任、中国工程院院士、南京医科大学前任校长沈洪兵教授和南京医科大学现任校长胡志斌教授任职校长的经验给予过我深刻的启示和参考;学校党委副书记、副校长徐珊教授不仅支持我的课题研究,对我个人的发展也屡次表达关心;曾经分管我所在学院工作的沈瑞林副校长对我的成长多次予以关心和支持;岳国峰副校长为我在本校调研提供支持。也很感谢我的先生、河海大学的于智恒博士耐心细致地帮助我完成了部分调研和数据梳理。

最后,感谢南京医科大学胡志斌校长、季勇副校长、马水清总会计师、冯锋副校长、医学教育研究所喻荣彬所长和钱文溢副所长对本书出版的支持。感谢医教所丁竞竞老师和王岩老师对课题申报和专著出版给予的悉心帮助。感谢学校审计处、财务处老师和所在学院领导与同事们的帮助支持。感谢社会科学文献出版社的编辑卫羚女士、李小琪女士为本书出版付出的心血。感谢我的父母、先生、女儿对我一直以来的默默支持和守护。

仅以此为后记,勉励自己不忘初心,继续前行!

图书在版编目(CIP)数据

何以言治:大学校长的角色发展/张玥著.--北京:社会科学文献出版社,2023.11
 ISBN 978-7-5228-2641-7

Ⅰ.①何… Ⅱ.①张… Ⅲ.①高等学校-校长-学校管理-研究 Ⅳ.①G647.12

中国国家版本馆CIP数据核字(2023)第200633号

何以言治
—— 大学校长的角色发展

著　　者 / 张　玥

出 版 人 / 冀祥德
责任编辑 / 卫　羚
文稿编辑 / 李小琪
责任印制 / 王京美

出　　版 / 社会科学文献出版社·人文分社 (010) 59367215
　　　　　　地址:北京市北三环中路甲29号院华龙大厦　邮编:100029
　　　　　　网址:www.ssap.com.cn
发　　行 / 社会科学文献出版社 (010) 59367028
印　　装 / 三河市东方印刷有限公司

规　　格 / 开本:787mm×1092mm 1/16
　　　　　　印 张:15.5　字 数:209千字
版　　次 / 2023年11月第1版　2023年11月第1次印刷
书　　号 / ISBN 978-7-5228-2641-7
定　　价 / 128.00元

读者服务电话:4008918866

版权所有 翻印必究